Cours familier de

Volume 22

Alphonse de Lamartine

Alpha Editions

This edition published in 2023

ISBN : 9789357964951

Design and Setting By
Alpha Editions
www.alphaedis.com
Email - info@alphaedis.com

Contents

CXXVIIe ENTRETIEN

FIOR D'ALIZA
(Suite. Voir la livraison précédente.)

CXLIII

Je ne sais pas combien de temps, monsieur, je restai ainsi évanouie de douleur sur les marches de la petite chapelle, au milieu du pont, devant la niche grillée de la Madone. Quand je revins à moi, je me trouvai toujours couchée dans la poussière du chemin, sur le bord du pont; mais une jolie contadine, en habit de fête, penchait son gracieux visage sur le mien, me donnait de l'air au front avec son éventail de papier vert tout pailleté d'or, et me faisait respirer, à défaut d'eau de senteur, son gros bouquet de fleurs de limons qu'elle tenait à la main comme une fiancée de la campagne; elle était tellement belle de visage, de robe, de dentelles et de rubans, monsieur, qu'en rouvrant les yeux je crus que c'était un miracle, que la Madone vivante était descendue de sa niche ou de son paradis pour m'assister, et je fis un signe de croix, comme devant le Saint-Sacrement, quand le prêtre l'élève à la messe et le fait adorer aux chrétiens de la montagne au milieu d'un nuage d'encens, à la lueur du soleil du matin, qui reluit sur le calice.

CXLIV

Mais je vis bien vite que je m'étais trompée, quand un beau jeune paysan de Saltochio, son fiancé ou son frère, détacha de son épaule une petite gourde de coco suspendue à sa veste par une petite chaîne d'argent, déboucha la gourde, et, l'appliquant à mes lèvres, en fit couler doucement quelques gouttes dans ma bouche, pour me relever le cœur et me rendre la parole.

J'ouvris alors tout à fait les yeux, et qu'est-ce que je vis, monsieur? Je vis sur le milieu du pont, devant moi, un magnifique chariot de riches paysans, de la plaine du *Cerchio*, autour de Lucques, tout chargé de beau monde, en habits de noces, et recouvert contre le soleil d'un magnifique dais de toile bleue parsemée de petits bouquets de fleurs d'œillets, de pavots et de marguerites des blés, avec de belles tiges d'épis barbus jaunes comme l'or, et des grappes de raisins mûrs, avec leurs pampres, et bleus comme à la veille des vendanges. Les roues massives, les ridelles ou balustrades du chariot étaient tout encerclées de festons de branches en fleurs; sur le plancher du chariot, grand comme la chambre où nous sommes, il y avait des chaises, des bancs, des matelas, des oreillers, des coussins, sur lesquels étaient assis ou couchés, comme des rois, d'abord les pères et les mères des fiancés, les frères et les sœurs des deux familles, puis les petits enfants sur les genoux des jeunes mères, puis les vieilles femmes aux cheveux d'argent qui branlaient la tête en souriant aux petits garçons et aux petites filles; tout ce monde se penchait avec un air de curiosité et de bonté vers moi pour voir si l'éventail de la belle fiancée et les gouttes de *rosolio* de son *sposo* me rendraient l'haleine dans la bouche et la couleur aux joues.

Deux grands bœufs blancs, aussi luisants que le marbre des statues qui brillent sur le quai de Pise, étaient attelés au timon du char: un petit bouvier de quinze ans, avec son aiguillon de roseau à la main, se tenait debout, arrêté devant les gros bœufs; il leur chassait les mouches du flanc avec une branche feuillue de saule; leurs cornes luisantes, leur joug poli, de bois d'érable, étaient enlacés de sarments de vigne encore verte dont les pampres et les feuilles balayaient la poussière de la route jusque sur leurs sabots vernis de cire jaune par le jeune bouvier; ils regardaient à droite et à gauche, d'un œil doux et oblique, comme pour demander pourquoi on les avait arrêtés, et ils poussaient de temps en temps des mugissements profonds, mais joyeux, comme des zampognes vivantes qui auraient joué d'elles-mêmes un air de fête.

CXLV

Voilà ce que je vis devant moi, monsieur, en rouvrant les yeux à la lumière.

Les deux fiancés m'avaient adossée sur mon séant contre le parapet du pont, à l'ombre, et ils me regardaient doucement avec de belle eau dans les yeux; on voyait qu'ils attendaient, pour questionner, que je leur parlasse moi-même la première; mais je n'osais pas seulement lever un regard sur tout ce beau monde pour lui dire le remercîment que je me sentais dans le cœur.

—C'est la faim, disait le fiancé, et il m'offrait un morceau de gâteau bénit que le prêtre du village voisin venait de leur distribuer à la messe des noces; mais je n'avais pas faim, et je détournais la tête en repoussant sa politesse.

—C'est la soif, disait le petit bouvier, en m'apportant une gorgée d'eau du Cerchio dans une feuille de muguet.

—C'est le soleil, disait la belle *sposa*, en continuant à remuer plus vite, pour faire plus de vent, son large éventail de noces sur mes cheveux baignés de sueur.

Hélas! je n'osais pas leur dire: Ce n'est ni la faim de la bouche, ni la soif des lèvres, ni la chaleur du front, c'est le chagrin. Que leur aurait fait mon chagrin jeté tout au travers de leur joie, comme une ortie dans une guirlande de roses?

—N'est-ce pas que c'est la chaleur et la poussière du jour qui t'ont surpris sur le chemin, pauvre bel enfant, me dit enfin la fiancée, et qu'à présent que l'ombre du mur et le vent de l'éventail t'ont rafraîchi, tu ne te sens plus de mal? On le voit bien aux fraîches couleurs qui te refleurissent sur la joue.

—Oui, *sposa*, répondis-je d'une voix timide; c'était la chaleur, et le long chemin, et la poussière, et la fatigue de jouer tant d'airs à midi devant les niches des Madones, sur la route de Lucques.

—Je vous le disais bien, reprit-elle, en se retournant avec un air de contentement vers son fiancé et vers ses vieux et jeunes parents qui regardaient tout émus du haut du char.

—L'enfant est fatigué, dit tout le monde; il faut lui faire place à l'ombre de la toile sur le plancher du chariot. Il est bien mince et les bœufs sont bien forts et bien nourris; il n'y a pas de risque que son poids les fatigue; puisqu'il va à Lucques et que nous y allons aussi, que nous en coûtera-t-il de le déposer sous la voûte du rempart?

—Monte, mon enfant, dit la fiancée, c'est une bénédiction du bon Dieu que de trouver une occasion de charité à la porte de la ville, un jour de noce et de joie, comme est ce beau jour pour nous.

—Monte, mon garçon, dit le fiancé en me soulevant dans ses bras forts et en me tendant à son père, qui m'attira du haut du timon et qui me fit passer par-dessus les ridelles.

—Monte, jeune *pifferaro*, dirent-ils tous en me faisant place, il ne nous manquait qu'un ménétrier, dont nous n'avons point au village, pour jouer de la zampogne sur le devant du char de noces en rentrant en ville et en nous promenant dans les rues aux yeux ravis de la foule, tu nous en serviras quand tu seras rafraîchi; et puis, à la nuit tombée, tu feras danser la noce chez la mère de la mariée, si tu sais aussi des airs de *tarentelle*, comme tu sais si bien des airs d'église.

Car ils m'avaient entendue, en s'approchant aux pas lents des bœufs, pendant que je jouais les dernières notes de ma litanie de douleur et d'amour, toute seule devant la niche du pont.

CXLVI

À ces mots, tous me firent place, en tête du char, près du timon, et jetèrent sur mes genoux, les uns du gâteau de maïs parsemé d'anis et des grappes de raisin, les autres des poires et des oranges. Je fis semblant de manger par reconnaissance et par égard, mais les morceaux s'arrêtaient entre mes dents, et le vin des grappes, en me rafraîchissant les lèvres, ne me réjouissait pas le cœur; cependant, je faisais comme celui qui a faim et contentement pour ne pas contrister la noce.

CXLVII

Pendant que le char avançait au pas lent des grands bœufs des Maremmes et que les deux fiancés, assis l'un près de l'autre, sous le dais de toile, causaient à voix basse, les mains dans les mains, le petit bouvier assis tout près de moi, sur la cheville ouvrière du timon, derrière ses bœufs, regardait avec un naïf ébahissement ma zampogne et me demandait qui est-ce qui m'avait appris si jeune à faire jouer des airs si mélodieux à ce morceau de bois attaché à cette peau de bête.

Je me gardai bien de lui dire que c'était un jeune cousin nommé Hyeronimo, là tout près dans la montagne de Lucques; je ne voulais pas mentir, mais je lui laissai entendre que j'étais un de ces *pifferari* du pays des Abruzzes, où les enfants viennent au monde tout instruits et tout musiciens, comme les petits des rossignols sortent du nid tout façonnés à chanter dans les nuits et tout pleins de notes qu'on ne leur a jamais enseignées par alphabet ou par solfége.

Il s'émerveillait de ce que sept trous dans un roseau, ouverts ou fermés au caprice des doigts, faisaient tant de plaisir à l'oreille, disaient tant de choses au cœur, et il oubliait presque d'en toucher ses bœufs, qui marchaient d'eux-mêmes. Puis il mettait une gloriole d'enfant à me raconter à son tour ceci et cela sur cette belle noce qu'il conduisait à la ville, et sur les personnages qui remplissaient derrière nous le chariot couvert de toile et de feuilles.

CXLVIII

—Celle-ci, me disait-il, celle qui vous a vu la première évanoui sur le bord du chemin, c'est la fille du riche métayer *Placidio* de *Buon Visi*, qui a une étable pleine de dix bœufs comme ceux-ci, de grands champs bordés de peupliers, unis entre eux par des guirlandes de pampres qu'on vendange avec des échelles, et parsemés çà et là de nombreux mûriers à tête ronde, dont les filles cueillent les feuilles dans des *canestres* (sorte de paniers pour contenir l'été la nourriture des vers à soie). Nous sommes sept enfants dans la métairie: moi je suis le frère du nouveau marié, le plus jeune des garçons; celui-ci est notre père, celle-là est notre mère, ces petites filles sont mes sœurs, ces deux femmes endormies sur le derrière du char sont les deux grand'mères, qui ont vu bien des noces, et bien des baptêmes, et bien des enterrements dans la famille depuis leurs propres noces à elles-mêmes. Ces autres hommes, jeunes et vieux, et ces femmes qui tiennent des fiasques à la main ou qui jouent au jeu de la *morra* sur le matelas, sont les parents et les parentes du village de *Buon Visi*: les oncles, les tantes, les cousins, les cousines de nous autres; ils viennent avec nous pour nous faire cortége ou pour se réjouir, tout le jour et toute la nuit, avec nous passer le jour de la noce à Lucques chez le *bargello* (le geôlier, officier de police dans les anciennes villes d'Italie); car, voyez-vous, cette belle fiancée, la *sposa* de mon frère, ce n'est ni plus ni moins que la fille unique du *bargello* de Lucques. Nos familles sont alliées depuis longues années, à ce que dit notre aïeule, et c'est elle qui a ménagé ce mariage depuis longtemps, parce qu'elle était la marraine de la fiancée, parce que la fille sera riche pour notre condition, et que les deux mariés s'aiment, dit-elle, depuis le jour où la fille du *bargello*, petite alors, était venue pour la première fois chez sa marraine assister, avec nous autres, à la vendange des vignes et fouler, en chantant, les grappes dans les granges avec ses beaux pieds, tout rougis de l'écume du vin.

—Ah! nous allons bien en vider des fiasques, ce soir, allez, à la table du *bargello*! ajouta-t-il; c'est drôle pourtant qu'on se marie, qu'on festine, qu'on chante et qu'on danse dans la maison d'un *bargello*, si près d'une prison où l'on gémit et où l'on pleure, car la maison du *bargello*, ça n'est ni plus ni moins qu'une dépendance de la prison du duché, à Lucques, et de l'une à l'autre on va par un souterrain voûté et par un large préau, entouré de cachots grillés, où l'on n'entend que le bruit des anneaux de fer qui enchaînent les prisonniers à leur grille, comme mes bœufs à leur mangeoire quand je les ferme à l'étable.

CXLIX

Ces récits du jeune bouvier, qui m'avaient laissée d'abord distraite et froide, me firent tout à coup tressaillir, rougir et pâlir quand il était venu à parler de geôle, de geôlier, de cachots et de prisonniers; car l'idée me vint tout à coup que la maison où allait se réjouir cette noce de village était peut-être précisément celle où l'on aurait jeté sur la paille le pauvre Hyeronimo, et que la Providence me fournirait peut-être par cet évanouissement de douleur sur la route et par cette fortuite rencontre, une occasion de savoir de ses nouvelles, et, qui sait, peut-être de parvenir jusqu'à lui.

—Dieu! me dis-je tout bas en moi-même, la Madone du pont de *Cerchio* m'aurait-elle exaucée pour si peu? Et je pressai, sans qu'on s'en aperçût, ma zampogne sur mon cœur, car c'est elle qui avait si bien joué l'air dont la vierge était tout à l'heure attendrie.

CL

Je ne fis semblant de rien et je continuai à interroger, sans affectation, l'enfant jaseur, pour tirer par hasard quelque indice ou quelque espérance de ce qui s'échappait de ses lèvres.

Pendant ce temps les grands bœufs marchaient toujours, et les murs gris des remparts de Lucques, couronnés d'une noire rangée de gros tilleuls, commençaient à apparaître à travers la poudre de la route, au fond de l'horizon.

—Ton frère, le fiancé, dis-je au petit, est donc laboureur, et il aidait son père dans les travaux de la campagne?

—Oh! non, dit-il, nous étions assez de monde à la maison sans lui pour soigner les animaux et pour servir de valets de ferme au père; mon frère aîné était entré depuis deux ans, comme porte-clefs de la prison, dans la maison du *bargello*; notre aïeule l'avait ainsi voulu, pour que sa filleule, la fille du *bargello*, et son petit-fils, mon frère, eussent l'occasion de se voir tous les jours et de s'aimer; car elle avait toujours eu ce mariage dans l'esprit, voyez-vous, et les grand'mères, qui n'ont plus rien à faire dans la maison, ça voit de loin et ça voit mieux que les autres. L'œil des maisons, c'est la vieillesse, à ce qu'on dit; les jeunes n'en sont que les pieds et les mains.

CLI

—Mais, après la noce, ton frère et ta belle-sœur vont-ils toujours rester dans cette prison chez le père et la mère de la *sposa*?

—Oh! non, répondit l'enfant; ils vont revenir à la maison, et notre père, qui commence à se fatiguer de la charrue, va remettre à mon frère, à présent marié, le bétail et la culture; il se réserve seulement les vers à soie, parce que ces petites bêtes donnent plus de revenu et moins de peine. Elles filent d'elles-mêmes, pourvu que les jeunes filles et les vieilles femmes leur apportent, quatre fois par jour, les feuilles de mûrier dans leur tablier, et qu'on leur change souvent la nappe verte sur la table, comme à des ouvriers délicats qui préfèrent la propreté à la nourriture.

—Et qui est-ce qui remplacera ton frère, le porte-clefs de la prison, auprès des prisonniers, chez le *bargello*?

—Ah! dame, je n'en sais rien, dit l'enfant. Je voudrais bien que ce fût moi, car on dit que c'est une bien belle place, qu'on y gagne bien des petits bénéfices honnêtement, et qu'on est à même d'y rendre bien des services aux femmes, aux mères, aux filles de ces pauvres prisonniers.

CLII

Un éclair me traversa la pensée, et mon cœur battit sous ma veste comme un oiseau qui veut s'envoler. Miséricorde! me dis-je en moi-même, si la femme du *bargello* et son mari, qui sont là, derrière moi, dans le char, et qui n'ont peut-être pas encore trouvé de garçon pour remplacer leur gendre, venaient à jeter les yeux sur moi et à m'accepter pour porte-clefs à la place de leur gendre? J'aimerais mieux cette place que celle du duc de Lucques dans son palais de marbre et d'or.

Mais c'était une pensée folle, et je la chassai comme une tentation du démon; cependant, malgré moi, je cherchai à plaire à la fiancée, à sa mère et à son père, qui avaient été charitables pour moi, en leur témoignant plus de respect qu'aux autres et en tirant de ma zampogne et de mes doigts, quand on me prierait de jouer, des airs qu'ils aimeraient le mieux à entendre.

CLIII

On ne tarda pas de m'en prier, monsieur, nous touchions enfin aux portes de la ville. C'est l'habitude du pays de Lucques, quand la noce des paysans est riche et la famille respectée, qu'un musicien, soit fifre, soit violon, soit hautbois, soit musette, soit même tambour de basque, se tienne debout sur le devant du char à bœufs et qu'il joue des aubades, ou des marches, ou des tarentelles joyeuses en l'honneur des mariés et des assistants.

—Notre bon ange nous a bien servis ce matin, dit la bonne femme du *bargello*, de nous avoir fait rencontrer par hasard sur le pont un joli petit musicien des Abruzzes, tel que nous n'aurions pas pu, pour cinquante carlins, en trouver un aussi habile et aussi complaisant dans toute la grande ville de Lucques, excepté dans la musique de monseigneur le duc.

—Allons, enfant, dit tout le monde en approuvant la bonne mère d'un signe de tête, fais honneur à la mariée et à sa famille; enfle la zampogne, et qu'on se souvienne à Lucques de l'entrée de noce de la fille du *bargello* et de Placidio!

CLIV

J'obéis et j'enflai la zampogne, en cherchant sous mes doigts, tout tremblants, les airs de marche au retour des pèlerinages d'été dans les Maremmes, les chants de départ pour les moissonneurs qui vont en Corse par les barques de Livourne, les hymnes pour les processions et les *Te Deum* à San Stefano, les barcarolles de Venise ou les tarentelles de l'île d'Ischia au clair de la lune, que j'avais si souvent jouées sous les châtaigniers, les dimanches soir, avec Hyeronimo, et qui me paraissaient de nature à réjouir la noce et à faire arrêter les passants; mais je n'en avais guère besoin.

La famille du *bargello* était très-aimée dans le peuple des boutiques et des places de Lucques, parce que, malgré ses fonctions, le *bargello*, chargé des prisons, était doux et équitable, et qu'il avait dans ses fonctions même de police mille occasions d'être agréable à celui-ci ou à celui-là. Qui est-ce qui n'a pas affaire, une fois ou l'autre dans sa vie, avec la justice ou la police d'un pays? Il faut avoir des amis partout, dit le peuple, même en prison; n'est-ce pas vrai, monsieur? Je l'ai bien vu moi-même plus tard, dans les galères de Livourne. Celui qui tient le bout de la chaîne peut la rendre à son gré lourde ou légère. Le *bargello* et sa femme avaient un vilain métier, mais c'étaient de bonnes gens.

CLV

La foule de leurs amis se pressait à la porte de la ville; on sortait de toutes les maisons et de toutes les boutiques pour leur faire fête; les fenêtres étaient garnies de jeunes filles et de jeunes garçons qui jetaient des œillets rouges sur les pas des bœufs, sur le ménétrier et sur le char; nous en étions tout couverts; on battait des mains et on criait: Bravo! *pifferaro*.

À chaque air nouveau qui sortait, avec des variations improvisées, sous mes doigts, cela m'excitait, monsieur, et je crois bien qu'après l'air au pied de la Madone, je n'ai jamais joué si juste et si fort de ma vie. Ah! c'est que, voyez-vous, il y a un dieu pour les musiciens, monsieur! Ce dieu, c'est la foule; quand elle est contente, ils sont inspirés; j'étais au-dessus de moi-même, ivre, folle, quoi! Chacun me tendait une fiasque de vin ou un verre de *rosolio*; on m'attachait une giroflée à ma zampogne ou un ruban à ma veste pour me témoigner le contentement.

Quand nous arrivâmes à la sombre porte à clous de fer du *bargello*, tout à côté de l'énorme porte de la prison, et que les bœufs s'arrêtèrent, je ressemblais à une Madone de Lorette: on ne voyait plus mes habits à travers les rubans, les couronnes et les bouquets.

CLXVI

On me fit entrer avec toutes sortes de bienséances, comme si j'avais été de la famille et de la noce. La femme du *bargello*, son mari, la fiancée et le *sposo* me dirent poliment de rester, de boire et de manger à leur table, à côté du petit bouvier leur frère, et de jouer, après le dîner de noces, tous les airs de danse qui me reviendraient en mémoire, pour faire passer gaiement la nuit aux convives, monsieur. Ce n'était pas facile, car, pendant que ma zampogne jouait la fête, mon cœur battait la mort et l'enterrement. Hélas! n'est-ce pas le métier des artistes? Leur art chante et leur cœur saigne. Voyez-moi, monsieur; n'en étais-je pas un exemple?

CLVII

Une partie de la nuit se passa pourtant ainsi, moitié à table, moitié en danse; les mariés semblaient s'impatienter cependant de la table et de la musique pour regagner le village où ils allaient maintenant résider avec les nouveaux parents; la femme du *bargello* cherchait vainement à prolonger la veillée, pour retenir un peu plus de temps sa fille; elle souriait de la bouche et pleurait des yeux sur sa maison bientôt vide.

Le petit bouvier rattela ses bœufs au timon fleuri; on s'embrassa sur les marches de la prison, et le cortége s'en alla sans moi, plus triste qu'il n'était venu, par les sombres rues de Lucques.

CLVIII

—Et toi, mon garçon, me dirent le bargello et sa femme, où vas-tu coucher dans cette grande ville, par la pluie et le temps qu'il fait? (Car il était survenu un gros orage d'automne pendant la soirée des noces.)

—Je ne sais pas, répondis-je, sans souci apparent, mais en réalité bien inquiète de ce que ces braves gens allaient me dire. Je ne sais pas, et je n'en suis guère en peine; il y a bien des arcades vides devant les maisons et des porches couverts devant les églises de Lucques, une dalle pour s'étendre; un manteau de bête pour se couvrir et une zampogne pour oreiller, n'est-ce pas le lit et les meubles des pauvres enfants de la montagne comme je suis? Merci de m'avoir logé et nourri tout un jour si honnêtement, comme vous avez fait; le bon Dieu prendra bien soin de la nuit.

Je disais cela des lèvres, mais mon idée était bien autre chose; je priais mon bon ange tout bas d'inspirer une meilleure pensée au *bargello* et à sa femme.

CLIX

Ils se parlaient à demi-voix tous deux, pendant que je démontais ma zampogne et que je pliais mon manteau de poil de chèvre lentement, comme pour m'en aller. Ils avaient l'air indécis de deux personnes qui se demandent: Ferons-nous ou ne ferons-nous pas? La femme semblait dire oui, et le mari dire: Fais ce que tu voudras, peut-être bien que ton idée sera la bonne.

—Eh bien! non, me dit tout à coup la femme attendrie, pendant que le mari appuyait ce qu'elle disait d'un signe de tête, eh bien! non, il ne sera pas dit que nous aurons laissé coucher dehors, un jour de fête pour la maison, un pauvre musicien qui a réjoui toute la journée ces murailles! À quoi bon aller chercher un gîte sous le porche des églises avec les vagabonds et les mendiants couverts de vermine, peut-être, pendant que nous avons là-haut, en montrant du geste à son mari l'escalier tortueux d'une petite tour, le lit vide du porte-clefs qui s'en va à Saltochio avec notre fille?

—C'est vrai, dit le *bargello*. Monte, mon garçon, par ces marches tant que l'escalier te portera, tu trouveras à droite, tout à fait en haut, une petite chambre, avec une lucarne grillée, par où la lune entre jusque sur le lit de celui qui est maintenant notre gendre, et tu dormiras à l'abri et en paix jusqu'à demain; avant de t'en aller reprendre ton métier de musicien par les routes et par les rues, tu viendras déjeuner, et nous te parlerons, car nous aurons peut-être quelque chose à te dire.

—Oui, n'y manque pas, mon garçon, ajouta la bonne femme, nous aurons quelque chose à te dire, mon mari et moi, car ta face d'innocence me plaît, et ce serait dommage qu'une boule de neige comme ça s'en allât rouler dans la boue des ruisseaux et se fondre dans un égout, faute d'une main propre pour la ramasser encore pure.

—Bien dit, ma femme, ajouta le *bargello*; il y en a beaucoup eu dans cette geôle qui n'y seraient jamais entrés s'ils avaient trouvé une âme compatissante sur leur chemin, un soir de fête dans Lucques.

CLX

La tour était haute, étroite, humide et percée seulement, çà et là, de fentes dans l'épaisse muraille, pour regarder par-dessus la ville.

C'était une de ces guérites aériennes que les anciens seigneurs de Lucques ou chefs de faction, tels que le fameux *Castruccio Castracani*, faisaient élever autrefois, à ce que m'a dit la femme du *bargello*, pour dominer les quartiers des factions contraires et pour voir, au delà des remparts de Lucques, si les Pisans ou les Florentins s'approchaient de la ville. Les marches étaient roides, et les murs solides auraient aplati les boulets. Tout à fait en haut, à l'endroit où les hirondelles et les corneilles bâtissent leurs nids inaccessibles sous les corniches ou sur les tourelles, il y avait une petite porte tellement basse, qu'il fallait se courber en deux pour y passer; elle était fermée par un verrou gros comme le bras d'un homme fort et garni de têtes de clous, taillés en diamants, qui étaient aussi froids que la neige; elle s'ouvrait et se fermait avec un bruit creux qui résonnait du haut en bas jusqu'au pied de l'escalier de la tour. On dit qu'elle avait servi, dans les anciens temps, à murer, dans ce dernier étage de la tour, un prisonnier d'État qu'on avait voulu laisser mourir à petit bruit, dans ce sépulcre au milieu des airs, et que les gonds et les verrous de la porte avaient retenu le bruit de ses hurlements.

Le vent aussi y hurlait comme des voix désespérées à travers les mâchicoulis et les meurtrières. Cette tour du *bargello* avait fait partie autrefois, dit-on, d'un palais d'une maison éteinte des seigneurs de Lucques; on l'avait convertie ensuite en prison d'État, et, plus tard encore, en prison pour les meurtriers ordinaires. Elle séparait la maison du *bargello* de la petite cour profonde et étroite de la prison, sur laquelle les cachots grillés des détenus prenaient leur jour.

CLXI

Je tirai le verrou, je poussai la porte, j'entrai, toute tremblante, dans la petite chambre à voûte basse, éclairée le jour par une large meurtrière, qu'un triple grillage séparait du ciel; le vent qui sortit de la chambre, quand la porte s'ouvrit, et des chauves-souris, qui battaient leurs ailes aveugles contre les murs, faillirent éteindre la lampe que je tenais dans ma main gauche pour m'éclairer jusqu'au lit.

C'était bientôt vu, monsieur; en cinq pas, on faisait le tour de cette chambre haute, il n'y avait qu'une voûte de pierre blanchie à la chaux comme les murailles, un lit bien propre, une cruche de cuivre pleine d'eau claire et une chaise de bois, où le porte-clefs jetait sa veste et son trousseau de clefs, en se couchant.

Je me jetai d'abord à genoux devant une image de san Stefano, le saint de nos montagnes, qui se trouvait par hasard attachée par quatre clous sur la muraille. Je me dis en moi-même: Bon! c'est un protecteur inattendu que je trouve dans ma détresse; tu me secourras, toi, moi qui suis une fille de la montagne, née et grandie à l'ombre de ton couvent!

Je fis ma prière et je m'étendis ensuite tout habillée sur le lit, recouverte de mon manteau de bête et ma pauvre zampogne, fatiguée, couchée à côté de ma tête, comme si elle avait été un compagnon vivant de ma solitude et de ma misère.

J'essayai de fermer les yeux pour dormir, mais ce fut impossible, monsieur; plus je fermais mes paupières, plus j'y voyais en moi-même des personnes et des choses qui me donnaient un coup au cœur et des sursauts à la tête: les sbires sortant de derrière les arbres et tirant cruellement, malgré mes cris, sur mon chien et mes pauvres bêtes; Hyeronimo lâchant sur eux son coup de feu; le bandit de sbire mort au pied de l'arbre; Hyeronimo, surpris et enchaîné, conduit par eux au supplice; mon père aveugle et ma tante désespérée tendant leurs bras dans la nuit pour le retenir et ne retenant que son ombre; des juges, un corps mort étalé devant eux; des soldats chargeant leurs carabines avec des balles de fer dans un cimetière ou une fosse, toute creusée d'avance, attendait un assassin condamné à mort; puis deux vieillards expirant de misère et de faim à côté de leur pauvre chien blessé dans notre cahute de la montagne, puis des ruisseaux de larmes sur des taches de sang qui noyaient toutes mes idées dans un déluge d'angoisses.

Que vouliez-vous que je pusse dormir, au milieu de tout cela, mon père et ma tante? Je me décidai plutôt à rouvrir les yeux et à prier et à pleurer, toute la nuit, au pied du lit, le front sur la zampogne et les mains jointes sur mon front brûlant. C'est ce que je fis, monsieur, jusqu'à ce qu'un bruit singulier, que je n'avais jamais entendu auparavant, montât du bas de la cour de la prison jusqu'à la meurtrière qui me servait de fenêtre, et que ce bruit me fît me dresser sur mes pieds, comme en sursaut, quand on se réveille d'un mauvais rêve.

Et qu'est-ce que c'était donc que ce bruit sinistre, me direz-vous, qui montait si haut jusqu'à ton oreille à travers la lucarne de la tour? C'était un bruit de ferraille qu'on aurait remuée dans un grenier ou dans une cave, un cliquetis de gros anneaux de métal qui se dérouleraient sur des dalles de pierre, un frôlement de chaînes contre les murs d'une prison, et, de temps en temps, les gémissements sourds et les *ohimé* contenus de prisonniers qui, se retournant sur leur paille, et qui, cherchant le sommeil comme moi, ne pouvaient trouver que l'insomnie dans leurs remords, dans leurs pensées et dans leurs larmes!

CLXIII

Après avoir écouté un moment et cherché à voir dans la cour du haut en bas, à travers les triples nœuds des grilles entrelacées en guise de serpents qui s'étouffent en s'embrassant, je ne pus rien voir, mais j'entendis de plus en plus les secousses des chaînes rivées aux anneaux de fer, et qu'un prisonnier s'efforce toujours en vain d'arracher du mur.

Une pensée me monta aussitôt au front: Si c'était lui! Si c'était le pauvre innocent Hyeronimo, que les juges auraient déjà jeté dans la prison de Lucques avant de savoir s'il était coupable ou s'il était seulement courageux pour son père, pour sa tante et pour moi!

Dieu! que cette image me bouleversa plus encore que je n'avais été bouleversée depuis le coup de feu! J'en glissai inanimée tout de mon long sur la pierre froide, au pied de la lucarne; le froid des dalles sur mes mains et sur mon visage, me ranima, je me relevai pour écouter encore; mais l'attention même avec laquelle je cherchais à écouter m'ôtait l'ouïe, à force de tendre l'oreille, et je n'entendais plus qu'un bourdonnement confus semblable à un grand vent précurseur de la pluie à travers les rameaux de sapins, quand la tempête commence à se lever de loin sur la mer des Maremmes et qu'elle monte au sommet de nos montagnes.

CLXIV

Seigneur! me disais-je, si c'était lui, pourtant, et si le hasard, ou le saint nom du hasard, le bon Dieu, nous avait rapprochés ainsi, dès le second jour, l'un de l'autre, pour nous secourir ou pour mourir du moins ensemble du même déchirement et de la même mort!...

Mais c'est impossible, et quel moyen de m'en assurer? Comment connaître si c'est lui qui se torture là-bas, au fond, dans la loge de bêtes féroces; comment lui faire savoir, sans nous trahir l'un l'autre à l'oreille des autres prisonniers ou du *bargello*, que je suis là, tout près de lui, cherchant les moyens de l'assister?

Ma voix n'irait pas jusqu'à ces profondeurs; la sienne ne monterait pas jusqu'à ces hauteurs; et puis, si nous parvenions à nous parler, tout le monde entendrait ce que nous nous serions dit, et le *bargello* et sa femme, si bons pour moi parce qu'ils ne me connaissent pas, ne manqueraient pas d'éventer qui je suis et de me jeter dehors comme une fille perdue et mal déguisée, qui cherche à se rejoindre à son amant ou à son complice.

Et je pleurai encore, muette, devant la lucarne où il n'entrait plus du dehors que la sombre et silencieuse nuit. Les chouettes seulement s'y battaient les ailes en jetant de temps à autre des vagissements d'enfants qu'on réveille.

Vous me croirez si vous voulez, monsieur, eh bien! je leur portais envie; oui, j'aurais voulu être oiseau de nuit pour pouvoir déployer mes ailes sur ce gouffre et jeter mes cris en liberté dans ce silence!

CLXV

Tout en marchant çà et là dans la tour, je ne sais comment cela se fit, mais je posai par hasard le pied sur ma zampogne, qui avait glissé du lit sur le plancher, au moment où je m'étais levée en sursaut pour aller écouter à la lucarne.

La zampogne n'était pas encore tout à fait désenflée du vent de la noce; elle rendit sous mon pied un reste d'air ni joyeux ni triste, mais clair et perçant, semblable au reproche d'un chien qu'on écrase, en marchant par mégarde sur sa patte endormie.

Ce cri me fendit le cœur, mais il m'inspira aussitôt une idée qui ne me serait jamais venue, à moi toute seule, sans elle.

Je ramassai la zampogne avec regret et tendresse, comme si je lui avais fait un mal volontaire en la foulant sous mon pied; je l'embrassai, je la serrai sous mon bras comme une personne vivante et sentante; je lui parlai, je lui dis en pleurant: Veux-tu servir ceux qui t'ont faite? Tu as été le gagne-pain du père, sois le salut de sa malheureuse fille.

On eût dit que la zampogne m'entendait, elle se gonfla comme d'elle-même au premier mouvement de mon bras, et le chalumeau se trouva, sans que j'y eusse seulement pensé, sous mes doigts.

Je me rapprochai de la lucarne ouverte et je me dis: Là où ma voix ne parviendrait jamais ou bien où elle ne pourrait parvenir sans trahir qui je suis aux oreilles du *bargello* et de ses prisonniers, le son délié de la zampogne parviendra de soi-même et ira dire à Hyeronimo, s'il est là et s'il reconnaît l'air que lui et moi nous avons inventé et joué seuls: «C'est Fior d'Aliza! ce ne peut être un autre! On veille donc sur toi là-haut, là-haut dans la tour ou dans quelque étoile du firmament.»

CLXVI

Alors, monsieur, je me mis à préluder doucement, çà et là, par quelques notes décousues, et puis à me taire pour dire seulement à ceux qui ne dormaient pas: «Faites attention, voilà un *pifferaro* qui va donner une aubade à quelque Madone ou à quelque saint de la chapelle de la prison.»

Mais pas du tout, mon père et ma tante, je ne jouai point d'aubade, ni de litanie, ni de sérénade que d'autres musiciens ambulants pouvaient savoir jouer aussi bien que nous, et qui n'auraient rien appris de lui et de moi à Hyeronimo.

Je cherchai à me souvenir juste de l'air qu'Hyeronimo et moi nous avions composé ensemble, et petit à petit, note après note, dans nos soirées d'été du dimanche sous la grotte, et qui imitait tantôt le roucoulement des ramiers au printemps sur les branches, tantôt les gazouillements argentins des gouttes d'eau tombant de la rigole dans le bassin du rocher, tantôt les fines haleines du vent de nuit qui se tamise, en se coupant sur les lames des joncs de la fontaine, aiguisées comme le tranchant de la faux de mon père; tantôt le bruit des envolées subites des couples de merles bleus, quand ils se lèvent tout à coup du fourré, avec des cris vifs et précipités, moitié peur, moitié joie, pour aller s'abattre sur le nid où ils s'aiment et où ils se taisent pour qu'on ne puisse plus les découvrir sous la feuille.

L'air finissait et recommençait par cinq ou six petits soupirs, l'un triste, l'autre gai, de manière que cela semblait ne rien signifier du tout, et que cependant cela faisait rêver, pleurer et se taire comme à l'Adoration devant le Saint-Sacrement, le soir, après les litanies, à la chapelle de San-Stefano, dans notre montagne, quand l'orgue joue de contentement dans le vague de l'air.

CLXVII

Je vous laisse à penser, mon père, si je jouai bien cette nuit-là l'air de Fior d'Aliza et d'Hyeronimo (car c'était ainsi que nous avions baptisé cette musique).

Vous l'appeliez vous-mêmes ainsi, mon père et ma tante! quand vous nous disiez à l'un ou à l'autre: «Jouez aux chèvres l'air que vous avez trouvé à vous deux!» Les chevreaux en bondissaient de plaisir dans les bruyères; ils s'arrêtaient de brouter, les pieds de devant contre les rochers et la tête tournée vers nous pour écouter (les pauvres bêtes!).

Je jouai donc l'air à nous deux, avec autant de mémoire que si nous venions de le composer, sous la geôle, et avec autant de tremblement que si notre vie ou notre mort avait dépendu d'une note oubliée sur les trous d'ivoire du chalumeau; je jetais l'air autant que je pouvais par la lucarne, pour qu'il descendît bien bas dans la noire profondeur de la cour et qu'il n'en tombât pas une note sans être recueillie par une oreille, s'il y avait une oreille ouverte, dans cette nuit et dans ce silence des loges de la prison.

De temps en temps je m'arrêtais, l'espace d'un soupir seulement, pour écouter si l'air roulait bien entre les hautes murailles qui faisaient de la cour comme un abîme de rochers, et pour entendre si aucun autre bruit que celui de l'écho des notes ne trahissait une respiration d'homme au fond du silence; puis, n'entendant rien que le vent de la nuit sifflant dans le gouffre, je menais l'air, de reprise en reprise, jusqu'au bout; quand j'en fus arrivée à cette espèce de refrain en soupirs entrecoupés, gais et tristes, par quoi l'air finissait en laissant l'âme indécise entre la vie et la mort du cœur, je ralentis encore le mouvement de l'air et je jetai ces trois ou quatre soupirs de la zampogne, bien séparés par un long intervalle sous mes doigts, comme une fille à son balcon jette, une à une, tantôt une fleur blanche détachée de son bouquet, tantôt une fleur sombre, et qui se penche pour les voir descendre dans la rue et pour voir laquelle tombera la première sur la tête de son amoureux.

CLXVIII

—Quel poëte vous auriez fait! ne puis-je m'empêcher de m'écrier, en entendant cette jeune paysanne emprunter naïvement une si charmante image pour exprimer son inexprimable anxiété d'amante et de musicienne, en jouant son air dans le vide, sans savoir si ses notes tombaient sur la pierre ou dans le cœur de son amant.

—Ne vous moquez pas, monsieur, je dis ce que j'ai vu tant de fois dans les rues de Lucques et de Livourne, quand un amoureux fait donner, par les *pifferari*, une sérénade à sa fiancée.

—Eh bien! repris-je, quand l'air fut joué, qu'entendîtes-vous, pauvre abandonnée, au pied de la tour?

—Hélas! rien, monsieur, rien du tout pendant un moment qui me dura autant que mille et mille battements du cœur. Et cependant, pendant ce moment qui me parut si long à l'esprit, je n'eus pas le temps de reprendre seulement ma respiration. Mais le temps, voyez-vous, ce n'est pas la respiration qui le mesure quand on souffre et qu'on attend, c'est le cœur; le temps n'y est plus, monsieur, c'est déjà l'éternité!

CLXIX

—Quel philosophe, que cette pauvre jeune femme qui ne sait pas lire! me dis-je tout bas cette fois en moi-même, pour ne pas interrompre l'intéressante histoire.

Fior d'Aliza ne s'aperçut même pas de ma réflexion: elle était toute à son émotion désespérée pendant la nuit de silence qui lui avait duré un siècle.

—Anéantie par ce silence qui répondait seul à l'air que la zampogne venait de jouer au hasard, pour interroger la profondeur des cachots ou bien pour apprendre à Hyeronimo, s'il était là, que Fior d'Aliza y était aussi, se souvenant de lui dans son malheur, je laissai tomber à terre la zampogne et je glissai moi-même, découragée, au pied de la lucarne, les bras accrochés aux barreaux de fer de la fenêtre sans en sentir seulement le froid.

Mais au moment où mes genoux touchaient terre, monsieur, voilà qu'un lourd bruit de chaînes qu'on remue monte d'en bas jusqu'à la lucarne, et qu'une faible voix, comme celle d'un mineur qui parle aux vivants du fond d'un puits, fait entendre distinctement, quoique bien bas, ces trois mots séparés par de longs intervalles: *Fior d'Aliza, sei tu? Est-ce toi, Fior d'Aliza?*

Anges du ciel! c'était lui; la zampogne avait fait ce miracle de me découvrir son cachot. Pour toute réponse, je ramassai l'instrument de musique à terre, et je jouai une seconde fois l'air d'Hyeronimo et de Fior d'Aliza; mais je le jouai d'un mouvement plus vif, plus pressé, plus joyeux, avec des doigts qui avaient la fièvre et qui communiquaient aux sons le délire de mon contentement d'avoir découvert mon cousin.

CLXX

Quand j'eus fini, je prêtai l'oreille une seconde fois; mais le jour commençait à glisser du haut de la tour dans la cour obscure; des bruits de portes de fer et de sourds verrous qui s'ouvraient intimidaient sans doute le prisonnier: il fit résonner seulement, du fond de sa loge grillée, un grand tumulte de chaînes froissées à dessein les unes contre les autres, comme pour me faire comprendre, ne pouvant me le dire: «Je suis Hyeronimo, je suis là et j'y suis dans les fers.» La zampogne avait servi d'intelligence entre nous.

Mais, hélas! ma tante, de quoi me servait-il d'avoir découvert où il était et de lui avoir envoyé, du haut d'une tour, une voix de famille de notre montagne, si je n'avais aucun moyen de l'approcher, de le consoler, de le justifier, de le sauver des sbires ses ennemis, sans doute acharnés à sa mort?

CLXXI

Cependant je tombai à genoux pour bénir Dieu d'avoir pu seulement entendre le son de ses chaînes; toute ma crainte était qu'on ne m'éloignât tout à l'heure de l'asile que le hasard m'avait ouvert la veille; j'aurais été contente d'être une pierre scellée dans ces murailles, afin qu'on ne pût jamais m'arracher d'auprès de lui! Mais qu'allais-je devenir au réveil du *bargello* et de sa femme?

Au moment où je roulais ces transes de mon cœur dans ma pensée, à genoux devant mon lit, les mains jointes sur la zampogne muette, et le visage, baigné de larmes, enfoui dans les poils de bête du manteau de mon oncle, la porte de la chambre s'ouvrit sans bruit, comme si une main d'ange l'avait poussée, et la femme du *bargello* entra, croyant que je dormais encore.

En me voyant ainsi, tout habillée de si bon matin et faisant si dévotement ma prière (elle le crut ainsi du moins), la brave créature conçut encore, à ce qu'elle m'a dit depuis, une meilleure idée du petit *pifferaro* et une plus vive compassion de mon isolement dans cette grande ville de Lucques.

Je m'étais levée toute confuse au bruit, et je tremblais qu'elle vînt me demander compte des airs de musique dont j'avais troublé, sans doute, le sommeil de ses prisonniers. Je cherchais dans ma tête une réponse apparente à lui faire, et je baissais les yeux sur la pointe de mes souliers de peur qu'elle ne lût je ne sais quoi dans mes yeux.

CLXXII

Mais au lieu de cela, mon père, elle ne parla seulement pas de la musique nocturne, pensant sans doute que j'avais étudié un air pour la neuvaine de *Montenero*, pèlerinage de matelots de la ville de Livourne, et, d'une voix très-douce et très-encourageante, elle me demanda ce que je comptais faire tout à l'heure en sortant de chez eux, et si j'avais quelque père et quelque mère ou quelque corps de *pifferari* ambulants qui me recueillerait à Prato, ou à Pise, ou à Sienne, pour me reconduire dans les Abruzzes, d'où je paraissais être descendu avec ma zampogne.

—Non, lui dis-je, mon père est aveugle et ma mère est morte (et je ne mentais pas en le disant, comme vous voyez), je n'appartiens à aucune bande de musiciens des Abruzzes ou des Maremmes, et je cherche seulement à gagner tout seul, par les chemins, d'une façon ou d'autre, le pain de mon père et de ma tante, qui ne peut pas quitter la maison où elle soigne son frère.

CLXXIII

Tout cela était vrai encore. Mais je ne disais pas mon pays ni la raison qui m'avait fait prendre un habit d'homme, ni le meurtre d'un sbire qui avait fait jeter mon cousin dans quelque prison.

La bonne femme, me croyant vraiment des Abruzzes, ne me demanda même pas le nom de mon village.

—Est-ce que tu n'aimerais pas mieux, mon pauvre garçon, continua-t-elle, entrer en service chez des braves gens que de courir ainsi les chemins, au risque d'y perdre ton âme à vendre du vent aux oisifs des carrefours?

—Oh! oui, que je l'aimerais bien mieux! lui répondis-je, toute rouge de l'idée qu'elle allait peut-être me proposer la place du gendre qui venait de la quitter, et pensant à toutes les occasions que j'aurais ainsi de voir, d'entendre et de servir celui que je cherchais.

—Eh bien! me dit-elle avec plus de bonté encore, et comme si elle avait parlé à un de ses fils (mais elle n'en avait jamais eu), eh bien! craindrais-tu de prendre service chez nous parce que nous sommes geôliers de la prison du duché, dont tu vois la cour par cette fenêtre, et parce que le monde méprise, bien à tort quelquefois, ceux qui portent le trousseau de clefs à la ceinture, pour ouvrir ou fermer les portes des malfaiteurs ou des innocents?

—Oh! que non, m'écriai-je, en entrant tout de suite mieux qu'elle dans son idée, je ne crains rien de malhonnête au service d'honnêtes gens, comme vous et le seigneur *bargello* vous paraissez être tous les deux. Un geôlier, ça n'est pas un bourreau; c'est une sentinelle qui peut exécuter, avec rudesse ou avec compassion, la consigne de monseigneur le duc. Je n'aurais pas de répugnance à voir des malheureux, surtout si, sans manquer à mes devoirs, je pouvais les soulager d'une partie de leurs peines. Quand j'étais chez mon père, je n'aimais pas moins mes chèvres et mes brebis, parce que je leur ouvrais la porte de l'étable le matin et que je la refermais sur elles le soir. Disposez donc de moi, comme il vous conviendra; j'obéirai avec fidélité à vos commandements, comme si vous étiez mon père et ma mère.

CLXXIV

—Et les gages? me dit-elle, toute contente en me voyant consentir à son idée, combien veux-tu d'écus de Lucques par année, outre ton logement, ta nourriture et ton habillement, que nous sommes chargés de te fournir?

—Oh! mes gages, dis-je, vous me donnerez ce que vous me jugerez devoir gagner honnêtement, quand vous aurez éprouvé mes pauvres services; pourvu que mon père et ma tante mangent leur pain retranché du morceau que vous me donnerez, je ne demande que leur vie par-dessus la mienne.

—Eh bien! c'est dit, s'écria-t-elle en battant ses mains l'une contre l'autre, comme quelqu'un qui est content; descends avec moi dans le guichet où mon mari t'attend pour t'enseigner le métier, et laisse-là ton bâton, ton manteau de peau et ta zampogne dans ta chambre; il te faut un autre costume et d'autres airs maintenant. Mais ton visage, ajouta-t-elle en riant, et en me passant la main sur la joue pour en écarter les boucles blondes, ton visage est bien doux pour la face d'un porte-clefs; il faudra que tu te fasses, non pas méchant, mais grave et sévère: voyons, fais une moue un peu rébarbative, quoique tu n'aies pas encore un poil de barbe.

—Soyez tranquille, madame, lui répondis-je, en pâlissant d'émotion, je ne rirai pas souvent en faisant mon métier; je n'ai pas envie de rire en voyant la peine d'autrui et, de plus, je n'ai jamais été rieur, tout en jouant, pour ceux qui rient, des airs de fête.

CLXXV

En parlant ainsi, nous descendions déjà lentement les marches noires de l'escalier mal éclairé par des meurtrières grillées, qui donnaient tantôt sur la cour, tantôt sur les belles campagnes de Lucques.

—Voilà ton porte-clefs, dit-elle en souriant à son mari et en me poussant, toute honteuse, devant le *bargello*, assis entre deux guichets, au bas des degrés, devant une grosse table chargée de papiers et de trousseaux de clefs luisantes comme de l'argent à force de tourner dans les serrures.

Le *bargello* regardait tantôt sa femme, d'un air de joie, tantôt moi d'un air de doute:

—Ce visage-là ne fera pas bien peur à mes prisonniers, dit-il en souriant; mais, après tout, nous sommes chargés de les garder et non de leur faire peur. Il y a bien des innocents et des innocentes dans le nombre; il ne faut pas leur tendre leur morceau de pain et leur verre d'eau au bout d'une barre de fer: il est assez amer sans cela le pain des prisons; viens, mon garçon, que je te montre ton ouvrage de tous les jours, et que je t'apprenne ton métier.

À ces mots, il se leva, prit un gros trousseau de clefs dans une armoire de fer, dont il avait lui-même la clef suspendue à la boutonnière de sa veste de cuir, et il appela d'une voix forte un tout petit garçon qui allait et venait dans une grande cuisine, à côté du guichet,

—Allons, *piccinino?* lui dit-il, c'est l'heure du déjeuner des prisonniers, prends ta corbeille et apporte-leur, derrière moi, leur *provende!*

CLXXVI

Le *piccinino* dont la provende était déjà toute prête dans un immense *canestre* de joncs plein de morceaux de pain tout coupés, de *prescuito* et de *caccia cavallo* (jambon et fromage à l'usage du peuple), et portant, de l'autre main, une cruche d'eau plus grande que lui, sortit de la cuisine et marcha, derrière le *bargello* et moi, vers la porte ferrée de la cour des prisonniers. On y arrivait de la maison du *bargello* par un large couloir souterrain, où les pas résonnaient comme un tonnerre sous nos bois de sapins.

CHAPITRE VI

CLXXVII

Le *bargello* tira des verrous, tourna des clefs énormes dans les serrures, en me montrant comment il fallait m'y prendre pour ouvrir la petite porte basse encastrée dans la grande, et comment il fallait bien refermer cette portelle sur moi, avant d'entrer dans la cour, de peur de surprise; puis nous nous trouvâmes dans le préau.

C'était une espèce de cloître entouré d'arcades basses tout autour d'une cour pavée, où il n'y avait qu'un puits et un gros if, taillé en croix, à côté du puits. Cinq ou six couples de jolies colombes bleues roucoulaient tout le jour sur les margelles de l'auge, à côté du puits, offrant ainsi, comme une moquerie du sort, une image d'amour et de liberté, au milieu des victimes de la captivité et de la haine.

Sous chacune des arcades de ce cloître qui entourait la cour, s'ouvrait une large fenêtre, en forme de lucarne demi-cintrée par en haut, plate par en bas, grillée de bas en haut et de côté à côté, par des barres de fer qui s'encastraient les unes dans les autres chaque fois qu'elles se rencontraient de haut en bas ou de gauche à droite, de façon qu'elles formaient comme un treillis de petits carrés à travers lesquels on pouvait passer les mains, mais non la tête. Chacun de ces cachots sous les arcades était la demeure d'un prisonnier ou de sa famille, quand il n'était pas seul emprisonné. Un petit mur à hauteur d'appui, dans lequel la grille était scellée par le bas, leur servait à s'accouder tout le jour pour respirer, pour regarder le puits et les colombes, ou pour causer de loin avec les prisonniers des autres loges qui leur faisaient face de l'autre côté de la cour.

CLXXVIII

Quelques-uns étaient libres dans leur cachot et pouvaient faire cinq ou six pas d'un mur à l'autre; les plus coupables étaient attachés à des anneaux rivés dans les murs du cachot, par de longues chaînes nouées à leurs jambes par des anneaux d'acier. On ne voyait rien au fond de leur loge à demi obscure qu'un grabat, une cruche d'eau et une litière de paille fraîche semblable à celle que nous étendions dans l'étable sous nos chèvres. Le pavé de la loge était en pente et communiquait, par une grille sous leurs pieds, avec le grand égout de la ville où on leur faisait balayer leur paille tous les matins.

Ils mangeaient sans table ni nappe, assis à terre, sur leurs genoux. Ils se taisaient, ou ils parlaient entre eux, ou ils chantaient, ou ils sifflaient tout le reste du jour.

Quand on voulait leur passer leur nourriture, on les faisait retirer au fond de la loge, comme les lions ou les tigres qu'on montre dans la ménagerie ambulante de Livourne; on faisait glisser au milieu du cachot une seconde grille aussi forte que la première; on déposait entre ces deux grilles ce qu'on leur apportait, puis on ressortait.

On refermait aux verrous le premier grillage, on faisait remonter par une coulisse, dans la voûte, la seconde barrière; ils rentraient alors en possession de toute la loge et ils trouvaient ce qu'on leur avait apporté dans l'espace compris entre les deux grilles. Ils ne pouvaient ainsi ni s'échapper ni faire de mal aux serviteurs de la prison.

Deux manivelles à roues, placées extérieurement sous les arcades, servaient à faire descendre ou remonter tour à tour ces forts grillages de fer, qu'aucun marteau de forgeron n'aurait pu briser du dedans, et qu'une main d'enfant pouvait faire manœuvrer du dehors.

CLXXIX

Le *bargello* m'enseigna la manœuvre dans le premier cachot vide que nous rencontrâmes, à droite, en entrant dans cette triste cour.

—Grâce à Dieu! me dit-il en marchant lentement sous le cloître, les loges sont presque toutes vides depuis quelques mois. Lucques n'est pas une terre de malfaiteurs; le peuple des campagnes est trop adonné à la culture des champs qui n'inspire que de bonnes pensées aux hommes, et le gouvernement est trop doux pour qu'on conspire contre sa propre liberté et contre son prince. Le peu de crimes qui s'y commettent ne sont guère que des crimes d'amour, et ceux-là inspirent plus de pitié que d'horreur aux hommes et aux femmes: on y compatit tout en les punissant sévèrement. C'est du délire plus que du crime; on les traite aussi par la douceur plus que par le supplice.

En ce moment, continua-t-il, nous n'avons que six prisonniers: quatre hommes et deux femmes. Il n'y en a qu'un dont il y ait à se défier, parce qu'il a tué, dit-on, un sbire, en trahison, dans les bois.

Je frissonnai, je pâlis, je chancelai sur mes jambes, comprenant bien qu'il s'agissait de Hyeronimo; mais, comme je marchais derrière le *bargello*, il ne s'aperçut pas de mon trouble et il poursuivit:

CLXXX

Un des hommes est un vieillard de Lucques qui n'avait qu'un fils unique, soutien et consolation de ses vieux jours; la loi dit que quand un père est infirme ou qu'il a un membre de moins, le podestat doit exempter son fils du recrutement militaire; les médecins disaient au podestat que ce vieillard, quoique âgé, était sain et valide, et qu'il pouvait parfaitement gagner sa vie par son travail.

—Ma vie! dit avec fureur le pauvre père, ma vie! oui, je puis la gagner, mais c'est la vie de mon enfant que je veux sauver de la guerre, et vous allez voir si vous pourrez le refuser à sa mère et à moi.

À ces mots, tirant de dessous sa veste une hache à fendre le bois qu'il y avait cachée, il posa sa main gauche sur la table du recruteur et, d'un coup de sa hache, il se fit sauter le poignet de la main gauche, aux cris d'horreur du podestat!

CLXXXI

Les juges l'ont condamné: c'était juste; mais quel est le cœur de père qui ne l'absout pas, et le cœur de fils qui n'adore pas ce criminel? Nous l'avons guéri, et ma femme a pour lui les soins d'une sœur.

Je sentis des larmes dans mes yeux.

—Celle-là, poursuivit-il en passant devant la loge silencieuse d'une pauvre jeune femme en costume de montagnarde, qui allaitait un petit enfant tout près des barreaux, celle-là est bien de la mauvaise race des Maremmes de *Sienne*, dont les familles récoltent plus sur les grandes routes que dans les sillons; cependant l'enfant ne peut faire que ce que son père lui a appris.

Elle était nouvellement mariée à un jeune brigand de *Radicofani*, poursuivi par les gendarmes du Pape jusque sur les confins des montagnes de Lucques;

elle lui portait à manger dans les roches couvertes de broussailles de myrte qui dominent d'un côté la mer, de l'autre la route de l'État romain. Plusieurs arrestations de voyageurs étrangers et plusieurs coups de tromblon tirés sur les chevaux pour rançonner les voitures avaient signalé la présence d'un brigand, posté dans les cavernes de ces broussailles.

Les sbires avaient reçu ordre d'en purger, à tout risque, le voisinage; ils furent aperçus d'en haut par le jeune bandit.

—Sauve-toi, en te courbant sous les myrtes, lui dit sa courageuse compagne, et laisse-moi dépister ceux qui montent à ta poursuite; une fille n'a pas à craindre d'être prise pour un brigand.

Lamartine.

CXXVIIIe ENTRETIEN

FIOR D'ALIZA
(Suite. Voir la livraison précédente.)

CLXXXII

À ces mots, la jeune Maremmaise poussa son amant à gauche, dans un sentier qui menait à la mer; quant à elle, elle saisit le tromblon, la poire à poudre, le sac à balles et le chapeau pointu du brigand, et, se jetant à gauche, sous les arbustes moins hauts que sa tête, elle se mit à tirer, de temps en temps, un coup de son arme à feu en l'air, pour que la détonation et la fumée attirassent les sbires tous de son côté, et laissassent à son compagnon le temps de descendre par où on ne l'attendait pas, vers la mer; elle laissait voir à dessein son chapeau calabrais par-dessus les feuilles, pour faire croire aux gendarmes que c'était le brigand qui s'enfuyait en tirant sur eux.

Quand elle reconnut que sa ruse avait réussi et que son amant était en sûreté dans une barque à voile triangulaire qui filait comme une mouette le long des écueils, elle jeta son tromblon, son chapeau, sa poudre et ses balles dans une crevasse, et elle se laissa prendre sans résistance. Elle n'avait tué personne, et n'avait exposé qu'elle-même aux coups de feu des gendarmes. Mais eux, honteux et indignés d'avoir été trompés par une jeune fille qui leur avait fait prendre une proie pour une autre, l'amenèrent enchaînée à Lucques, où les juges ne purent pas moins faire que de la condamner, tout en l'admirant.

Elle est en prison pour cinq ans, et elle y nourrit de son lait, mêlé de ses larmes, le petit brigand qu'elle a mis au monde six mois après la fuite de son mari; son crime, c'est d'être née dans un mauvais village et d'avoir vécu en compagnie de mauvaises gens; mais ce qu'elle a fait pour un bandit qui l'aimait, si elle l'avait fait pour un honnête homme, au lieu d'être un crime, ne serait-ce pas une belle action?

Il ne me fut pas difficile d'en convenir, car je portais déjà envie, dans mon cœur, au dévouement de ma prisonnière; en passant devant sa loge, je jetai sur elle un regard de respect et de compassion.

—Pour celui-là, me dit le *bargello*, il a tiré sur les chevreuils de monseigneur le duc dans la forêt réservée à ses chasses; mais sa femme, exténuée par la faim, n'avait, dit-on, plus de lait pour allaiter les deux jumeaux qui suçaient à vide ses mamelles taries de misère. C'est bien un voleur, si vous voulez, les juges ont bien fait de le punir, lui-même ne dit pas non, mais ce vol-là pourtant, qui est-ce qui ne le ferait pas, si on se trouvait dans la même angoisse que ce pauvre braconnier de la forêt? Le duc lui-même en est bien convenu; aussi, pendant qu'il retient le mari pour l'exemple dans la prison de Lucques, il nourrit généreusement la femme et les enfants dans sa cahute.

CLXXXIII

Celui-ci en a pour bien plus longtemps, dit-il, en regardant, au fond d'une loge, un beau jeune garçon vêtu des habits rouges des galères de Livourne. C'est ce qu'on appelle une récidive, c'est-à-dire deux crimes dans un. Le premier de ces méfaits, je ne le sais pas; il devait être bien excusable, car il était bien jeune accouplé, par une chaîne au bras, à un autre vieux galérien de la même galère. On dit que c'est pour avoir dérobé, dans la darse de Livourne, une barque sans maître, avec une voile et des rames pour faire évader son frère, déserteur et prisonnier dans la forteresse; le frère se sauva en Corse, dans la barque volée au pêcheur, et lui paya pour les deux.

Le vieux galérien avec lequel il fut accouplé avait une fille à Livourne, blanchisseuse sur le port, une bien belle fille, ma foi! qui ressemblait plus à une princesse qu'à une lavandière. Elle ne rougissait pas, comme d'autres, de son père galérien; plus il était avili, plus elle respectait, dans son vieux père, l'auteur de ses jours, et la honte et la misère. Elle travaillait honnêtement de son état pour elle et pour lui, et pour lui encore plus que pour elle. On la voyait sur sa porte tous les matins et tous les soirs, quand la bande des galériens allait à l'ouvrage ou en revenait, soit pour balayer les rues et les égouts de la ville, soit pour curer les immondices de la mer dans la darse, prendre la main enchaînée du vieillard, la baiser, et lui apporter tantôt une chose, tantôt une autre: pain blanc, *cocomero*, tabac, rosolio, ceci, cela, toutes les douceurs enfin qu'elle pouvait se procurer pour adoucir la vie de ce pauvre homme.

CLXXXIV

—Celui qui est là, dit-il plus bas en indiquant de l'œil le beau jeune forçat tout triste contre ses barreaux, celui qui est là, et qui était, comme je te l'ai dit, accouplé par le bras au vieux galérien, avait ainsi tous les jours l'occasion de voir la fille de son compagnon de galère et d'admirer, sans rien dire, sa beauté et sa bonté. Elle, de son côté, sachant que le jeune était plein d'égards et d'obéissance pour le vieux, soit en portant le plus qu'il pouvait le poids de la chaîne commune, soit en faisant double tâche pour diminuer la fatigue du vieillard affaibli par les années, avait conçu involontairement une vive reconnaissance pour le jeune galérien; elle le regardait, à cause des soins pour son père, plutôt comme son frère que comme un criminel réprouvé du monde.

Elle avait souvent l'occasion de lui parler, et toujours avec douceur, soit pour le remercier de ses attentions à l'égard du vieillard, soit pour le remercier du double travail qu'il s'imposait pour son soulagement.

Ces conversations, d'abord rares et courtes, avaient fini par amener, entre elle et lui, une amitié secrète, puis enfin un amour que ni l'un ni l'autre ne savaient bien dissimuler. Cet amour éclata en dehors à la mort du père. Tant qu'il avait vécu, la bonne fille n'avait pas voulu tenter de délivrer son amant pour ne pas priver son vieux père des douceurs qu'il trouvait dans son jeune camarade de chaîne, et pour qu'on ne punît pas le vieillard de l'évasion du jeune homme; mais quand son père fut mort et que la pauvre enfant pensa qu'on allait donner je ne sais quel compagnon de lit et de fers à son amant, alors elle ne put plus tenir à sa douleur, à sa honte, et elle pensa à se perdre, s'il le fallait, pour le délivrer; un signe, un demi-mot, une lime cachée dans un morceau de pain blanc rompu du bon côté, malgré le surveillant, sur le seuil de sa porte; un rendez-vous nocturne, indiqué à demi-voix pour la nuit suivante, sur la côte à l'embouchure de l'Arno, furent compris du jeune homme.

Sa liberté et son amante étaient deux mobiles plus que suffisants pour le décider à l'évasion: ses fers, limés dans la nuit, tombèrent sans bruit sur la paille; il scia un barreau de la loge où il était seul encore depuis la mort de son compagnon. Parvenu à l'embouchure de l'Arno avant le jour, en se glissant d'écueils en écueils, invisible aux sentinelles de la douane, il y trouva sa maîtresse et un bon moine qui les maria secrètement; la nuit suivante, ils se procurèrent un esquif pour les conduire en Corse à force de rames; là, ils espéraient vivre inconnus dans les montagnes de *Corte*; la tempête furieuse qui les surprit en pleine mer et qui les rejeta exténués sur la plage de Montenero, trompa leur innocent amour.

La fille, punie comme complice d'une évasion des galères, est ici dans un cachot isolé, avec son petit enfant; elle pleure et prie pour celui qu'elle a perdu en voulant le sauver. Quant à celui-ci, on l'a muré et scellé pour dix ans dans ce cachot où il ne trouvera ni amante pour scier ses fers, ni planche pour l'emporter sur les flots. Il n'y a rien à redire aux juges, ils ont fait selon leur loi, mais la loi de Dieu et la loi du cœur ne défendent pas d'avoir de la compassion pour lui.

CLXXXV

Je me sentais le cœur presque fendu en écoutant le récit de la fille du vieux galérien, séduite par sa reconnaissance, et du jeune forçat séduit par la liberté et par l'amour.

Ici le *bargello* se pencha vers moi, baissa la voix, et me dit en me montrant la dernière loge grillée, sous le cloître, au fond de la cour:

—Il n'y a qu'un grand criminel ici, qui n'inspire ni pitié ni intérêt à personne, c'est celui-là, ajouta-t-il en me montrant du doigt et de loin la loge de Hyeronimo. Oh! pour celui-là, on dit que c'est une bête féroce qui vit de meurtres dans les cavernes de ses montagnes. Il a, d'un seul coup, tué traîtreusement un sbire et blessé deux gardes du duc; il n'emportera pas loin l'impunité de ses forfaits et personne ne pleurera sur sa fosse; il est d'autant plus dangereux que l'hypocrisie la plus consommée cache son âme astucieuse et féroce, et qu'avec le cœur d'un vrai tigre, il a le visage candide et doux d'un bel adolescent; il faut trembler quand on l'approche pour lui jeter sa nourriture. Ne lui parlons pas, son regard seul pourrait nous frapper, si ses yeux avaient des balles comme son tromblon; fais-lui jeter son morceau de pain de loin, à travers la double grille, par la main du *piccinino*, et, les autres jours, ne te risque jamais à entrer dans sa loge, sans avoir la gueule des fusils des sbires de la porte derrière toi.

CLXXXVI

À ces mots, le *bargello* revint sur ses pas pour sortir de la cour, et je crus que j'allais m'évanouir de contentement, car, s'il m'avait dit: Entre dans cette loge, et que Hyeronimo et moi, nous nous fussions vus ainsi tout à coup, devant le *bargello*, face à face, sans être d'intelligence avant cette rencontre, un cri de surprise et un élan l'un vers l'autre nous auraient trahis certainement.

La Providence nous protégea bien tous deux, en inspirant au *bargello*, sur la foi des sbires, cette terreur et cette horreur pour le pauvre innocent.

Rien qu'à son nom et à l'aspect de son cachot, mes jambes fléchissaient sous mon corps. Le *piccinino*, pour cette fois, resta après nous dans la cour et fit tout seul la distribution des vivres aux prisonnières et aux prisonniers.

Le *bargello* rentra dans son greffe, et sa femme, survenant à son tour, m'enseigna complaisamment tout ce que j'avais à faire dans la maison: à aider le cuisinier dans les cuisines, à tirer de l'eau au puits, à balayer les escaliers et la cour, à nourrir les deux gros dogues qui grondaient aux deux portes, à jeter du grain aux colombes, à faire les parts justes de pain, de soupe et d'eau aux prisonniers, même à porter trois fois par jour une écuelle de lait à la captive de la deuxième loge pour l'aider à mieux nourrir son enfant, qu'elle ne suffisait pas à allaiter par suite du chagrin qui la consumait, la pauvre jeune mère!

CLXXXVII

—Mais quand tu seras seul sous le cloître, le long des loges, me dit-elle, comme m'avait dit son mari, ne te fie pas et prends bien garde au meurtrier du sbire dans le dernier cachot, au fond de la cour; bien qu'il soit bien jeune et qu'il te ressemble quasi de visage, on dit que nous n'en avons jamais eu de si méchant; mais nous ne l'aurons pas longtemps, à ce qu'on assure, les sbires et les gardes, qui sont acharnés contre ce louveteau, ont déjà été appelés en témoignage, personne ne s'est présenté pour déposer contre eux, et le jugement à mort ne tardera pas à faire justice de celui qui a donné la mort à son prochain.

CLXXXVIII

—Le jugement à mort! m'écriai-je involontairement, en écoutant la femme du *bargello*. Il est pourtant bien jeune pour mourir!

—Oui, reprit-elle, mais n'était-il pas bien jeune aussi pour tuer, faudrait-il dire? et si on le laissait vivre avec ses instincts féroces, n'en ferait-il pas mourir bien d'autres avant lui?

—C'est vrai, pourtant, dis-je, en baissant la tête, à la brave femme, de peur de me trahir. Seulement, qui sait s'il est vraiment criminel ou s'il est innocent?

—On le saura avant la fin de la journée, dit-elle, car c'est aujourd'hui que le conseil de guerre est convoqué pour venger le pauvre brigadier des sbires; mais que peuvent dire ces avocats devant le cadavre de ce brave soldat tué derrière un arbre, en faisant la police dans la montagne?

Je ne répondis rien en apprenant que le jugement serait rendu le jour même où j'entrais en service près de Hyeronimo, dans sa propre prison. Mon cœur, resserré par les nouvelles de la maîtresse du logis, se fit si petit dans ma poitrine que je me sentis aussi morte que mon ami.

Cependant, qui sait, me dis-je en m'éloignant et en reprenant un peu mes sens, qui sait si l'on ne pourrait pas lui faire grâce encore à cause de sa jeunesse? Qui sait si on ne lui donnera pas le temps de se préparer au supplice en bon chrétien, de se confesser, de se repentir, de se réconcilier avec les hommes et avec le bon Dieu? Et qui sait si, pendant ce temps, je ne pourrai pas, comme la fille du galérien de Livourne, trouver moyen de le faire sauver de ses fers, fallût-il mourir à sa place? Car, pourvu que Hyeronimo vive, qu'importe que je meure! N'est-ce pas lui seul qui est capable, par ses deux bras, de gagner la vie de mon père, de ma tante et du pauvre chien de l'aveugle? Et puis s'il était mort, comment pourrais-je vivre moi-même? Avons-nous jamais eu un souffle qui ne fût pas à nous deux? Nos âmes ont-elles jamais été un seul jour plus séparées que nos corps? Les balles qui frapperaient sa poitrine n'en briseraient-elles pas deux?

Et puis enfin, ajoutai-je avec un rayon d'espérance dans le cœur, puisque la Providence a fait ce miracle, sur le pont de Saltochio, de me faire ramasser par cette noce, de me conduire juste, au pas de ces bœufs, chez le *bargello* où il respire, d'inspirer la bonne pensée de me prendre à leur service à ces braves gardiens de la prison, de me permettre ainsi de me faire entendre d'Hyeronimo avec l'assistance de notre zampogne, de le voir et de lui parler tant que je le voudrai, sans que personne soupçonne que je sais où il est, et que la clef de son cachot est dans les mains de celle qui lui rendrait le jour au prix de sa vie; qui sait si cette Providence n'avait pas son dessein caché sous tant de protection visible? et si...

CLXXXIX

La voix du *piccinino* interrompit ma pensée en me disant que c'était l'heure de porter la nourriture aux dogues du préau, de jeter des criblures de graines aux colombes du puits, et de renouveler l'eau dans les cruches des prisonniers, comme on m'avait appris le matin qu'il fallait faire.

—C'est bien, dis-je à l'enfant, la corde du puits est trop dur à faire tourner sur la poulie pour tes doigts, et tu ne pourrais pas non plus m'aider à faire descendre et remonter la double grille dans sa rainure jusqu'aux voûtes des loges; amuse-toi là, dans le vestibule du cloître, à tresser la paille qui sert de litière aux détenus, je ferai bien seul l'ouvrage pénible; contente-toi de surveiller la porte extérieure et de m'avertir si le *bargello* ou sa femme venait à m'appeler.

—Oh! le *bargello* et sa femme, me dit l'enfant, ils ne nous appelleront pas de la journée, ils viennent de sortir tous les deux pour aller au tribunal entendre l'accusateur de ce scélérat de montagnard qui est ici couché, comme un louveteau blessé dans sa caverne, et pour demander aux juges à quelle heure ils devront le faire conduire demain devant eux, pour le juger par demandes et par réponses.

CXC

J'affectai l'air indifférent à ces paroles du petit enfant; je lui donnai cinq ou six grosses bottes de paille des prisons à tresser proprement pour le pavé des cachots, et je lui recommandai bien de ne pas se déranger de son ouvrage entre les deux portes, jusqu'au moment où il aurait fini tout son travail et où je viendrais le chercher pour étendre les nattes avec lui sur les dalles des cachots.

Quand l'enfant, sans soupçon, fut assis par terre, occupé à tresser sa première natte, j'ouvris la seconde porte donnant sur la cour du cloître, une corbeille de criblure de froment à la main pour les ramiers, et je me dirigeai vers le puits, pour tirer l'eau dans les auges et pour en remplir les cruches des prisonniers.

Tous et toutes levèrent les yeux sur ma figure pour s'assurer d'un coup d'œil si le nouveau porte-clefs (car ils savaient le mariage de l'ancien avec la jolie fille du *bargello*) adoucirait ou aggraverait leur peine par sa physionomie et par le son de sa voix brusque ou douce; ils me remercièrent poliment de mon service, hommes, femmes ou enfants, et je vis clairement sur leurs figures l'étonnement et la consolation que leur causait un visage si jeune qui, au lieu de reproche à la bouche, roulait des larmes dans ses yeux, et qui semblait avoir plus de pitié pour eux qu'ils n'avaient eux-mêmes peur de lui.

Comme le *bargello* m'avait dit sur celui-ci et sur celle-là tout ce qu'il y avait à savoir, je fus compatissante avec les hommes, attendrie avec les femmes et caressante avec les enfants, comme avec les colombes de la cour, prisonnières sans avoir fait de faute au bon Dieu.

CXCI

Tout le monde servi, monsieur, je m'avançai toute tremblante et toute pleurant d'avance, ma cruche à la main, vers la dernière loge du cloître, au fond de la cour, où, selon le *bargello*, habitait le meurtrier.

Un pilier du cloître cachait la lucarne de cette dernière loge du fond de la cour aux autres prisonniers, en sorte qu'il y faisait sombre comme dans une caverne.

Je m'en réjouissais, ma tante, et je rabattais tant que je pouvais les larges bords de mon chapeau calabrais sur mes yeux, pour que l'ombre étendue du chapeau empêchât aussi le pauvre meurtrier, surpris, de me reconnaître d'un premier regard et de jeter un premier cri qui nous aurait trahis aux autres prisonniers du cloître.

CXCII

J'approchai donc doucement, lentement, comme quelqu'un qui brûle d'arriver et qui cependant craint presque autant de faire un pas en avant qu'en arrière. Mes yeux se voilaient, mes tempes battaient, des gouttes de sueur froide suintaient de mon front; quand je fus à une enjambée ou deux de la lucarne ferrée, au fond de laquelle j'allais apercevoir celui qu'ils appelaient le meurtrier, mes jambes refusèrent tout à fait de faire un dernier pas, mes mains froides s'ouvrirent d'elles-mêmes, le trousseau de clefs d'un côté, la cruche pleine d'eau de l'autre, tombèrent à la fois sur les dalles, et je tombai moi-même contre la muraille, entre le trousseau sonore et la cruche d'eau cassée. Les prisonniers crurent que c'était un faux pas contre les dalles du cloître qui avait causé l'accident; personne, heureusement, n'y prit garde; j'eus le temps de revenir à moi, de sentir le danger et de réfléchir au moyen d'entrer dans la loge du meurtrier sans que le saisissement trop soudain lui fît révéler involontairement qui j'étais aux oreilles de ses compagnons de peine.

Je ramassai les clefs, je balayai les tessons de la cruche dans la cour, et je revins sur mes pas, comme si j'allais chercher un autre vase pour porter son eau au meurtrier. C'est sous ce prétexte que je passai aussi dans le vestibule, devant le *piccinino* occupé à tresser attentivement ses nattes de paille. Mais aussitôt que je fus rentrée dans le corridor des cuisines, comme si j'allais y prendre une fiasque neuve à la place de celle que je venais de répandre, je m'élançai en bonds rapides par les marches de l'escalier, jusqu'au sommet de la tour, je pris la zampogne sur mon lit, je la mis sous mon bras et je redescendis, aussi vite que j'étais montée, jusqu'aux cuisines.

J'y pris une fiasque, et la montrant, ainsi que la zampogne, au *piccinino*, je lui dis que n'ayant plus rien à faire dans la cour, après mon service fini, j'allais pour passer le temps, à l'ombre des arcades du cloître, jouer quelques airs de mon métier aux malheureux enfermés sans amusement dans leurs loges; le *piccinino*, qui avait bon cœur, qui aimait, comme tous les enfants, le son de la zampogne, n'y entendit aucune malice et trouva que c'était une pensée du bon Dieu que de rappeler la liberté aux captifs et le plaisir aux malheureux. S'il avait été plus avancé en âge et en réflexion, il aurait bien pensé le contraire, n'est-ce pas, monsieur? Mais c'était un enfant, et je me hâtai de profiter de son ignorance.

CXCIII

J'entrai donc de nouveau dans la cour; j'allai remplir ma cruche neuve dans l'auge des colombes, et je revins, ma cruche pleine dans la main, sous le cloître, comme si j'allais laver les dalles du cloître devant les grilles depuis la première jusqu'à la dernière. Je m'étais dit, au moment où je cassais ma cruche: Si nous nous revoyons sans nous être avertis que nous allons nous revoir, Hyeronimo et moi, nous sommes perdus; il faut donc nous avertir sans nous parler avant de nous rencontrer face à face; quel moyen? Il n'y en a qu'un, la zampogne. Allons la chercher; tirons-en quelques sons d'abord faibles et décousus, dans la cour, bien loin du cachot du meurtrier; éveillons ainsi son attention, puis taisons-nous pour lui donner le temps de revenir de son étonnement; puis recommençons un peu plus fort et d'un peu plus près, pour lui faire comprendre que c'est moi qui approche; puis, taisons-nous de nouveau; puis, avançons en jouant plus fort des airs à nous seuls connus, pour qu'il ne doute plus que c'est bien moi et que, de pas en pas et de note en note, il sente que je vais précautieusement à lui, et qu'il soit tout préparé à me revoir et à se taire quand la zampogne se taira et que j'ouvrirai la première grille de son cachot.

CXCIV

C'est ce que je fis, ma tante, et cela réussit aussi juste que cela m'avait été inspiré dans mon malheur; ma zampogne jeta d'abord quelques sons aussi courts et aussi doux que les souffles d'un nourrisson qui se réveille, puis des morceaux d'airs tronqués et expirants comme des pensées qu'on n'achève pas dans un rêve, puis des ritournelles qu'on entend à la Saint-Jean, dans les rues, et qui sont dans l'oreille de tout le monde.

Les pauvres prisonniers et prisonnières, tout réjouis, se pressaient à leurs grilles, écoutaient les larmes aux yeux et me remerciaient, à mesure que je passais devant leur lucarne, de leur donner ainsi un souvenir de leur jour de fête.

Le meurtrier, qui avait paru au premier moment à sa lucarne, les deux mains crispées à ses barreaux, ne s'y montrait plus; j'en fus réjouie malgré l'impatience que j'avais de le voir; je compris qu'il avait reconnu l'instrument de son père, et qu'il s'attendait à quelque chose de moi, semblable à la surprise qu'il avait eue la nuit, du haut de la tour, en entendant l'air d'Hyeronimo et de Fior d'Aliza, que l'un de nous deux seul pouvait jouer à l'autre, puisque nous ne l'avions appris à personne.

CXCV

Aussi, pour bien le confirmer dans l'idée qu'il allait me voir apparaître, quand je fus à la dernière arcade au tournant du cloître avant son grillage, je m'assis sur le socle de l'arcade et je jouai doucement, lentement, amoureusement, l'air de la nuit dans la tour, afin qu'il comprît bien que j'étais là, à dix pas de lui, et qu'il entendît pour ainsi dire battre mon cœur dans la zampogne; et je finis l'air, non pas comme d'habitude, par ces volées de notes qui semblaient s'élancer vers le ciel, comme des alouettes joyeuses montant au soleil, mais je le finis par deux longs, lugubres et tendres soupirs de l'instrument qui semblait bien plutôt pleurer que chanter, hélas! comme moi-même!...

Aucun bruit ne sortit de la loge du meurtrier, je compris à ce silence que mon intention avait été saisie par Hyeronimo, et que je pouvais, sans danger, laisser la zampogne, reprendre ma cruche et ouvrir le cachot.

Je m'approchai donc avec plus de confiance de la sombre lucarne, assombrie encore par le noir pilier, et je jetai un regard furtif à travers les barreaux de fer du premier grillage; je ne vis que deux yeux fixes qui me regardaient du fond du cachot, tout au fond de la nuit régnant derrière la seconde grille.

C'était lui, ma tante! qui ne savait encore que penser et qui me regardait du fond de l'ombre.

À ma vue, quelque chose remua sous un tas de chaînes et se leva de la paille, sur son séant, en tendant deux bras enchaînés vers le jour et vers moi.

C'était lui, mon père! Je le devinai plutôt que je ne le reconnus aux traits de son visage, tant l'ombre était noire dans la caverne du pauvre innocent. Je mis un doigt sur mes lèvres pour lui dire, sans parler, de se taire, et, déposant ma cruche de l'autre main, j'ouvris, comme on me l'avait montré le matin, la première grille, et j'entrai tout entière dans la première moitié du cachot où je n'étais séparée d'Hyeronimo que par la seconde grille.

Je m'élançai, les bras aussi tendus vers les siens, avec tant de force, que mon front meurtri semblait vouloir enfoncer les barreaux noués par des nœuds de fer, comme mes agneaux quand ils se battent, pour sortir de l'étable, contre la cloison d'osier qui les enferme.

Mais lui, en voyant ce chapeau de Calabre, ces cheveux coupés, ces habits d'homme sur le corps de sa sœur dont il ne reconnaissait que peu à peu le visage, semblait pétrifié à sa place et laissait retomber ses bras devant lui, avec un bruit de chaînes qui consternait l'oreille. Il avait plutôt l'air de quelqu'un qui recule au lieu de quelqu'un qui avance, il semblait pétrifié par les murs de sa prison.

—Quoi! tu ne reconnais pas Fior d'Aliza, lui dis-je à demi-voix, parce qu'elle a changé d'habits et qu'elle a coupé ses cheveux pour te rejoindre! C'est moi, c'est ta sœur, c'est mon père et ma tante, c'est tout ce qui t'aime entré avec moi dans ton sépulcre pour t'arracher à la mort au prix de leur propre vie, s'il le faut, ou du moins pour mourir avec toi si tu meurs.

CXCVI

Ma voix, qu'il reconnut, lui ôta le doute, et il s'élança à son tour vers moi de toute la longueur de sa chaîne rivée au mur dans le fond de la prison; elle était juste assez longue pour que le bout de nos doigts, mais non pas nos lèvres, pussent se toucher.

Nous les entrecroisâmes aussi serrés et aussi forts que les nœuds de son grillage de fer, et nous nous mîmes à pleurer sans rien dire, en nous regardant à travers nos larmes, comme ces âmes du purgatoire qui se regardent à travers les limbes d'une flamme à l'autre, dans les images, le long du chemin.

CXCVII

Je finis, la première, par sangloter tellement qu'aucune parole articulée ne pouvait sortir tout entière de mes lèvres. Mais lui, plus fort, plus homme, plus courageux, revenu de son premier étonnement, parla le premier.

Le son de sa voix m'entra comme une musique dans tout le corps, je crus qu'un esprit de lumière était entré dans la caverne et m'avait parlé.

—Comment es-tu là, ma pauvre âme? me dit-il. Qui t'a appris où j'étais moi-même? Que veut dire cet habit d'homme dont tu es travestie? cette zampogne que j'ai entendue la nuit dernière du haut du ciel et qui s'est approchée tout à l'heure, comme une mémoire et une espérance, de ma lucarne? Que fait le père? Que fait la tante? Le chien est-il mort? Qui est-ce qui a soin de leur nourriture? Quelle est ton idée en les quittant et en prenant ce déguisement pour me suivre?

CXCVIII

—Mon idée, répondis-je, je n'en sais rien; je n'en ai eu qu'une dans le cœur quand je t'ai vu garrotté par les sbires et emmené par eux à la mort, je n'ai pas pu me retenir de descendre où tu allais, et je suis descendue à Lucques, comme la pierre qui roule de la montagne en bas dans la plaine par son poids et par sa pente, sans savoir pourquoi et sans pouvoir s'arrêter; voilà.

Alors je lui racontai précipitamment comment j'avais pris les habits et la zampogne de mon oncle dans le coffre, afin de ne pas être exposée, comme une pauvre fille, aux poursuites, aux insolences et aux libertinages des hommes dans les rues; comment mon oncle et ma tante avaient voulu s'opposer par force à mon passage, comment le père Hilario leur avait dit, au nom du bon Dieu: Laissez-la faire son idée; comment il avait promis d'avoir soin d'eux, à défaut de leurs deux enfants, dans la cabane; comment une noce, qui avait besoin d'un musicien, m'avait ramassée sur le pont du *Cerchio*; comment cette noce s'était trouvée être la noce de la fille du *bargello*; comment leur gendre, en s'en allant de la maison avec sa *sposa*, avait laissé vacante la place de serviteur et de porte-clefs de la prison; comment la femme et le mari, trompés par mes vêtements et contents de ma figure, m'avaient offert de les servir à la place du partant; comment j'avais pressenti que la prison était la vraie place où j'avais le plus de chance de trouver et de servir mon frère prisonnier; comment j'avais joué de ma zampogne, dans ma chambre haute au sommet de la tour, pendant la nuit, afin de lui faire connaître, par notre air de la grotte, que je n'étais pas loin et qu'il n'était pas abandonné de tout le monde, au fond de son cachot, où il avait été jeté par les sbires; comment le *bargello* m'avait appris mon service le matin et comment j'avais compris que le meurtrier c'était lui; comment j'étais parvenue, petit à petit, à l'empêcher de pousser aucun cri en me revoyant; comment je le verrais à présent à mon aise, et sans qu'on se doutât de rien, tous les jours! Enfin tout.

CXCIX

Il restait comme ébahi de surprise et d'ivresse en m'écoutant, et il m'arrosait les doigts de larmes chaudes, comme si son cœur était un foyer, en m'écoutant et en dévorant mes pauvres mains de ses lèvres; mais quand j'ajoutai que ma pensée était de gagner de plus en plus la confiance du *bargello*, de dérober la grosse clef de la prison, de me procurer une lime et de la lui apporter pour qu'il sciât sa chaîne, de lui ouvrir moi-même du dehors les deux portes grillées du cachot et de le faire évader vers la mer quand on saurait son jugement par les juges de Lucques:

CC

—Oh! cela, s'écria-t-il, jamais! jamais! Je ne limerai pas ma chaîne, je ne m'évaderai pas de la prison en te laissant derrière moi prisonnière à ma place, et punie pour la complicité dans l'évasion d'un homicide; je ne me sauverai pas du duché avec toi, en enlevant en toi la seule nourricière et la seule consolation de nos deux pauvres vieux, avec leur chien, dans la montagne. Non, non, je mourrai plutôt mille fois pour un faux crime, que de vivre par un vrai crime dont toi et eux vous seriez punis à jamais pour moi! Pourquoi donc est-ce que je voudrais vivre et comment donc pourrais-je vivre alors, puisque je ne regrette rien que toi et eux dans ce bas monde, et qu'en me sauvant c'est toi et eux que j'aurai sacrifiés et perdus?

CCI

Je n'avais pas pensé à cela, monsieur, et, tout en déplorant qu'il ne voulût pas suivre mon idée de le faire sauver, je ne pus m'empêcher d'avouer qu'il disait trop juste et qu'à sa place j'aurais certainement dit ainsi moi-même. Mais une pauvre fille des montagnes, amoureuse et désolée, mon père et ma tante, excusez-moi cela, ne pense pas à tout à la fois; je ne pensais alors ni à moi, ni à vous, mais au pauvre Hyeronimo. Si j'ai eu tort, j'en ai été bien punie.

Quand nous eûmes ainsi longtemps parlé bouche à bouche, cœur à cœur, à travers les froides grilles du cachot, trois coups de marteau de l'horloge de la cour, résonnant comme un tremblement de l'air, sous les souterrains, nous apprit que trois heures s'étaient écoulées dans une minute et qu'il était temps de nous arracher l'un à l'autre, si nous ne voulions pas être surpris par le retour du *bargello*.

Nous convînmes ensemble que tel ou tel air de ma zampogne, pendant la nuit, du haut de ma tour, voudrait dire telle ou telle chose: peine, consolation, espérance, bonne nouvelle, absence ou présence du *bargello* et toujours amour! Car le poids du cœur en fait découler enfin les secrets, ma tante! Et cette fois, malgré notre silence et notre ignorance de nous-mêmes jusque-là, nous n'avions pas pu nous cacher que nous nous aimions, non-seulement de naissance, mais d'amour, et que l'absence ou la mort de l'un serait la mort de l'autre.

J'avais bien rougi en lui avouant ce que je sentais, sa voix avait bien tremblé en me confessant pour la première fois que je ne faisais pas deux avec lui dans son idée et dans ses rêves, et que s'il n'avait rien osé dire encore à sa mère et à son oncle pour qu'on nous fiançât ensemble à San Stefano, c'était à cause de mes silences, de mes tristesses, de mes éloignements de lui depuis quelques mois, qui lui avaient fait douter s'il ne me causerait pas de la peine en me demandant pour fiancée à nos parents; il me dit même qu'il ne regrettait en ce moment ni la prison, ni la mort, puisque son malheur avait été l'occasion qui avait forcé le secret de mon cœur.

Oh! que nous nous dîmes de douces paroles alors, à travers les barreaux, ma mère! et que même en ne nous parlant pas, mais en nous entendant seulement respirer, nous étions contents! Il me semblait que je buvais du lait par les pores, et qu'une douceur que je n'avais jamais éprouvée me coulait dans toutes les veines et m'alanguissait tous les membres, comme si j'allais mourir et que la mort fût à la fois une mort et une résurrection. Je présume que le paradis sera quelque chose comme l'éternelle surprise et l'éternel aveu d'un premier amour, entre ceux qui s'aimaient et qui ne se l'étaient jamais dit!

CCII

Au second battement de marteau de l'horloge qui nous avertissait, je m'en allai à contre-cœur en reculant, en revenant, en reculant encore, comme si nous ne nous étions pas tout dit; mais le danger pressait: je refermai la grille sur lui, je ramassai ma zampogne et je revins m'asseoir sur les marches du cloître et de la cour, vis-à-vis du puits des colombes, et, pour que personne ne se doutât de rien parmi les prisonniers et les prisonnières, j'eus l'air de m'être endormie pour la sieste, au pied d'un pilier, et je me mis à jouer des airs de zampogne comme pour passer le temps.

Ah! mes airs cette fois n'étaient pas tristes, allez! Je ne sais pas où je les prenais, mais le bonheur de savoir qu'il m'aimait et le soulagement que j'éprouvais de lui avoir osé dire enfin: «Je t'aime!» l'emportaient sur tout, prison, grilles, chaînes, échafaud même; la zampogne semblait plutôt délirer que jouer sous mes doigts, et les notes qui s'échappaient criaient de joie, insensées, comme les eaux de la grotte, amassées dans le bassin et longtemps retenues, quand nous ouvrons les rigoles, s'élancent en cascades en se précipitant en écume et en bondissant au lieu de couler, et je me disais: «Il m'entend, et ce délire est un langage à son oreille qui lui apprend ce que ma bouche n'a pas achevé de lui confesser.»

Les prisonniers se pressaient aux lucarnes et croyaient peut-être que j'étais tombée en folie. Les colombes mêmes battaient des ailes comme de plaisir à m'entendre, ces jolies bêtes se regardaient, se becquetaient, se lissaient les plumes et semblaient se dire: «Tiens! en voilà une qui est donc aussi amoureuse que nous!»

CCIII

À propos des colombes, ma tante, j'ai oublié de vous dire qu'une idée m'était venue, en quittant Hyeronimo, de me servir de ces doux oiseaux pour nos messages de la tour au cachot et du cachot à ma chambre haute.

Vous savez comme j'étais habile à apprivoiser les oiseaux à la montagne, et comme je les retenais sans cage, sur le toit, à la fenêtre et jusque sur mon lit. Je dis donc à Hyeronimo ce que je voulais faire.

—Émiette, lui dis-je, tous les matins, un peu de la mie de ton pain de prison, et répands ces miettes, toutes fraîches, sur le bord intérieur du mur à hauteur d'appui où tu t'accoudes quelquefois pour regarder couler l'heure au soleil; petit à petit, la plus hardie viendra becqueter entre les barreaux, puis jusque dans ta main; tu lui caresseras les plumes sans la retenir, et tu la laisseras librement s'envoler, revenir et s'envoler encore; bientôt elle aura pour toi l'amitié que toutes les bêtes ont naturellement pour l'homme qui ne leur fait point de mal, tu la prendras dans ton sein, elle becquettera jusqu'à tes lèvres, elle se laissera faire tout ce que tu voudras d'elle; moi, de mon côté, je vais en prendre une sur la margelle du puits et l'emporter sous ma chemise, dans mon sein, là-haut, dans ma chambre; je l'empêcherai seulement une heure ou deux de s'envoler, je lui donnerai des graines douces et du maïs sucré sur le bord de ma fenêtre, et je la lâcherai ensuite pour qu'elle rejoigne ses compagnes dans la cour; tu la reconnaîtras au bout de fil bleu que j'aurai noué à ses jambes roses, et c'est celle-là que tu apprivoiseras de préférence en faisant peur aux autres; au bout de deux ou trois jours, tu verras qu'elle viendra à tout moment te visiter, et qu'à tout moment aussi elle remontera de la lucarne à ma tour, pour redescendre encore de ma tour à ton cachot.

J'effilerai ma veste et ma ceinture, et quand le fil sera blanc, rouge ou bleu, cela voudra dire: «Bonne nouvelle! et, quand il sera brun ou noir, cela voudra dire: Prenons garde, tremblons et prions! Toi, tu lui attacheras un fil à la patte pour me dire: Je pense à toi, je t'ai comprise, je suis content ou je suis en peine. Nous saurons ainsi, à toute heure, grâce à ce messager, ce qui se remue dans nos cœurs ou dans nos sorts, sans que la présence du *bargello* dans la cour puisse empêcher nos confidences.»

CCIV

Quand le *bargello* rentra du tribunal et qu'il entendit la zampogne dans la cour, il vint à moi.

—C'est bien, me dit-il, mon garçon, j'aime que ma prison soit gaie et que mes prisonniers aient de bons moments que Dieu leur permette de prendre, même en leur donnant tant de mauvais jours.

Gaie!... Elle ne le sera pas longtemps, ajouta-t-il à voix basse et en se parlant à lui-même.

Je pâlis sans qu'il s'en aperçût, et je me doutais qu'on avait peut-être jugé à mort celui qu'ils appelaient le meurtrier. Je n'osai rien témoigner de mon angoisse, de peur de me révéler, et j'attendis que le *bargello* fût ressorti de la prison pour faire parler, si j'osais, sa bonne femme.

Hélas! je n'eus pas grand'peine à provoquer ces renseignements; dès que je la rencontrai, en sortant du cloître, dans la cuisine où j'allais chercher les paniers de provende pour le souper des prisonniers:

—Tu auras trop tôt une écuelle de moins à leur servir, me dit-elle avec une vraie compassion.

—Quoi! dis-je avec peine, tant le désespoir me serrait la gorge, le meurtrier a été jugé?

—À mort! murmura-t-elle en me faisant un signe de silence avec ses lèvres.

—À mort! m'écriai-je en laissant retomber le panier sur le carreau.

—Pauvre enfant, dit-elle, on voit bien que tu as bon cœur, car tu as pâli à l'idée du supplice d'un misérable qui ne t'est rien, pas plus qu'à moi, ajouta-t-elle, et pourtant je n'ai pas pu m'empêcher de pâlir, de trembler et de pleurer moi-même, tout à l'heure, quand j'ai entendu l'officier accusateur du conseil de guerre conclure son long discours par ce mot terrible: «la mort!» sous les balles des sbires, sur la place des exécutions de Lucques, et son corps livré au bourreau, comme celui d'un décapité par la hache, et enseveli par les frères de la Miséricorde dans le coin du *Campo-Santo* réservé aux meurtriers, avec la croix rouge sur leur sépulcre. Il ne reste plus qu'à lui signifier son jugement et à le faire ratifier par monseigneur le duc.

Mais, me dit-elle, garde-toi de rien dire dans la prison de ce que je te dis là, mon enfant; les meurtriers même sont des chrétiens, le repentir leur appartient comme à nous tous pour racheter là-haut le crime qu'on ne leur peut pas remettre ici-bas. Il ne faut pas les faire mourir autant de fois qu'il y a de minutes entre le jour où on les condamne et le jour où on les frappe avec le fer ou avec le plomb. Quand le duc a signé le jugement, quand il n'y a plus d'appel et plus de remède à leur sort, on les instruit avec ménagement du supplice qui les attend; on leur laisse quatre semaines de grâce entre l'arrêt et l'exécution pour bien se préparer avec leur confesseur à paraître résignés et purifiés devant Dieu, et pendant tout cet intervalle de temps, qui s'écoule entre la signification du jugement et la mort, on les traite non plus comme des criminels qu'on maudit, mais comme des malheureux déjà innocentés par le supplice qu'ils vont subir.

C'est une belle loi de Lucques, n'est-ce pas, celle-là, c'est une loi de vrais chrétiens qui donne le temps de revenir à Dieu avant que de quitter la terre, et qui suppose déjà innocents ceux à qui Dieu lui-même va pardonner au tribunal de sa miséricorde? On les délivre alors de leurs chaînes, on les laisse s'entretenir librement dans le cloître avec leurs parents, leurs amis, leurs femmes, et surtout avec les prêtres ou les religieux, de quelque couvent que ce soit, qu'ils demandent pour se préparer au grand passage. Tu pourras alors laisser le meurtrier, ses membres libres, aller et venir de sa loge dans la chapelle de la prison, au fond de la cour, sous le cloître, entendre les offices des morts qu'on lui récitera tous les jours, et jouir enfin de toutes les douceurs compatibles avec sa réclusion.

CCV

Je buvais toutes ces paroles et je roulais déjà dans ma pensée, avec l'horreur de notre sort à tous les deux, le rêve d'y faire échapper, malgré lui s'il le fallait, celui qui ne voulait pas vivre sans moi et après lequel moi-même je ne voulais que mourir.

Quand je fus peu à peu, en apparence, remise des confidences de la bonne femme, je repris le panier et je rentrai dans la cour pour distribuer la soupe du soir de loge en loge. Lorsque je fus arrivée à la dernière loge, dont le pilier du cloître empêchait la vue aux autres, j'appelai à voix basse Hyeronimo et je lui dis rapidement ce que m'avait dit longuement la maîtresse des prisons, afin que, si c'était pour lui la mort, la voix qui la lui annonçait la lui fît plus douce, et que, si c'était la vie, la parole qui la lui apportait la lui fît plus chère.

—Mais c'est la vie! lui dis-je, Hyeronimo, mon frère, mon compagnon dans le paradis comme sur la terre, ce sera la vie, sois-en sûr! Tu ne me refuseras pas de la recevoir de ma main pour nos parents; ces quatre semaines de soulagement de ta chaîne descellée du mur, de prières, de visites, de consolations, d'entretiens avec le prêtre appelé par toi dans ton cachot, nous offriront un moyen ou l'autre de nous sauver ensemble de ces murs.

—Oh! si c'est ensemble, dit-il, en me jetant un regard qui semblait réfléchir le firmament et éclairer le cachot tout entier; oh! si c'est ensemble, je le veux bien, je le veux comme je veux respirer pour vivre: avec toi, tout; sans toi, rien; me délivrer par ta captivité à ma place, plutôt mourir un million de fois au lieu d'une!

CCVI

Je vis qu'avec ce pieux mensonge de me sauver avec lui, j'en ferais ce que je voudrais au dernier moment.

—Eh bien! lui dis-je, je vais me procurer la lime à l'aide de laquelle une pauvre prisonnière, qui est ici à côté avec son petit enfant, a scié les fers du beau galérien, son fiancé, et, quand j'aurai la lime je serai bien aussi habile qu'elle à scier un des barreaux, qu'elle l'a été à scier un chaînon du bagne.

J'avais déjà mon idée, mon père!

—Va donc! et que Dieu et ses anges te bénissent, murmura tout bas Hyeronimo; mais souviens-toi qu'entre la liberté sans toi et la mort avec toi, je n'hésiterai pas une heure, fût-elle ma dernière heure!

CCVII

Je le quittai tranquille et préparé à recevoir, sans se troubler, le lendemain, la signification de l'arrêt par la bouche du président du conseil de guerre.

Je m'approchai avec un visage gracieux, compatissant, de la loge de la femme du galérien qui donnait le sein à son nourrisson; je la plaignis, je la flattai d'une prochaine délivrance, de la certitude de retrouver son amant après sa peine accomplie; je la provoquai à me raconter toutes les circonstances que déjà je connaissais de ses disgrâces; je fis vite amitié avec elle, car ma voix était douce, attendrie encore par l'émotion que j'avais dans l'âme depuis le matin; de plus nous étions du même âge, et la jeunesse ne se défie de rien, pas plus que l'amour et le chagrin.

Enfin, après une heure d'entretien, nous étions bons amis, quoique je fusse le porte-clefs et elle la prisonnière.

—Est-ce que vous ne donneriez pas beaucoup, lui demandai-je, pour que votre petit eût deux tasses de lait au lieu d'une?

—Oh! dit-elle, je donnerais tout, car le petit souffre de la faim avec mon lait, qui est si rare et si amer sans doute; mais je n'ai plus un baïoque à donner contre du lait. Que faire?

—Est-ce que vous ne possédez aucun objet de petit prix à faire vendre pour vous procurer un petit adoucissement de plus pour le petit qui est si maigre?

—Moi, dit-elle, en paraissant chercher dans sa mémoire sans y rien trouver: non, je n'ai plus rien au monde, dans les poches de ma veste, que sa boucle d'oreille de laiton cassée, qu'il m'avait donnée le jour de nos noces, et la lime que je lui avais achetée pour limer sa ceinture de fer et qu'il m'a rendue en s'évadant, comme deux reliques de notre amour et de notre délivrance. Mais, excepté le cœur de celle à qui ces reliques rappellent des heures tristes ou douces, qui est-ce qui donnerait un carlin de cela?

—Moi, lui dis-je, non point des carlins ou des baïoques, parce que je n'en ai point à ma disposition, mais deux écuelles de lait au lieu d'une, parce que je puis doubler à mon gré les rations des prisonniers, et cela dans votre intérêt, ajoutai-je, car si on venait à visiter les poches des détenus et qu'on y découvrît cette lime, on supposerait que vous l'avez sur vous pour en faire mauvais usage et on doublerait peut-être le temps de votre peine ou on vous en enlèverait sans doute la consolation.

—Oh! Dieu, dit la jeune mère, serait-on bien assez barbare! Mais vous avez peut-être raison, dit-elle, en fouillant dans ses poches avec précipitation.

Tenez! voilà la boucle d'oreille et la lime sourde, et elle me glissa par-dessous les barreaux un petit peloton de fil noir qui contenait les deux reliques de son amant.

Elle pleurait en me les remettant, et ses doigts semblaient vouloir retenir ce que me tendait sa main. Je pris le peloton, je le déroulai, je pris la lime, que je glissai entre ma veste et ma chemise, et je lui rendis la boucle d'oreille cassée, qu'elle baisa plusieurs fois en la cachant dans sa poitrine.

CCVIII

Ce fut ainsi qu'à tout risque je me procurai cette lime que je n'aurais pu me procurer dans la ville de Lucques, parce qu'une fois entré en fonctions, un porte-clefs ne peut plus sortir des murs, et parce que, si j'avais fait acheter une lime par le *piccinino* ou par un autre commissionnaire de la prison, ou aurait soupçonné que j'avais été corrompue par un de mes captifs, et que je voulais à prix d'argent lui fournir le moyen de s'évader.

CCIX

Le lendemain, de grand matin, pendant que je balayais le vestibule et la geôle, un grand nombre de messieurs, vêtus de robes noires et rouges, vinrent lire au pauvre Hyeronimo son arrêt et lui signifier que le duc ayant ratifié la sentence, il n'avait plus de recours qu'en Dieu et qu'il avait quatre semaines et quatre jours pour se préparer à la mort.

Il devait être fusillé sur les remparts de Lucques, au milieu d'une petite place, devant la caserne des sbires, en réparation de ceux de cette caserne qu'il avait tués ou blessés.

Par bonheur, je n'assistai pas à la lecture de la sentence, parce que, dans ces occasions, la justice ne laissait entrer avec elle que le *bargello*.

Quand ils sortirent, les hommes noirs disaient entre eux:

—Quel dommage qu'un si jeune homme et un si bel adolescent ait un visage si trompeur et si candide! Avez-vous vu de quel front tranquille et résigné il a entendu son arrêt sans vouloir ni confesser son crime, ni demander sa grâce, ni insolenter la justice? Ce serait un bien grand innocent, si ce n'était pas le plus précoce des hypocrites.

CCX

Pendant que j'entendais sans lever la tête de dessus le pavé, que je faisais semblant de laver avec mon eau et mon éponge, Dieu sait ce que je pensais en moi-même de la justice des homme qui voit le crime et qui ne lit pas dans les cœurs.

Le dernier des juges qui sortait dit à l'autre:

—Il est fâcheux qu'on n'ait pas pu découvrir où cette jeune fille, sa complice, s'est enfuie de leur caverne dans les bois comme une biche sauvage, on aurait eu par elle tous les motifs et tous les détails du forfait!

Je compris par là qu'on m'avait cherchée et que, sans doute, on me cherchait encore, et que je devais plus que jamais éviter de me laisser reconnaître pour ce que j'étais. Toutes les fois qu'on frappait du dehors à la porte de fer de la prison, je laissais le *piccinino* aller tirer le verrou aux étrangers, et, sous un prétexte ou l'autre, je montais dans ma tour pour éviter les regards des sbires ou des curieux. J'y passais mon temps à prier Dieu, et à apprivoiser la plus jeune des colombes.

Il ne m'avait pas fallu beaucoup de jours pour la priver et pour en faire l'innocente messagère entre la lucarne de ma chambre et la lucarne du meurtrier; à toutes les pensées que j'avais, je lui mettais un nouveau fil à la patte, tantôt brun, tantôt rouge, tantôt blanc, comme mes pensées elles-mêmes, selon leur couleur; puis je battais mes mains l'une contre l'autre pour l'effrayer un peu, afin qu'elle s'envolât vers Hyeronimo et qu'elle le désennuyât par ses caresses.

Hyeronimo, de son côté, lui baisait la gorge et lui remettait toujours à la patte le fil bleu de sa ceinture, qui voulait dire: amour ou amitié entre lui et moi. Ah! si nous avions su écrire! Mais où aurions-nous appris nos lettres? nos pères, nos mères, nos oncles ne savaient que par cœur leurs prières. Hormis les courts moments où mon service m'appelait dans la cour et où je pouvais entrer dans le cachot et baiser ses chaînes, nos seuls moyens de communication ensemble étaient donc la colombe et la zampogne.

Je continuai à en jouer tous les soirs et une partie des nuits, pour reporter, par les sons, la pensée d'Hyeronimo en haut, vers moi et vers nos beaux jours dans la montagne. La femme du *bargello* aimait bien les airs que je jouais ainsi pour un autre, et elle me disait le matin:

—Je ne sais pas ce qu'il y a dans ta zampogne, mais elle me fait rêver et pleurer malgré moi, comme si elle disait je ne sais quoi de ma jeunesse à mon cœur; ne crains pas, mon garçon, d'en jouer tout à ton aise, même quand tu devrais me tenir éveillée pour l'entendre: j'ai plus de plaisir à veiller qu'à dormir, en l'écoutant.

Les pauvres prisonniers me disaient de même:

—Au moins notre oreille est libre quand notre âme suit dans l'air les sons qui chantent ou qui prient avec ton instrument.

Mais il n'y avait que Hyeronimo qui comprît ma pensée et la sienne dans les joies ou dans les tristesses de la zampogne: nos deux âmes s'unissaient dans le même son!

La pauvre femme du forçat seule ne s'y plaisait pas.

—Ah! soupirait-elle en soulevant son beau nourrisson endormi du mouvement de sa poitrine, à présent qu'il n'y est plus, je ne pense plus seulement à la musique; quand un air ne tombe pas dans un cœur, qu'importe? Ce n'est que du vent.

Mais quels moments délicieux, quoique tristes, comptaient pour lui et pour moi les voûtes de son cachot, quand j'y rentrais le matin avant que le *bargello* fût levé, pendant que le *piccinino* dormait encore et que personne ne pouvait nous surprendre ou nous entendre!

À peine, dans ces moments-là, regrettions-nous d'être en prison, tant le bonheur de nous être avoué notre amour nous inondait tous les deux! Qu'est-ce qu'il me disait, qu'est-ce que je lui disais, je n'en sais plus rien; pas beaucoup de mots peut-être, rien que des soupirs, mais dans ces silences, dans ce peu de mots, il y avait d'abord la joie de savoir que nous nous étions trompés et bien trompés, monsieur, en croyant depuis six mois que nous avions de l'aversion l'un pour l'autre, tandis que c'était par je ne sais quoi que nous nous fuyions comme deux chevreaux qui se cherchent, qui se regardent, qui se font peur et qui reviennent pour se fuir et se chercher de nouveau, sans savoir pourquoi.

Ensuite la pensée des jours sans fin que nous avions passés ensemble, depuis que nous respirions et que nous grandissions dans le berceau, dans la cabane, dans la grotte, dans la vigne, dans les bois, sans songer que jamais nous pourrions être désunis l'un d'avec l'autre, et puis ceci, et puis cela, que nous n'avions pas compris d'abord dans nos ignorances, et que nous nous expliquions si bien à présent que nous nous étions avoué notre penchant, contrarié par nous seuls, l'un vers l'autre; et puis la fatale journée de la coupe du châtaignier, et puis celle de ma blessure par le tromblon du sbire, quand il avait étanché mon sang sur mes bras avec ses lèvres; et puis ma folie de douleur et ma fuite de la maison sans savoir où j'allais pour le suivre, comme la mousse suit la pierre que l'avalanche déracine; et puis ma pauvre tante et mon père aveugle abandonnés à la grâce de Dieu et à la charité du père Hilario, dans notre nid vide; et puis l'espérance que les anges du ciel nous délivreront des piéges de la mort où nous étions pris, tels que deux oiseaux, pour nous punir d'en avoir déniché, les printemps, tant d'autres dans nos piéges de noisetier, quand nous étions enfants; et puis la confiance de nous sauver de là, plus tard, d'une manière ou d'autre, car les quatre semaines et les quatre jours nous paraissaient si longs, que nous ne pensions jamais en voir la fin.

Vous savez, monsieur, quand on est si jeune et que l'on compte si peu de mois dans la vie passée, les mois à venir paraissent longs comme des années. Nous nous croyions sûrs, après nous être ainsi rejoints, de rencontrer une bonne heure dans tant d'heures devant nous, et nous jouissions de nos minutes d'entretien comme si elles avaient formé des heures et que les heures n'eussent pas formé des semaines.

CHAPITRE VII

CCXI

—Mais vous, pauvres gens, aveugles et abandonnés à vous deux dans cette cabane, sans nièce et sans fils, et presque sans chien, que se passait-il, pendant ce temps, dans votre esprit? demandai-je à l'aveugle, père de Fior d'Aliza.

—Ah! monsieur, me répondit l'aveugle, il ne se passait rien les premiers jours que des désolations, des désespoirs et des larmes. Quelle mort attendait Hyeronimo à Lucques, devant les juges trompés et irrités par les sbires? Quels hasards dangereux rencontrerait Fior d'Aliza sur ces chemins inconnus et dans une ville étrangère, au milieu d'hommes et de femmes acharnés contre l'innocence, si l'on venait à découvrir son déguisement? Où trouverait-elle un gîte pour les nuits, sa nourriture pendant les jours? Comment, vermisseau comme elle était, ainsi que nous, aux yeux des riches et des puissants, parviendrait-elle soit à pénétrer vers son cousin dans des cachots, soit à s'introduire dans des palais gardés par des sentinelles, pour tomber à genoux devant monseigneur le duc?

Comment, si elle était jamais reconnue par un des pèlerins ou des sbires extasiés de sa beauté, quand ils l'avaient aperçue sur notre porte, échapperait-elle aux poursuites du chef des sbires qui avait commis tant de ruses pour l'obtenir de sa tante? Comment connaîtrions-nous nous-mêmes ce qui se passait là-bas, au pays de Lucques, sans nouvelles de nos enfants, si nous n'y descendions pas nous-mêmes, ou bien, si nous parvenions à y descendre, les exposant à être reconnus rien qu'en demandant à l'un ou à l'autre si on les avait vus?

Obligés de rester dans notre ignorance, si nous nous traînions jusqu'à Lucques, ou mourant de nos inquiétudes, si nous n'y descendions pas! Ah! monsieur, le sommeil n'était pas venu une heure de suite sur nos yeux depuis le jour du malheur; nous n'avions la nuit d'autre bruit dans la cabane que le bruit confus de nos sanglots, mal étouffés sur nos bouches, et de temps en temps les cris de douleur involontaires du petit chien, couché sur le pied de mon lit, quand sa jambe coupée, qui n'était pas encore guérie, lui faisait trop mal, et qu'il implorait ma main pour le retourner sur sa paille.

Non, je ne pense pas, quoi qu'on en dise là-haut au couvent quand on y prêche sur les peines de l'enfer aux pèlerins, que les peines mêmes de l'enfer puissent dépasser nos peines dans notre esprit.

Quant à la nourriture, nous n'y pensions seulement pas, bien que nous n'eussions plus, pour soutenir nos misérables corps et pour nourrir le chien Zampogna, que quelques croûtes de pain dur, que le père Hilario nous avait laissées dans sa besace jusqu'à son retour.

Voilà tout ce qui se passait au grand châtaignier, monsieur: la misère, et le chagrin qui empêchait de sentir la misère.

CCXII

Le septième jour pourtant nous eûmes deux grandes consolations, car la Providence n'oublie pas même ceux qui paraissent les abandonnés de Dieu.

Premièrement, le petit chien Zampogna fut tout à fait guéri de sa jambe coupée et commença à japper un peu de joie autour de nous en gambadant sur ses trois pattes, devant la porte, comme pour me dire: Maître, sortons donc et allons chercher ceux qui manquent à la maison; je puis à présent te servir et te conduire comme autrefois; fie-toi à moi de choisir les bons sentiers et d'éviter les mauvais pas; et il s'élançait sur le chemin qui descend vers Lucques comme s'il eût compris que ses deux amis étaient là-bas; puis il revenait pour s'y élancer encore.

CCXIII

Secondement, le père Hilario remonta péniblement et tout essoufflé par le sentier de la ville au couvent, et, jetant sa double besace pleine comme une outre sur la table du logis:

—Tenez, nous dit-il, voilà l'aumône de la semaine pour le corps; le prieur m'a dit de quêter d'abord pour vous comme les plus misérables; le couvent ne manque de rien pour le moment, grâce aux pèlerinages de la Notre-Dame de septembre, qui va remplir les greniers de farine et les celliers d'outres de vin.

Et puis, ajouta-t-il, voilà l'aumône de l'esprit. Écoutez-moi bien.

Alors, il nous raconta qu'il avait frappé à toutes les portes de Lucques pour savoir si l'on avait entendu parler d'un homicide commis dans la montagne, sur un brigadier de sbires, et si l'on savait quelque chose du sort qu'on réservait au jeune montagnole; qu'on lui avait répondu qu'il serait jugé prochainement par un conseil de guerre, et qu'en attendant il était renfermé dans un des cabanons de la prison, sous la surveillance du *bargello*; que le *bargello* était incorruptible, mais très-humain, et qu'il n'aggraverait certainement pas jusqu'à l'échafaud les peines du pauvre criminel. Il ajouta que, même après le jugement, on avait encore le recours en grâce auprès de monseigneur le duc et que, dans tous les cas, le condamné avait encore un sursis de quatre semaines et de quatre jours entre l'arrêt suprême et l'exécution; enfin que, pendant ces quatre semaines et ces quatre soleils de sursis, le condamné, soulagé de toutes ses chaînes derrière sa grille, ne subissait plus le secret, mais qu'il était libre de recevoir dans sa prison ses parents, les prêtres, les moines charitables et tous les chefs des confréries pieuses de la ville et des montagnes, tels que frères de la Miséricorde, frères de la Sainte-Mort, pénitents noirs et pénitents blancs, dont l'œuvre est de secourir les prisonniers, de sanctifier leur peines et même leur supplice.

À ce mot, monsieur, nous tombâmes, ma belle-sœur et moi, à la renverse contre la muraille, les mains sur nos yeux, en criant: «Est-il bien possible! Quoi! aurait-on bien le cœur de supplicier un pauvre enfant innocent dont tout le crime a été de défendre nous et sa cousine?»

CCXIV

—Rassurez-vous un peu, nous dit le frère quêteur, sans toutefois trop compter sur la justice des hommes, qui n'est souvent qu'injustice aux yeux de Dieu et qui n'a pour lumière que l'apparence au lieu de la vérité.

—Et ma fille? ma fille? ma Fior d'Aliza, s'écriait ma belle-sœur, n'en avez-vous donc appris aucune nouvelle par les chemins ou sur les places de Lucques?

—Aucune, répondit le vieux frère; c'est en vain que j'ai demandé discrètement aux portes de tous les couvents où l'on distribue gratis de la nourriture aux nécessiteux, vagabonds, mendiants ou autres, si l'on avait vu tendre son écuelle à un jeune et beau pifferaro des montagnes; c'est en vain que j'ai demandé aux marchands sur leurs portes, aux vendeuses de légumes sur leur marché, si elles avaient entendu de jour ou de nuit la zampogne d'un musicien ambulant jouant des airs, au pied des Madones, dans leurs niches ou devant le portail des chapelles. Tous et toutes m'ont affirmé que, depuis la noce de la fille du *bargello* avec un riche *contadino* des environs, on n'avait pas entendu une seule note de zampogne dans la ville, attendu que ce n'était pas la saison où les musiciens des Abruzzes descendaient après les moissons dans les plaines.

Ces réponses uniformes m'avaient donné d'abord à penser que votre fille n'avait pas osé entrer à Lucques et qu'elle errait çà et là dans les villages voisins, comme un enfant qui regarde les fenêtres des maisons et qui voudrait bien y pénétrer, sans oser toutefois s'approcher des portes. Puis, en réfléchissant mieux et en me demandant comment la noce d'un *contadino* avec la fille du *bargello* avait pu trouver un *pifferaro* pour entrer en ville, dans une saison où il n'y a pas un seul musicien ambulant dans la plaine de Lucques, je me suis demandé à moi-même si ce musicien inconnu qui jouait pour cette noce jusqu'au seuil de la prison, n'y aurait pas été poussé par l'instinct de s'y rapprocher, un jour ou l'autre, de celui qu'elle aime, et, sans vouloir interroger personne de la prison, dans la crainte d'apprendre ainsi aux autres ce que je voulais savoir moi-même, je n'ai fait que saluer la femme du *bargello* sur sa porte, et j'ai passé; mais quand la nuit a été venue, je me suis porté à dessein dans ma stalle de la chapelle voisine, et j'ai écouté de toutes oreilles si aucune note de zampogne ne résonnait dans les cours ou dans le voisinage de la prison.

Eh bien! vous me croirez si vous voulez, pauvres gens, ajouta-t-il, mais avant que l'*Ave Maria* eût sonné dans les cloches de Lucques, un air de zampogne est descendu, comme un concert des anges, d'une lucarne grillée tout au haut de la tour du *bargello*.

Et vous me croirez encore, si vous avez de la foi, j'ai reconnu, tout comme je reconnais votre voix à tous les deux à présent, la vraie voix et le vrai air de la zampogne de votre frère et de votre mari, mort des fièvres en revenant des Maremmes; et, bien plus encore, ajouta-t-il, l'air que j'ai entendu si souvent jouer dans la grotte par vos deux enfants, pendant que je montais ou que je descendais par votre sentier! J'ai cru d'abord à un rêve; j'ai écouté longtemps après que les cloches de l'*Ave Maria* se taisaient sur la ville, et le même air de l'instrument de votre frère a continué à se faire entendre à demi-son dans la tour, par-dessus les toits de la prison.

CCXV

—Dieu! s'écria ma belle-sœur, est-ce qu'on l'aurait bien jetée dans cet égout d'une prison, la belle innocente! Oh! laissez-moi descendre vite à la ville pour qu'on me la rende avant qu'elle ait été salie dans son âme par le contact avec ces malfaiteurs et ces bourreaux!

—Arrêtez-vous, femme, arrêtez-vous quelques jours comme je me suis arrêté moi-même après avoir entendu, de peur de dévoiler prématurément un mystère qui contient peut-être le salut de vos deux enfants.

Lamartine.

CXXIX^e ENTRETIEN

FIOR D'ALIZA
(Suite. Voir la livraison précédente)
CCXVI

—Oui, j'ai pensé en moi-même: ne disons rien; qu'il nous suffise de soupçonner qu'elle est là; que son cousin n'y est probablement pas loin d'elle; que le bon Dieu, en permettant ce rapprochement, a peut-être un dessein de bonté sur le pauvre prisonnier comme sur vous-mêmes, et attendons que le mystère s'explique avant d'y mêler nos indiscrètes curiosités et nos mains moins adroites que celles de l'amour innocent!

Car je suis vieux, voyez-vous, mes braves gens, il y a longtemps que ma barbe est blanche; j'ai vu passer et repasser bien des nuages sur de beaux jours et ressortir bien de beaux jours des nuages, et j'ai appris qu'il ne fallait pas trop se presser, même dans ses bons desseins, de peur de les faire avorter en les pressant de donner leur fruit avant l'heure, car il y a des choses que Dieu veut faire tout seul et sans aide; quand nous voulons y mêler d'avance notre main il frappe sur les doigts, comme on fait aux enfants qui gâtent l'ouvrage de leur père! Ainsi, faites comme moi: priez, croyez et prenez patience!

CCXVII

Mais, tout en prenant patience, ajouta le sage frère quêteur, je n'ai pas pourtant perdu mon temps et toutes mes peines à Lucques et aux environs pendant la semaine.

Écoutez encore, et remettez-moi ces grimoires de papier, ces sommations et ces actes que Nicolas del Calamayo, le conseil, l'avocat et l'huissier de Lucques, vous a fait signifier l'un après l'autre pour vous déposséder du pré, de la grotte, des champs, des mûriers, de la vieille vigne et du gros châtaignier, au nom de parents que vous ne vous connaissiez pas dans les villages de la plaine du Cerchio; c'était peut-être une mauvaise pensée qui me tenait l'esprit, ajouta le frère, mais, quand j'ai su la passion bestiale du chef des sbires pour votre belle enfant, sauvage comme une biche de votre forêt; quand j'ai appris qu'un homme si riche et si puissant dans Lucques vous avait demandé la main d'une fille de rien du tout, nourrie dans une cabane; quand on m'a dit que la petite l'avait refusé, et qu'à la suite de ce refus obstiné pour l'amour de vous et de son cousin, le sbire s'était présenté tout à coup et coup sur coup, muni de soi-disant actes endormis jusque-là, qui attribuaient, champ par champ, votre petit bien au chef des sbires, acquéreur des titres de vos soi-disant parents d'en bas, je n'ai pu m'empêcher d'entrevoir là-dedans des hasards bien habiles, et qui avaient bien l'air d'avoir été concertés par quelque officier scélérat de plume, comme il y en a tant parmi ces hommes à robe noire qui grignotent les vieux parchemins, comme des rats d'église grignotent la cire de l'autel.

Je suis allé trouver mon vieil ami de Lucques, le fameux docteur Bernabo, qui, quoique retiré de ses fonctions d'avocat du duc, donne encore des consultations gratuites aux pauvres gens de Lucques et des villes voisines. Il me connaît depuis quarante ans pour avoir été quêter toutes les semaines à sa porte, et pour m'avoir toujours donné autant de bonnes grâces pour moi que de bouteilles de vin d'*Aleatico* pour le monastère.

Je lui ai demandé la faveur de l'entretenir après son audience, en particulier; quand le monde a été dehors de sa bibliothèque, je lui ai demandé, à voix basse, s'il pouvait me donner des renseignements aussi secrets qu'en confession sur un certain scribe attaché au tribunal de Lucques, nommé Nicolas del Calamayo.

—Eh quoi! m'a-t-il répondu en riant et en me regardant du capuchon aux sandales, frère Hilario, est-ce que vous avez attendu vos quatre-vingts ans pour déserter la piété et l'honneur, et pour avoir besoin, dans quelque mauvaise affaire, d'un mauvais conseil ou d'un habile complice?

—Pourquoi me dites-vous cela? ai-je répondu au docteur Bernabo, qui ne rit pas souvent.

—Mon brave frère Hilario, m'a-t-il répliqué très-sérieusement alors, c'est qu'on ne se sert de ce drôle de Nicolas del Calamayo que quand on a un mauvais coup de justice à faire ou une mauvaise cause à justifier par de mauvais moyens.

—Et le chef des sbires de Lucques, son ami? ai-je poursuivi, en sondant toujours la conscience du docteur Bernabo.

—Le chef des sbires, m'a-t-il répondu, n'est pas un coquin aussi accompli que son ami Nicolas del Calamayo: l'un est le serpent, l'autre est l'oiseau que le serpent fascine et attire dans la gueule du vice.

Le chef des sbires n'est qu'un homme léger, débauché et corrompu, qui ne refuse rien à ses passions quand on lui offre les moyens de les satisfaire, mais qui, de sang-froid, ne ferait pas le mal si on ne lui présentait pas le mal tout fait. Vous savez que ce caractère-là est le plus commun parmi les hommes légers; leur conscience ne leur pèse pas plus que leur cervelle, et ce qui leur fait plaisir ne leur paraît jamais bien criminel.

Tel est, en réalité, le chef des sbires; son plus grand vice, c'est son ami Nicolas del Calamayo!

—Eh bien! seigneur docteur, dis-je alors à Bernabo, je vais vous exposer une affaire grave et compliquée dans laquelle le chef des sbires a un intérêt, et Nicolas del Calamayo, les deux bras jusqu'aux coudes.

—Je vous écoute, dit Bernabo.

Je lui ai raconté alors le hasard qui fit rencontrer la belle Fior d'Aliza par le sbire en société de son ami Nicolas del Calamayo: la demande, le refus, l'entêtement du sbire, l'obstination de la jeune fille, puis la dépossession, pièce à pièce, par les soins du procureur Nicolas del Calamayo, au moyen d'actes présentés par lui à la justice, actes revendiquant pour des parents, au nom d'anciens parents inconnus dont le sbire avait acheté les titres, tout le petit héritage de vos pères et de vos enfants.

En m'écoutant, le vieux docteur en jurisprudence fronçait le sourcil et se pinçait les lèvres avec un sourire d'incrédulité et de mépris qui montrait assez ce qui se passait dans son âme.

—Avez-vous sur vous ces pièces? me dit Bernabo.

—Non, répondis-je.

—Eh bien! apportez-les-moi la première fois que vous descendrez du monastère à la ville; je vous en rendrai bon compte après les avoir examinées, et si elles me paraissent suspectes dans leur texte, comme elles le sont déjà à mes yeux dans leurs circonstances, rapportez-vous-en à moi pour faire une enquête secrète et gratuite chez les prétendus parents ou ayants droits de votre pauvre aveugle. La meilleure charité à faire aux braves gens, c'est de démasquer un coquin comme ce Nicolas del Calamayo avant de mourir, et de lui arracher des ongles ses victimes.

Allez, frère Hilario, et mettez-vous seulement un sceau de silence sur votre barbe; qui sait si, en sauvant le patrimoine de ces pauvres gens, nous ne parviendrons pas aussi à découvrir quelque embûche tendue à la vie du criminel, peut-être innocent, qu'on va juger sur de si vilaines apparences!

CCXVIII

Le frère termina son récit en prenant les pièces dans l'armoire.

—Ah! que nous font les biens, la vigne, le pré, le châtaignier! la maison même, nous écriâmes-nous, ma belle-sœur et moi. Qu'on prenne tout, qu'on nous jette tout nus dans le chemin, mais qu'on nous rende nos deux pauvres innocents!

—Résignez-vous à la volonté de Dieu, quel que soit le sort d'Hyeronimo, nous dit-il en s'en allant; je monte au monastère pour instruire le prieur de votre angoisse et du motif de mes absences. Je lui demanderai de séjourner à la ville autant que ma présence pourra être utile au prisonnier pour ce monde ou pour l'autre; je remonterai jusqu'ici dès que j'aurai une bonne ou une mauvaise nouvelle à vous rapporter d'en bas; ne cessez pas de prier.

—Ah! répondîmes-nous tout en larmes; si nous cessions de prier nous aurions cessé de trembler ou d'espérer pour la vie de nos enfants, nous aurions bien plutôt cessé de vivre!

CCXIX

Il s'en alla, et nous entendîmes, pendant la nuit suivante, son pas lourd, lent et mesuré, qui faisait rouler les cailloux sur le sentier en redescendant du monastère vers la ville.

Nous restâmes douze grands jours sans le voir remonter et sans rien apprendre de ce qui se passait en ville. Hélas! il craignait sans doute de nous informer trop tôt de la condamnation sans remède de Hyeronimo; mais chaque heure de silence nous paraissait le coup de la mort pour tous les quatre! Voilà tout, monsieur.

CHAPITRE VIII

CCXX

—À toi, maintenant, dit l'aveugle à Fior d'Aliza, raconte à l'étranger ce qui s'était passé dans la prison pendant cette lugubre agonie de nos deux âmes dans la cabane.

—Voilà, monsieur, reprit naïvement la belle *sposa*, après avoir retiré le sein à son nourrisson qui s'était endormi sur la coupe.

Le lendemain du jugement à mort, comme je vous ai dit, le bourreau vint avec les hommes noirs au cachot. Ils portaient des outils, de grands ciseaux et des charbons rouges, comme s'ils avaient voulu supplicier un saint Sébastien; mais ce n'était pas cela, au contraire; le bourreau coupa l'anneau de fer qu'il avait rivé les premiers jours à la chaîne scellée dans le mur; il fit fondre le plomb qui rivait le clou des menottes aux poignets et les entraves aux pieds; il laissa le prisonnier libre de tous ses membres; il ouvrit la deuxième grille de fer qui rétrécissait de la moitié son cachot; il ouvrit de même une petite porte basse toute en plaque de tôle qui donnait accès par un corridor souterrain, étroit, surbaissé et sombre, dans la petite chapelle des condamnés à mort.

Cette chapelle, pas plus large que notre cabane, faisait partie des cloîtres par le côté de la cour; par le côté opposé, derrière l'autel, elle recevait le jour par une fenêtre haute qui ouvrait sur des jardins plantés de légumes et sur un petit verger d'oliviers où les blanchisseuses de la ville étalaient le linge après l'avoir lavé dans un canal du Cerchio.

Ces vergers et ces potagers, déserts pendant la nuit, étaient bornés par le rempart de Lucques; il n'y avait, sous ce rempart, qu'un étroit passage pour laisser le canal des lavandières rejoindre dans la campagne le lit sinueux du Cerchio.

J'avais vu tout cela du haut d'une échelle, en balayant avec une tête de loup le plafond de la chapelle et les vitraux peints qui garnissaient la fenêtre. Ces vitraux représentaient le supplice du bon malfaiteur dans Jérusalem, demandant pardon au Christ sur sa croix, qui lui promet le paradis. La fenêtre était si étroite, qu'une grosse barre de fer scellée en bas et en haut dans la pierre de taille, derrière le vitrail, suffisait pour empêcher un regard même d'y passer. Les murs avaient deux brasses d'épaisseur; ils étaient construits de blocs de marbre noir aussi lourds que nos rochers, pour que les condamnés à mort qu'on y abandonnait seuls avec Dieu ne pussent pas songer seulement à s'évader. Un confessionnal et un banc de bois noir étaient les seuls meubles de l'oratoire. Un capucin venait tous les matins, à l'aube du jour, dire la messe pour tous les prisonniers; ils l'entendaient, à travers la porte ouverte, chacun, de sa lucarne ouvrant sous le cloître; cela les consolait de voir et d'entendre qu'on priait du moins pour eux; c'était moi qui servais la messe du capucin, armée d'une petite sonnette de cuivre qu'on m'avait appris à sonner à l'élévation; c'était moi qui lui versais le vin et l'eau des burettes dans le calice. Quand il avait fini, on fermait la porte de l'oratoire en dehors avec de gros verrous et un cadenas; moi seule, comme porte-clefs, je pouvais y entrer quelques moments avant la messe du lendemain pour allumer les deux petits cierges, remettre de l'huile dans la lampe, et du vin et de l'eau dans les burettes du vieux prêtre à moitié aveugle.

CCXXI

Ah! ce fut un beau moment, ma tante, que celui où, du haut de ma chambre, dans ma tour, j'entendis le *bargello* conduire lui-même le forgeron au cachot, et où les coups de marteau qui descellaient les fers du prisonnier retentirent dans le cloître et jusqu'à ma fenêtre. Je tombai sur mes deux genoux devant la lucarne pour remercier Dieu de ce qui était pourtant un signe de mort, et je me dis en moi-même: Voilà qu'on lui rend ses membres, à toi maintenant de lui rendre la liberté et la vie!

CCXXII

Quand tout fut rentré dans le silence ordinaire du cloître, et que le *bargello* en fut sorti avec le forgeron et les hommes noirs de la justice, j'y entrai sans bruit avec la provende et les cruches d'eau des prisonniers; je ne fus pas lente, croyez-moi, à distribuer à chacun sa portion, à ouvrir et à refermer leurs grilles; les pieds me brûlaient de courir au cachot de votre enfant. Il se tenait encore tout au fond, debout sur sa paille, de peur de se trahir en se précipitant trop vite vers moi; mais, quand j'eus ouvert sa grille d'une main toute tremblante, il bondit comme un bélier du fond de l'ombre, il me prit dans ses bras et m'étouffa contre son cœur, où je me sentais mourir et où je restai longtemps sans que lui ni moi nous pussions proférer une seule parole; lui baisait mes cheveux, moi ses mains, tels que nous nous serrions, vous et moi, ma tante, quand, après une longue absence dans les bois après mes chèvres, je revenais le soir plus tard que vous ne m'attendiez sous le châtaignier.

Quand nous nous fûmes bien embrassés et bien arrosés de nos pleurs, sans pouvoir parler pour avoir trop à nous dire, je passai mon bras droit autour de son cou, lui son bras autour du mien, et il commença à me dire:

—Que font-ils là-haut?

—Je m'en fie au bon Dieu et au père Hilario, leur ami, répondis-je.

—Que je t'ai coûté de tourments et à eux, reprit-il, ma pauvre Fior d'Aliza! hélas! et que je vous en coûterai bien d'autres quand se lèvera le matin où nous devrons nous séparer pour jamais!

—Qu'est-ce que tu dis donc, répliquai-je, en cachant mon front dans sa veste où pendait encore un reste de sa chaîne, n'est-ce pas moi qui te coûte la prison et la vie? N'est-ce pas pour l'amour de moi que tu as saisi le tromblon à la muraille et tiré ce mauvais coup pour venger mon sang sur ces brigands?

Mais non, non, tu ne mourras pas pour moi, continuai-je, ou bien je mourrai avec toi moi-même!

Mais nous ne mourrons ni toi ni moi, si tu veux écouter mes conseils.

CCXXIII

Alors je lui montrai la lime de la *sposa* du galérien cachée entre ma veste et ma chemise; je lui indiquai du doigt la petite porte basse encore fermée, qui menait du fond de son cachot dans le couloir de la chapelle.

—C'est par là, lui dis-je, le visage tout rayonnant d'assurance (car l'amour ne doute de rien), c'est par là qu'ils croient te mener à la mort, et c'est par là que je te mènerai à la vie.

Je n'en dis pas plus ce jour-là sur les moyens que je rêvais pour sa délivrance; il me pressa en vain de lui tout expliquer:

—Non, non, ne me le demande pas encore, répondis-je, car si tu savais tout d'avance, tu refuserais peut-être encore ton salut de mes mains, ou bien tu pourrais le laisser échapper dans l'oreille des prêtres qui vont venir pour te résigner peu à peu à ton supplice. Il vaut mieux te mettre la clef en main sans savoir comment on la forge; c'est à toi de te fier à moi, et c'est à moi d'être ton père et ta mère, puisque je les remplace seule ici.

—Oh! me dit-il en me serrant les mains et en les élevant dans les siennes vers la voûte du cachot, je le veux bien; tu es mon père et ma mère sous la figure de ma sœur, mais tu es bien plus encore, car tu es moi aussi, et plus que moi, ajouta-t-il, car je me donnerais mille fois moi-même pour te sauver une goutte de tes yeux seulement.

Il me dit alors des choses qu'il ne m'avait jamais dites et que je ne comprenais que par le tremblement de sa voix et par le froid de sa main sur mon épaule, mais des choses si douces à entendre, à voir, à sentir, que je ne pouvais y répondre que par des rougeurs, des pâleurs et des soupirs qui paraissaient lui faire oublier tout à fait sa mort, comme tout cela me faisait oublier la vie! On eût dit qu'une muraille venait de tomber entre lui et moi et que nous nous parlions en nous reconnaissant pour la première fois. Oh! que j'oubliais la prison, l'échafaud, le supplice et tout au monde, et que je bénissais à part moi ce malheur qui lui arrachait cette confession forcée de son cœur qu'il n'aurait peut-être jamais ouvert en liberté et au soleil.

CCXXIV

Je ne sais pas combien durèrent tantôt ces entretiens, tantôt ces silences entre nous; mais nos deux cœurs étaient devenus si légers depuis que nous les avions soulagés involontairement du secret de notre amour, que nous aurions marché au supplice la main dans la main, allègrement et sans sentir seulement la terre sous nos pieds! Ce que c'est que l'amour cependant, une fois qu'on a compris qu'on s'aime et qu'on découvre tout étonnée dans le cœur d'un autre le même secret qu'on se cachait à soi-même, et que ces deux secrets n'en font plus qu'un entre deux!

Il paraissait aussi enivré du peu que je lui disais par mes mots entrecoupés, par mon front baissé, par mon agitation, que je l'étais moi-même, seulement par le son timide de sa voix.

CCXXV

L'heure, qui sonna midi au cadran de la tour, nous rappela à peine que le temps comptait encore pour nous, car nous nous croyions vraiment dans le temps qui ne compte plus, dans l'éternité.

—Adieu! lui dis-je en retirant ma main de la sienne; voici ce qu'il faut faire, vois-tu, Hyeronimo: il faut penser à ta chère âme comme un homme qui va mourir, bien que nous ne mourrons pas, je le crois fermement. Parmi tous ces moines, ces pénitents et ces prêtres qui vont venir tous les jours pour t'exhorter et te préparer à la mort par les sacrements, il faut dire que tu préfères les frères de l'ordre des Camaldules, qui t'ont enseigné la religion dans ton enfance, et que tu serais plus résigné et plus content si l'on pouvait t'accorder pour confesseur le vieux frère Hilario, du couvent de la montagne, dont tu as l'habitude, et qui daignera bien descendre pendant quelques semaines à Lucques pour adoucir tes derniers moments; le *bargello* m'a dit qu'on ne refusait rien aux condamnés de ce qui peut leur ouvrir le paradis en sortant de la prison; la présence de cet ami de la cabane dans ton cachot et dans la ville de Lucques, où il est connu et aimé, qui sait? pourra peut-être intéresser pour toi les braves gens; et qui sait encore s'il ne pourra pas arriver jusqu'à monseigneur le duc et t'obtenir la grâce de la vie? Quand le *bargello* va venir te visiter ce matin avec les pénitents noirs et les frères de la Miséricorde, dis-leur ton désir d'obtenir ici la présence du frère Hilario, le vieux quêteur des Camaldules de San Stefano. Le bon Dieu fera le reste; nous saurons par lui des nouvelles de nos pauvres parents; je me ferai connaître de lui avec confiance, il ne me trahira pas de peur de t'enlever ta dernière consolation jusqu'à l'heure suprême; nous lui ferons transmettre nos propres messages à la cabane, il empêchera ta mère et mon père de désespérer, et, si nous devons mourir, soit l'un ou l'autre, soit tous les deux, il les soutiendra dans leur misère et dans leurs larmes.

CCXXVI

Tout ainsi convenu, je me retirai de la cour; les confréries de la Sainte-Mort, introduites par le *bargello*, ne tardèrent pas à y entrer avec lui. Hyeronimo, après avoir écouté leurs exhortations au repentir et leurs offres de prières, leur répondit avec reconnaissance, que le seul service qu'il eût à implorer d'eux, c'était la visite et les consolations du frère Hilario, qu'à lui il se confesserait, mais à aucun autre, et que s'ils voulaient son salut dans l'autre vie, c'était le seul moyen de le décider au repentir de ses fautes et à l'acceptation de son supplice.

Ils lui promirent d'envoyer un messager au monastère pour demander au supérieur de faire descendre le vieux camaldule et de l'autoriser à demeurer dans un autre couvent de la ville, ou même dans la prison, jusqu'au jour de la mort du meurtrier des sbires.

CCXXVII

Le lendemain, avant le soleil levé, on frappa à la porte de la prison, c'était le frère Hilario; le *bargello* l'introduisit dans la cour et dans le cachot d'Hyeronimo, et les laissa seuls ensemble dans la chapelle.

J'avais eu soin de ne pas me montrer, de peur qu'une exclamation du bon frère quêteur ne révélât involontairement ma ruse et ma personne au *bargello*. Quand je redescendis de ma tour dans le préau pour mon service, Hyeronimo avait eu le temps de prévenir le moine de ma présence.

—Je le savais, lui dit notre saint ami, la zampogne que j'avais entendue au sommet de la tour de la prison m'avait révélé la présence de Fior d'Aliza derrière ces grilles; seulement j'ignorais par quel artifice la pauvre innocente avait pu s'introduire si près de toi. Rassure-toi, avait-il ajouté, je ne serai pas plus dur que la Providence, je ne séparerai pas avant la mort ceux qu'elle a réunis; je ne ferai rien connaître au *bargello* ni à sa femme de votre secret; il est peut-être dans les desseins de cette Providence.

Après avoir parlé ainsi et prié un moment avec Hyeronimo dans l'oratoire, le saint prêtre en sortit, et, me rencontrant sous le cloître, il me donna son chapelet à baiser, et il me le colla fortement sur les lèvres comme pour me dire: Silence!

Je me gardai bien, à cause des autres prisonniers, d'avoir l'air de connaître le frère quêteur. Je restai longtemps à genoux, pleurant tout bas contre la muraille, après qu'il fut sorti du cloître. Il s'en alla demander asile à un couvent voisin de son ordre, promettant à la femme du *bargello* de revenir tous les matins dire la messe, et tous les soirs donner la bénédiction au jeune criminel.

CCXXVIII

Quand il fut sorti, j'entrai dans le cachot sous l'apparence de mon service.

Hyeronimo me dit à son aise que le moine ne m'avait pas blâmée de ma ruse, qu'il ne la trahirait pas jusqu'après sa mort; qu'il avait un faible espoir d'obtenir, non sa liberté, mais sa vie de monseigneur le duc, si ce prince, qui était à Vienne en Autriche, revenait à Lucques avant le jour marqué dans le jugement pour l'exécution; mais que si, malheureusement, retardait son retour dans ses États, personne autre que le souverain ne possédait le droit de grâce, et qu'il n'y avait qu'à accepter la mort de Dieu, comme il en avait accepté la vie; que, dans cette éventualité terrible, le père Hilario le confesserait au dernier moment, lui donnerait le sacrement et ne le quitterait pas même sur l'échafaud, jusqu'à ce qu'il l'eût remis pardonné, sanctifié et sans tache entre les mains de Dieu.

Hyeronimo, en me racontant cela sans pleurer, me dit qu'une seule chose lui coûtait trop pour qu'il pût jamais se résigner à mourir sans désespoir et sans soif de vengeance contre le chef des sbires, son véritable assassin, et que cette chose (ici il hésita et il fallut pour ainsi dire l'arracher parole par parole de ses lèvres), c'était de mourir sans que nous eussions été, lui et moi, mariés ou tout au moins, ne fût-ce qu'un jour, fiancés sur la terre, puisque, selon la croyance de notre religion et selon la parole des moines de la montagne, les âmes qui avaient été unies indissolublement ici-bas par la bénédiction des fiançailles ou du mariage, étaient à jamais unies et inséparables dans le ciel comme sur la terre, dans l'éternité comme dans le temps!

En disant cela, il se cachait le visage entre ses deux mains, et on voyait de grosses larmes glisser entre ses doigts et tomber sur la paille comme des gouttes de pluie.

Je ne pus pas y tenir, ma tante, et je collai mes lèvres sur ses doigts qui me cachaient son visage.

—Je ne savais pas cela, mon cousin, lui dis-je, enfin, en lui desserrant ses doigts mouillés du visage pour voir ses yeux; je ne croyais pas que, quand on s'aimait dans ce monde, on pouvait jamais cesser de s'aimer dans l'autre, lui dis-je en pleurant à mon tour; est-ce qu'on a donc deux âmes? une pour la terre, une pour le ciel? une pour le temps, une pour l'éternité? Quant à moi, je ne m'en sens qu'une, et elle a toujours été autant dans ta poitrine que dans la mienne: l'idée de voir, de penser, de respirer seulement sans toi, ici ou là ne m'est jamais venue.

Il me serra encore plus étroitement contre lui-même.

—Mais, puisque c'est ainsi et que tu le crois, toi qui es plus savant que moi, je le veux autant que toi, repris-je, plus que toi encore, car toi tu pourrais bien peut-être vivre ici ou dans le paradis sans moi, mais moi je ne pourrais ni respirer seulement dans ce monde, ni sentir le paradis dans l'autre, si j'étais séparée de toi! Ainsi, ne vivons pas, ô mon frère! ne mourons pas sans avoir échangé deux anneaux de fiançailles ou de mariage que nous nous rendrons après la mort pour nous reconnaître entre toutes ces âmes qui habitent là-haut, dans le bleu, au-dessus des montagnes. Oh! Dieu, que deviendrions-nous si nous venions à nous perdre dans cet infini où tu me chercherais éternellement, comme dit l'histoire de Francesca de Rimini.

CCXXIX

—Mais quel moyen? me dit-il en se désespérant et en ouvrant ses deux bras étendus en croix derrière lui, tel qu'un homme qui tombe à la renverse.

Je songeai un peu, puis je lui dis:

—Je crois que j'en sais un!

—Et lequel? s'écria-t-il en se rapprochant de moi comme pour mieux entendre.

—Rien que la vérité, répondis-je. Dis au père Hilario, ton confesseur, et qui donnerait son sang pour ton salut, ce que tu viens de me dire, dis-lui que tu mourras dans l'impénitence finale et dans le désespoir sans pardon, si, avant de mourir, tu n'emportes pas la certitude de mourir inséparable de moi après cette vie, et de vivre *sposo e sposa* dans le paradis, puisque nous n'avons pu vivre ainsi dans ce monde, et que, pour t'assurer que le paradis ne sera pour nous deux qu'une absence et qu'une attente de quelques années d'un monde à l'autre, il faut que nous ayons été époux, ne fût-ce qu'un jour dans notre malheur. Jure-lui, par ton salut éternel, que, sans cette charité de sa part, il sera responsable à Dieu de la perdition de nos deux âmes, de la tienne par la vengeance que tu emporteras dans l'éternité contre nos ennemis les sbires;

de la mienne, par le désespoir qui me fera maudire à jamais la Providence à laquelle je ne croirais plus après toi! Il est bon, il est saint, il nous aime, il risquera sa vie même pour nous sauver. Il consentira, par vertu, à nous fiancer secrètement pour le paradis avant le jour de ton supplice (si ce jour fatal doit jamais luire!), ou à nous fiancer pour ce monde, si tu parviens à t'enlever par la fuite à tes bourreaux!...

CCXXX

Cette idée parut l'enlever d'avance à la nuit du cachot et le transporter tout éblouissant d'espérance au ciel; je crus voir dans sa figure rayonnante un de ces anges Raphaël du cloître de Pise, qui éclairent, de la lumière de leur visage et de leurs habits, la nuit de la Nativité à Bethléem.

—Je n'aurai pas de peine à suivre ton idée, me dit-il en nous séparant, car ce ne sera que la vérité que je dirai au père Hilario, en parlant comme tu viens de dire. Voici l'heure à laquelle il vient m'entretenir de Dieu, après la bénédiction de l'*Ave Maria* (sept heures du soir), je vais lui révéler notre amour et lui arracher son consentement, si Dieu l'inspire de nous l'accorder. Tiens la fenêtre de ta lucarne ouverte, et prie Dieu pour notre salut, contre les vitres; si tu ne vois rien venir avant la nuit sur le bord de la tour, c'est qu'il n'y aura point d'espoir pour nous, et que je n'aurai point pu fléchir le frère; mais, si je suis parvenu à le fléchir ou à l'incliner seulement à notre union avant la mort, je lâcherai la colombe, et elle ira, comme celle de l'arche, te porter la bonne nouvelle avant la nuit: une paille de ma couche, attachée à sa patte, sera le signe auquel tu reconnaîtras qu'il y a une terre ou un paradis devant nous.

CCXXXI

Je montai précipitamment à la tour, avant le moment où le *bargello* allait ouvrir l'oratoire au camaldule et la grille intérieure au prisonnier, et je priai avec tant de ferveur la Madone et les saints, à genoux devant la lucarne, que je ne sentis plus couler le temps, et que la sueur de mon front avait mouillé la pierre comme une gouttière, avant que le bruit des ailes de la colombe contre la vitre me fît tressaillir et relever le front.

Quel bonheur! L'oiseau apportait à sa patte un long brin de paille reluisant comme l'or d'une feuille de maïs au soleil! Je dénouai le brin de paille, je le baisai cent fois convulsivement, je le cachai dans ma poitrine, je baisai les ailes de l'oiseau, je lui donnai à becqueter tant qu'il voulut dans ma main et sur ma bouche remplie de graines fines, puis je détachai de mon corsage un fil bleu, couleur du paradis, j'en fis un collier à l'oiseau, et je le laissai s'envoler vers la lucarne du cloître, où l'attendait son ami le meurtrier!

CCXXXII

Mais quand ce message muet eut été ainsi échangé entre nous, je ne pus contenir toute ma joie en moi-même, je saisis toute joyeuse la zampogne suspendue au dossier de mon lit; sans y chercher aucun air de suite, je lui fis rendre en désordre toutes les notes éparses et bondissantes qui répondaient, comme un écho ivre, à l'ivresse désordonnée de ma propre joie: cela ressemblait à ces hymnes éclatantes que l'orgue de San Stefano jette, parfois, les jours de grande fête, à travers l'encens du chœur, et qui sont comme le *Te Deum* de l'amour! Ce fut si fort et si long, monsieur, que le *bargello* me dit le lendemain:

—Tu as donc bien peu de cœur, Antonio (c'est ainsi qu'il m'appelait), tu as donc bien peu de cœur de jouer des airs si gais aux oreilles de ces pauvres gens des loges qui pleurent leurs larmes devant Dieu, et surtout aux oreilles de l'homicide qui compte ses dernières heures sur la paille de son cachot!

CCXXXIII

Je rougis, comme si, en effet, j'avais commis une malséance de bon cœur, je baissai les yeux et je me tus.

Dans la journée, je ne voyais que l'heure de visiter Hyeronimo pour savoir de lui les résultats de sa confidence au père Hilario. Je ne pus approcher de son cachot qu'à la nuit tombante, après l'office du soir, que le vieux prêtre était venu réciter dans l'oratoire des prisonniers. Le *bargello* et sa femme étaient venus y assister par dévotion et par charité d'âme avant de remonter dans leur chambre, en me laissant le soin d'éteindre les cierges et de tout ranger dans le cloître avant de me coucher. Le *piccinino* dormait déjà d'un sommeil d'enfant, dans le petit lit qu'on lui avait fait dans sa niche, à côté des gros chiens, sous les premières marches de l'escalier.

CCXXXIV

Hyeronimo, cette fois, me parut plus fou de joie mal contenue que je ne l'étais moi-même; il courait et ressautait autour de son cachot, comme un bélier quand il voit entrer dans l'étable la bergère qui va lui ouvrir la porte des champs; il voulut m'embrasser sur le front comme les autres jours, je me dérobai.

—Non, non, dis-je, raconte-moi d'abord tout ce qui s'est passé entre le père et toi! Nous aurons bien le temps de nous aimer après! Qu'est-ce que tu as dit? qu'est-ce qu'il a répondu?

—Eh bien! reprit Hyeronimo, je n'ai pas eu de peine à amener l'entretien où tu m'avais conseillé de le conduire; car de lui-même, en me revoyant si pâle et si morne, il m'a demandé de lui ouvrir mon cœur comme je lui avais ouvert ma conscience, et de bien lui dire s'il ne me restait devant le Seigneur aucun mauvais levain de vengeance contre ceux qui avaient causé par malice ma faute et ma mort, si funeste et si prématurée?

Alors je lui ai tout dit, juste comme tu m'avais dit toi-même, et je me suis montré incapable de pardonner jamais dans le fond du cœur, ni dans ce monde, ni dans l'autre, à ceux qui m'avaient séparé de toi et toi de moi, à moins d'avoir la certitude en mourant que tu ne serais jamais à un autre sur la terre et que je serais éternellement ton fiancé dans le paradis.

Il m'a bien grondé de ces sentiments, qui lui ôtaient tout droit de m'absoudre avant la dernière heure, puisqu'il ne pouvait, au nom du Christ, pardonner à ceux qui n'avaient pas pardonné; il m'a bien prêché, bien tourné et retourné de toutes les façons pour me faire désavouer ma haine et ma vengeance; mais c'était comme s'il avait parlé à la pierre du mur ou au fer de la grille: j'ai été inexorable dans ma résolution d'emporter mon ressentiment dans mon âme, à moins d'emporter dans l'autre monde l'anneau du mariage qui nous unirait au moins dans l'éternité.

Il a paru réfléchir en lui-même longtemps, comme un homme qui doute sans rien dire; puis, en se levant pour s'en aller:

—Me promettez-vous, m'a-t-il dit, si cette grâce du mariage *in extremis* avec celle que vous aimez plus que le ciel et qui vous aime plus que sa vie vous est accordée, me promettez-vous d'embrasser le chef des sbires de bon cœur, et de bénir vos bourreaux, au lieu de maudire en mourant vos ennemis?

—Oui, mille fois oui, me suis-je écrié, ô mon père! et je le ferai de bon cœur encore, car ne devrai-je pas plus de bonheur que de malheur à ceux qui m'auront donné ainsi une éternité avec Fior d'Aliza pour quelques misérables années sur la terre!

CCXXXV

—Eh bien! m'a-t-il dit alors, tranquillisez votre pauvre âme malade, mon cher fils, ce que vous me demandez est bien difficile, impossible à obtenir des hommes peut-être, mais Dieu est plus miséricordieux que les hommes, et celui qui a emporté la brebis égarée sur ses épaules ramène au bercail l'âme blessée par tous les chemins. Je n'oserais prendre sur moi seul, sans l'aveu de mes supérieurs, sans le consentement de vos parents et sans la permission de l'évêque, d'unir secrètement deux enfants qui s'aiment dans un cachot, au pied d'un échafaud, et de mêler l'amour à la mort, dans une union toute sacrilége, si elle n'était toute sainte.

Mais si Dieu permet, pour votre salut éternel, ce que les hommes réprouveraient sans souci de votre âme; si le Christ dit oui par l'organe de ses ministres, qui sont mes oracles, soyez certain que je ne dirai pas non, et que j'affronterai le blâme des hommes pour porter deux âmes pures à Dieu!

Je vais d'abord consulter l'évêque aussi rempli de charité que de lumière, je monterai ensuite à San Stefano pour obtenir les dispenses de mes supérieurs; je confierai ensuite à votre mère et au père de Fior d'Aliza la mission sacrée dont je suis chargé auprès d'eux; j'obtiendrai facilement pour eux l'autorisation d'entrer avec moi dans votre prison, pour recevoir les derniers adieux du condamné, et pour ramener leur fille et leur nièce, veuve avant d'être épouse, dans leur demeure; préparez-vous par la pureté de vos pensées, par la vertu de votre pardon à l'union toute sainte que vous désirez comme un gage du ciel, et surtout ne laissez rien soupçonner ni au *bargello* ni à ceux qui vous visiteront par charité, du mystère qui s'accomplira entre l'évêque, vous, votre cousine, vos parents et moi; les hommes de Dieu peuvent seuls comprendre ce que les hommes de loi ne sauraient souscrire! Vous nous perdriez tous, et vous, hélas! le premier.

À ces mots, il m'a béni et j'ai baisé ses sandales.

Voilà, mot à mot, les paroles du père Hilario; mais j'ai bien vu à son accent et à son visage qu'il avait plus de confiance que de doute sur le succès de sa confidence à l'évêque et à ses supérieurs, et que mon désir était déjà ratifié dans sa pensée.

CCXXXVI

Nous passâmes ainsi ensemble ce soir-là, et tous les autres, de longs moments qui ne nous duraient qu'une minute, parlant de ceci, de cela, de ce que faisaient ma tante et mon père sous le châtaignier, de ce que nous y ferions nous-mêmes si jamais nos angoisses venaient à finir, soit par la grâce de monseigneur le duc, soit par la fuite que nous imaginions ensemble dans quelque pays lointain, comme Pise, les Maremmes, Sienne, Radicofani ou les Apennins de Toscane; il se livrait avec délices à cette idée de fuite lointaine, où je serais tout un monde pour lui, lui tout un monde pour moi; où nous gagnerions notre vie, lui avec ses bras, moi avec la zampogne, et où, après avoir amassé ainsi un petit pécule, nous bâtirions, sous quelque autre châtaignier, une autre cabane que viendraient habiter avec nous sa vieille mère et mon pauvre père aveugle, sans compter le chien, notre ami Zampogna, que nous nous gardions bien d'oublier; mais, cependant, tout en ayant l'air de partager ces beaux rêves, pour encourager Hyeronimo à les faire, je me gardais bien de dire toute ma pensée à mon amant, car je savais bien que je ne pourrais assurer son évasion sans me livrer à sa place, à moins de perdre le *bargello* et sa brave femme, qui avaient été si bons pour moi, et que je ne voulais à aucun prix sacrifier à mon contentement, car les pauvres gens répondaient de leurs prisonniers âme pour âme, et le moins qu'il pouvait leur arriver, si je me sauvais avec Hyeronimo, c'était d'être expulsés, sans pain, de leur emploi qui les faisait vivre, ou de passer pour mes complices et de prendre dans le cachot la place du meurtrier et de leur porte-clefs.

Cela, monsieur, vous ne l'auriez pas voulu faire, n'est-ce pas? car cela n'aurait été ni juste, ni reconnaissant; le mal pour le bien, est-ce que cela se doit penser seulement? Et puis, faut-il tout vous dire? j'avais encore une autre raison de tromper un peu Hyeronimo sur ma fuite avec lui hors de la ville: c'est que je ne pouvais lui donner le temps d'assurer sa fuite qu'en amusant quelques heures ses ennemis et en leur livrant une vie pour une autre; or, peu m'importait de mourir, pourvu que lui il vécût pour nourrir et consoler mon père et ma tante.

Qu'est-ce donc que j'étais en comparaison de lui, moi? deux yeux pour pleurer? Cela en valait-il la peine? Non, j'avais mon plan dans mon cœur et il ne m'en coûtait rien de me sacrifier pour mon amant, puisque j'étais sûre qu'il viendrait me rejoindre dans le paradis.

CCXXXVII

Les heures que nous passions ainsi deux fois par jour, seul à seul, à nous reconsoler et à rêver à deux dans notre cachot (car c'était vraiment autant le mien que le sien), étaient les plus délicieuses que j'eusse passées de ma vie; en vérité, j'aurais voulu que toutes les heures de notre vie fussent les mêmes, et que les portes de ce paradis de prison ne se rouvrissent jamais pour nous deux; quand on a ce que l'on aime, qu'est-ce donc que le reste? qu'un ennui.

J'aurais voulu que ces heures ne coulassent pas, ou bien que toutes nos heures passées et futures fussent contenues dans une de ces heures.

CCXXXVIII

Mais, hélas! l'ombre du cloître n'en descendait que plus vite sur la cour, et les étoiles ne s'en levaient pas moins dans le coin du ciel qu'on apercevait du fond du cachot; il fallait nous séparer, coûte que coûte, de peur que ma veille dans la cour ne parût trop longue au *bargello*; sa femme et lui étaient bien contents de mon service; ils ne cessaient pas, les braves gens, de se féliciter de ma fidélité, de mon assiduité à mon devoir, et des soins que je prenais des prisonniers, des chiens et des colombes. Quel crime c'eût été de les livrer à la ruine et à la prison, en récompense de leur confiance? Ce n'était pas là ce que ma tante m'avait appris en me faisant répéter mon catéchisme.

CCXXXIX

Au bout d'une demi-semaine, d'une attente si douce et cependant si inquiète, le frère Hilario revint de son couvent: il raconta à Hyeronimo que l'évêque et le prieur n'avaient pas balancé à lui accorder le consentement, l'autorisation, les dispenses ecclésiastiques, motivées sur le salut du meurtrier repentant, à qui le pardon et la résignation ne coûteraient rien s'il mourait avec le droit et la certitude de retrouver, dans le paradis des repentants, l'éternelle union avec celle qu'il aimait, union dans le temps, symbole de l'union de l'éternité bienheureuse.

—Je sais, lui avait dit l'évêque, que cette superstition pieuse est dans le pays de Lucques une opinion populaire que rien ne peut extirper dans les campagnes; mais c'est la superstition de la vertu et de l'amour conjugal, utile aux mœurs; il n'y a aucun mal à y condescendre pour la fidélité des époux et surtout pour le salut des condamnés.

Le supérieur de San Stefano avait dit de même.

Quant à la mère d'Hyeronimo et à mon père, comment auraient-ils hésité à donner un consentement à une union sainte de tout ce qu'ils aimaient sur la terre, surtout quand ils espéraient que cette union serait peut-être le gage de la grâce accordée à Hyeronimo et tout au moins de mon retour auprès d'eux, si l'iniquité des hommes le retenait en captivité après sa commutation de peine.

Muni de toutes ces autorisations, le père Hilario avait amené avec lui, à la ville, le père aveugle avec le chien qui le conduisait, et ma tante qui les précédait de quelques pas, pour éclairer de la voix les mauvais pas de la descente à son beau-frère.

Le père Hilario les avait conduits tous les deux, comme des mendiants sans asile qu'il avait rencontrés sur les chemins; il avait obtenu pour eux un coin obscur sous le porche du couvent de Lucques qu'il habitait lui-même; ils y recevaient la soupe qu'on distribuait deux fois par jour aux habitués de la communauté; sur leurs deux parts, ils en avaient prélevé une pour le petit chien à trois pattes de l'aveugle, le pauvre Zampogna. La petite bête semblait comprendre qu'il y avait un mystère dans tout cela, et, couché sur les pieds de son maître ou sur le tablier de ma tante, il les regardait avec étonnement et il avait cessé d'aboyer, comme il avait l'habitude de faire à notre porte, au passage des pèlerins.

CCXL

—Prenez bien garde, avait dit à nos parents le père Hilario, de rien révéler ni au *bargello*, ni à sa femme, ni à personne du secret qui se passe entre Hyeronimo, Fior d'Aliza, vous et moi; un seul mot, un seul geste perdrait, non-seulement la vie, mais le salut même de votre cher enfant, s'il doit mourir.

Ma tante et mon père l'avaient bien promis; mais j'aime mieux laisser ma tante, à son tour, vous raconter ce qui s'était dit et ce qui se dit ensuite entre eux et Hyeronimo, quand ils se revirent, car je n'y étais pas, monsieur, le jour de la reconnaissance.

CHAPITRE IX

CCXLI

La tante alors, au lieu de parler, se prit à pleurer à chaudes larmes, le visage caché dans son tablier.

—Pardonnez-moi, monsieur, me dit-elle enfin, rien qu'en y pensant je pleure toujours les yeux de ma tête.

Mettez-vous à notre place, pauvres vieux que nous étions, l'un privé de la lumière, l'autre de son mari, tous les deux de leurs chers enfants, leur unique soutien, lui allant chercher sa fille qui ne voudrait peut-être pas revenir tant elle aimait son cousin, moi allant recevoir mon fils pour lui faire le dernier adieu au pied d'un échafaud ou tout au plus à la porte d'un bagne perpétuel, la plus grande grâce qu'il pût espérer, si monseigneur le duc revenait avant le jour fatal, et tous n'ayant pour appui dans une ville inconnue qu'un vieillard chancelant avec sa besace et son bâton, demandant pour eux l'aumône aux portes.

C'est pourtant comme cela que nous entrâmes à Lucques, monsieur, moi disant mon chapelet derrière le frère quêteur; et lui, en montrant mon beau-frère, marchant à tâtons derrière nous, guidé par son pauvre chien estropié.

Hélas! qu'aurait pensé mon pauvre défunt mari, s'il nous avait vus ainsi du haut de son paradis, lui qui m'avait laissée en mourant si jeune et si nippée, avec une si belle enfant au sein; son frère, avec ses deux yeux, riche d'un si beau domaine autour du gros châtaignier; son fils, riant dans son berceau auprès du foyer pétillant des sarments de la vigne, honorés dans toute la montagne et faisant envie à tous les pèlerins qui montaient ou descendaient par le sentier de San Stefano?

Et maintenant, son fils condamné pour homicide, au fond d'un cachot, sur la paille, attendant le jour du supplice; son frère ayant perdu la lumière du firmament; moi, flétrie et pâlie par les soucis, loin de ma fille que j'allais retrouver sans qu'il me fût permis de l'embrasser seulement quand je la reverrais!

Tous nos biens passés dans les mains des hommes de loi, ruinés, mendiants, et, qui plus est, déshonorés à jamais dans la montagne par un homicide commis à notre porte, comme dans un repaire de brigands, bien que nous fussions honnêtes! Mais qui le savait, excepté Dieu et le moine? Voilà pourtant, monsieur, ce que nous étions devenus en si peu de temps, et comment nous entrions dans la ville de Lucques. Pourrais-je ne pas pleurer, quand j'y pense?

CCXLII

Le lendemain du jour où le père Hilario nous avait déposés dans la niche obscure, sous l'escalier du couvent de Lucques, près de la prison où l'on servait la soupe des pauvres, il vint nous reprendre avec une permission du juge pour aller revoir tant que nous voudrions le condamné à mort dans sa prison parce que nous étions sa seule famille; le *bargello* avait l'ordre de nous ouvrir la porte à toute heure du jour, pourvu que le confesseur de l'homicide, frère Hilario, fût avec nous.

C'est ainsi que nous entrâmes, tout tremblants de peur et de désir à la fois, dans la grande cour vide de la prison, où roucoulaient les colombes, qui semblaient pleurer comme nous et se parler d'amour comme nos deux enfants.

Le *bargello* et sa femme avaient eu l'égard de ne pas entrer avec nous et de refermer la porte derrière nous pour ne pas assister indiscrètement au désespoir d'un oncle et d'une mère qui venaient compter les dernières heures de leur enfant et de leur neveu.

Fior d'Aliza, avertie par le moine, avait eu le soin de ne pas s'approcher non plus trop près pour que nous ne nous jetassions pas follement, en nous revoyant, dans les bras les uns des autres; mais j'aperçus sa tête si belle et tout éplorée qui s'avançait, malgré elle, pour nous entrevoir de derrière un noir pilier du cloître, où elle se cachait bien loin de nous! Ah! que sa vue me fit peine et plaisir à la fois, monsieur! Je sentis fléchir mes jambes sous moi, et, sans l'épaule de mon frère, à laquelle je me retins, je serais tombée à terre; le petit chien Zampogna, qui l'avait reconnue avant nous, jappa de joie en voulant s'élancer vers elle, mais je le retins par sa chaîne, et nous fûmes bientôt devant la grille ouverte du cachot d'Hyeronimo.

CCXLIII

Il nous attendait, le pauvre enfant; il se jeta, quand il nous vit, aux genoux de son oncle et de moi comme pour nous demander pardon de toutes les tribulations involontaires que l'ardeur de défendre sa cousine et nous avait fait fondre sur la maison. Son oncle pressait sa tête contre ses genoux chancelants d'émotion; moi, je pleurais sans rien lui dire que son nom dans mes sanglots, en tenant sa main toute mouillée dans la mienne.

Le petit chien, qui avait reconnu son ami, secouait sa chaîne pour s'élancer sur Hyeronimo, jappait de toute sa joie, et, ne pouvant s'appuyer, pour le lécher, sur ses deux pattes, roulait sur nos jambes en recommençant toujours à s'élancer vainement, jusqu'à ce que Hyeronimo l'eût embrassé aussi, à son tour, en pleurant. Enfin, monsieur, c'était une désolation dans le cachot, où l'on entendait plus de sanglots et de jappements que de paroles.

À la fin, le père Hilario, n'y pouvant plus tenir lui-même, nous dit en pleurant aussi:

—Asseyez-vous sur cette paille et causez en paix, je vais m'écarter pendant tout le temps que vous voudrez, avant l'heure où l'on apporte la soupe aux prisonniers et pour que vous puissiez voir du moins celle à laquelle la prudence vous interdit de parler ici, je vais me promener avec le porte-clefs sous le cloître: chaque fois que nous passerons, elle et moi, devant le cachot, vous pourrez la contempler, pauvre tante! et elle pourra entrevoir d'un coup d'œil, sans détourner trop la tête, tout ce qu'elle chérit ici bas; ne lui parlez que des yeux et du geste du fond de la loge, elle ne vous parlera que par son silence; vous aurez assez le temps de lui parler tous de la langue, si je parviens jamais à vous la rendre par la grâce de Dieu, et surtout empêchez bien le chien de japper et de s'élancer vers elle contre la grille, quand nous passerons et repasserons devant le cachot.

CCXLIV

Ainsi fut fait, monsieur, et nous ne pûmes rien nous dire tant que nous n'entendîmes pas s'approcher sous le cloître le bruit des sandales du moine et des pas légers de Fior d'Aliza.

À ce moment, je me collai seule contre la grille, et je bus des yeux le visage de ma chère enfant. Mon Dieu! qu'elle était belle! mais qu'elle était pâle dans son costume sombre de gardien d'une prison. Ses yeux, en me regardant à la dérobée, pendant qu'elle pouvait être entrevue de nous en passant et repassant, étaient tellement voilés de larmes mal contenues, qu'on ne pouvait les voir que comme on voit une pervenche mouillée à travers les gouttes d'eau au bord de la source. Comme le cloître était bien long et que le frère Hilario marchait pesamment, à cause de son âge, nous causions, Hyeronimo, mon frère et moi, pendant la distance d'un bout du cloître à l'autre bout; le chien même semblait s'en mêler, monsieur, et ses yeux semblaient véritablement pleurer autant que les miens, quand je regardais Fior d'Aliza ou Hyeronimo. Il n'y avait que le père qui ne pleurait pas, hélas! parce que ses yeux aveugles ne donnaient plus de larmes; mais son cœur n'en était que plus noyé!

CCXLV

Ce que nous dîmes tous les trois, pendant ces deux heures que le père Hilario fit durer, à sa grande fatigue, le plaisir et la peine, comment pourrais-je vous le redire? Un jour n'y suffirait pas. Jugez donc ce que quatre personnes qui ne font qu'une, et qui sentent le cachot sous leurs pieds et la mort sur leur tête par le supplice prochain d'un seul d'entre eux, prêt à les tuer tous d'un seul coup, peuvent se dire!

Hyeronimo nous confessa que son bonheur, s'il devait vivre, et son salut éternel, s'il devait mourir, tenait au refus ou au consentement que nous lui donnerions de laisser consacrer avant son dernier jour son union avec sa cousine (*sorella*, comme nous disons, nous); sachant combien sa *sorella* le chérissait de tous les amours et n'ayant pas nous-mêmes de plus cher désir que ce mariage, comment aurions-nous pu refuser au pauvre mourant?

C'était nous qui lui avions donné son idée que les époux sur la terre se retrouvaient dans le paradis! Nous lui aurions donc refusé son paradis à lui-même, si nous avions dit non, l'aveugle et moi?

Il nous bénit mille et mille fois de notre condescendance à son amour, et il nous répéta tout ce que le père Hilario lui avait appris de la condescendance de l'évêque; outre le souci qu'il avait de nous, en nous laissant dans la misère par son supplice, dans ce supplice il ne semblait redouter qu'une chose, c'est que sa mort ne fût avancée par quelque événement avant que le prêtre eût accompli sa promesse, en bénissant cette union secrète et en consacrant sa passion devant l'autel.

CCXLVI

—Oh! pressez-le, nous disait-il les mains jointes, pressez-le de faire ce qu'il a promis pour que je vive en paix mes derniers jours, et que je n'emporte pas mon désespoir dans l'autre vie!

Nous ne répondîmes que par des larmes, et quand Fior d'Aliza revenait à passer, elles redoublaient tellement dans le cachot que nous en étions comme étouffés pendant sa promenade au fond du cloître.

La dernière fois qu'elle passa devant les barreaux, je ne pus pas me retenir, et je dis à demi-voix, de manière qu'elle m'entendît sans que les autres puissent m'entendre:

—Fior d'Aliza, que veux-tu de nous?

Elle répondit sans se retourner, comme quelqu'un qui regarde le bout de ses pieds en parlant.

—Lui, ou mourir avec lui!

Cela fut dit et, cela dit, monsieur, quand nous ressortîmes à l'heure que nous avait indiquée le père Hilario, nous la vîmes qui s'éloignait de lui en courant, pour remonter dans sa chambre avant notre sortie de la geôle. Le *bargello* et sa femme ne s'étonnèrent pas de voir nos yeux rouges, eux qui sont habitués à entendre des sanglots du cœur dans leur puits, comme nous autres à entendre le sanglottement de l'eau dans les sources.

CCXLVII

La tante se tut.

—À toi maintenant, dit-elle à Fior d'Aliza; il n'y a que toi qui saches ce que tu pensais pendant que nous nous reconsolions en causant ainsi, peut-être pour la dernière fois, avec notre pauvre Hyeronimo.

Voyons, parle au monsieur avec confiance; c'est ton tour maintenant d'ouvrir ton cœur, maintenant que le jour du bonheur est proche, et de le vider de tout ce qu'il contenait de rêves et de larmes, pour n'y laisser place qu'au bonheur et à la reconnaissance que tu vas goûter pendant le reste de ta vie.

—Oh! oui, raconte-nous cela toi-même, dit l'aveugle en joignant ses deux mains sur la table; je me le ferais bien raconter tous les soirs de ma vie sans me rassasier jamais des miséricordes du bon Dieu pour nous.

—Eh bien! dit Fior d'Aliza, je vais obéir à mon père et à ma tante, mais cela me rend toute honteuse. Comment une fille si innocente et si simple que j'étais a-t-elle bien pu avoir tant de ruse. Ah! c'est l'ange de la parenté et de l'amour; ce n'est pas moi; mais enfin voilà.

CCXLVIII

Je ne me couchai pas, vous pensez bien, n'est-ce pas? Je me jetai tout habillée sur mon lit; je fermai les yeux et je recueillis en moi toutes mes forces dans ma tête pour inventer le moyen de nous sauver ensemble ou de le faire sauver au dernier moment, en le trompant innocemment lui-même et en mourant pour lui toute seule. Et voici ce que mon ange me dicta dans l'oreille, comme si une voix claire et divine m'eût parlé tout bas; car, encore une fois, ce n'était pas moi qui discutais avec moi-même; mes lèvres étaient fermées et la parole d'en haut me parlait sans me laisser répondre et comme si quelqu'un m'avait commandée. Je le crus du moins, et voilà pourquoi je n'essayai même pas de contredire cette voix qui portait avec elle la conviction.

Le sauver tout seul en te laissant mourir ou captive à sa place, cela ne se peut pas, disait en moi la voix céleste; tu sens bien qu'il n'y consentirait jamais, lui qui t'aime plus que sa vie et qui a risqué sa liberté et sa vie pour te venger des sbires qui t'avaient blessée et avaient cassé la patte de ton chien! Non, il n'y faut pas penser; alors comment donc faire, car tu ne peux le faire évader qu'en le trompant lui-même?

Ici la voix s'interrompit longtemps comme quelqu'un qui cherche; puis elle reprit:

—Oui, une fois que vous serez mariés, il faut le tromper lui-même et lui faire croire qu'il doit partir le premier, t'attendre ensuite au rendez-vous sous l'arche du pont, au pied de la montagne où tu as rencontré la noce de la fille du *bargello*, jusqu'à ce que tu viennes le rejoindre par un autre chemin un peu avant la nuit, et que vous partiez ensemble par des chemins détournés au bas de la montagne pour sortir des États de Lucques et pour atteindre avant le jour les frontières des États de Toscane, dans les Maremmes de Pise. Alors on ne vous pourra rien, et vous vous louerez tous les deux aux propriétaires d'un *podere* pour faire les moissons, lui comme coupeur, et toi comme lieuse de gerbes; ou bien lui comme bûcheron, et toi comme ramasseuse de fagots dans les sapinières du bord de la mer. Pour cela, qu'as-tu à faire? Dès demain, il faut achever de scier un barreau de fer de la lucarne derrière l'autel de la chapelle des prisonniers, de manière à ce qu'il ne tienne plus en place que par un fil, et laisser la lime à côté, pour qu'un coup ou deux de lime lui permette de le faire tomber en dehors dans le verger de la prison, et qu'à l'aide de l'égout qui ouvre dans ce verger, au pied de la lucarne, et qui traverse les fortifications de la ville, Hyeronimo se trouve hors des murs, libre dans la campagne...

Et toi, pourquoi ne le suivrais-tu pas? me dit la voix, et pourquoi préfères-tu mourir à sa place, plutôt que de risquer la liberté en le suivant dans sa fuite?...

—Ah! me répondit la voix dans ma conscience, c'est que si je me sauvais derrière lui, le *bargello* et sa femme, si bons et si hospitaliers pour moi, seraient perdus, et qu'on les soupçonnerait certainement d'avoir été corrompus par nous, à prix d'argent, pour tromper la justice, et le moins qui pourrait leur arriver serait le déshonneur, la prison, et qui sait, peut-être la peine perpétuelle pour prix de leur charité pour moi, le mal pour le bien! la ruine et la prison pour un bon mouvement de leur cœur! Non! plutôt mourir que de me sauver la vie par un tel crime! Et comment jouiras-tu en paix de la liberté et de ton bonheur avec Hyeronimo, en pensant que d'autres versent autant de larmes de douleur éternelle que tu en verses de bonheur dans les bras d'Hyeronimo? Et lui-même, si juste et si bon, est-ce qu'il pourrait vivre de la mort d'autrui? Non, non, non, il aimerait mieux mourir! Ce n'est pas là ce que notre tante et notre père nous ont enseigné le soir dans la cabane, à la clarté de la lampe, dans le catéchisme; d'ailleurs sans le catéchisme, le cœur, ce catéchisme intérieur, ne nous le dit-il pas?

CCXLIX

Donc il faut le tromper pour le sauver; je lui dirai: Fuis, je t'en ai préparé les moyens pour la nuit où tu seras mis seul en chapelle et je vais te rejoindre; ce n'est pas même un mensonge, car, morte ou vivante, je le rejoindrai bientôt. Puis-je vivre sans lui? puis-je même mourir sans que mon âme vole sur ses pas et le rejoigne comme la colombe rejoint le ramier quand il meurt ou quand il émigre de la branche avant elle?

Il fut donc décidé que je le tromperais pour ne pas tromper le *bargello* et sa femme.

—Quand il sera libre, continua la voix, tu revêtiras le froc et le capuchon des pénitents noirs qu'il aura laissés tomber de la fenêtre en s'enfuyant, et tu reviendras dans son cachot, avant le jour, prendre sa place, pour que les sbires te mènent au supplice, en croyant que c'est lui qu'ils vont fusiller pour venger le capitaine; tu marcheras en silence devant eux, suivie des pénitents noirs ou blancs de toute la ville qui prieront pour toi; et quand tu seras arrivée au lieu du supplice, tu mourras en prononçant son nom, heureuse de mourir pour qu'il vive!

Voilà, monsieur, voilà exactement ce que l'ange me dit. Je ne l'aurais pas inventé, en toute ma vie, de moi-même. J'étais trop simple et trop timide, mais l'ange de l'amour conjugal en invente bien d'autres, allez! Je l'ai bien compris quand je fus sa femme!

CCL

Après ce miracle, je m'endormis comme si une main divine avait touché ma paupière et calmé mon pauvre cœur.

Ma résolution était prise d'obéir, sans lui rien dire qu'au moment où le prince qu'on attendait dans Lucques serait arrivé, et qu'il aurait ou ratifié ou ajourné l'exécution. C'était notre dernier espoir.

Hélas! il fut trompé encore; le lendemain à mon réveil, le *bargello* me dit négligemment, comme je passais pour mon service dans le préau, que le prince venait d'écrire à son ministre qu'il ne fallait pas l'attendre et qu'il était retenu en Bohême par les chasses.

Tout fut perdu; mes jambes me manquèrent sous moi; mais le *bargello* ne s'aperçut pas de ma pâleur, parce qu'il ne faisait pas jour encore dans le vestibule grillé du préau. Il crut que je dormais encore à moitié, ou que le retour du prince m'était indifférent comme l'ajournement du supplice du meurtrier.

Lamartine.

CXXXᵉ ENTRETIEN

FIOR D'ALIZA
(Suite. Voir la livraison précédente.)

CCLI

J'entrai dans le préau et je courus dans la loge d'Hyeronimo; le père Hilario y était déjà, il était venu lui annoncer que tout espoir de grâce était perdu par l'absence du prince qui voulait chasser le faisan en Bohême, et que le jour de la mort était fixé à trois jours de là pour le condamné; il recevait sa dernière confession et la promesse de lui apporter le sacrement du mariage et le sacrement de l'eucharistie avec celui de l'extrême-onction, la veille de sa mort. Puis, se tournant vers moi à demi morte:

—Je vous laisse ensemble, me dit-il; mes deux enfants, demain, avant la nuit, vous serez unis pour un jour et séparés le jour suivant pour un peu de temps! Que l'éternité vous console du jour qui passe! Je vais annoncer le désespoir à vos pauvres parents! Fior d'Aliza, venez avec moi pour qu'ils ne meurent pas sous le coup; vous leur resterez, n'est-ce pas? et le souvenir d'Hyeronimo revivra pour eux en vous.

CCLII

Je n'étais déjà plus triste, parce que je savais ce que l'ange m'avait dit la nuit, et je le suivis, avec l'autorisation du *bargello*, jusqu'à la loge sous l'escalier de son couvent voisin. Avant qu'il ouvrît la bouche, je fis un signe invisible à ma tante et je lui fis comprendre que l'exécution n'aurait peut-être pas lieu. Elle le dit tout bas à mon père sans que le père Hilario s'en aperçût; puis ils reçurent la fatale nouvelle avec la résignation apparente de ceux qui n'ont plus rien à craindre ici-bas, que la fin de tout.

Le père Hilario leur dit seulement qu'il viendrait les chercher le lendemain secrètement, avant le lever du jour, pour donner devant eux la bénédiction mortuaire et la bénédiction nuptiale à leurs enfants. Il leur enseigna en même temps de garder le silence sur l'objet de la cérémonie, de prier Dieu dans leur cœur et de se taire devant le *bargello*, pendant que lui, le père Hilario, dirait la messe des morts et que l'enfant de chœur qui servirait la messe entendrait, sans les comprendre, les paroles latines prononcées par le prêtre sur la tête des deux fiancés.

Je les embrassai tout en larmes, et je rentrai avec le père Hilario dans le guichet. Quelle journée, monsieur, que celle-ci, et comme j'aurais voulu tout à la fois en presser et en ralentir les heures! les unes pour mourir tout de suite et pour aller l'attendre dans le paradis, dont je n'aurais vu que quelques heures sur la terre, et les autres pour lui rendre la liberté et la vie, lui sacrifiant à son insu la mienne.

CCLIII

Enfin elle passa; je n'osai pas, par mauvaise honte, m'approcher beaucoup de la loge où Hyeronimo attendait, sans vouloir m'appeler, la tête en ses deux mains, appuyé sur la grille du cachot, me regardant à travers les mèches de ses cheveux rabattus sur sa tête; et moi, du haut de ma fenêtre, plongeant mes regards furtifs sur sa figure immobile dans la demi-ombre de sa loge.

Je ne sentais ni la faim ni la soif, monsieur, et je dis à la femme du *bargello* que j'étais malade, pour me dispenser de m'asseoir à table avec ces braves gens. Je ne dormis pas non plus, mais je priai pendant la nuit tout entière pour que mon bon ange et ma patronne intercédassent auprès de Dieu, et pour que le jour suivant me fît sa *sposa*, et pour qu'ils me donnassent le surlendemain, jour fixé pour sa mort, la force et l'adresse de mourir pour lui.

 Bien longtemps avant que le jour blanchît les montagnes de Lucques, je lavai sur mon visage la trace de mes larmes, je peignai mes blonds cheveux et je me regardai au miroir à la lueur de ma lampe, pour que ce jour-là, du moins, je fusse un peu belle pour l'amour de mon mari; puis je mis ma chemise blanche de femme ornée d'une gorgère de dentelle sous ma veste d'homme, dont je laissai passer la broderie entre les boutons de mon gilet, afin que quelque chose au moins rappelât en moi la femme et m'embellît aux yeux de mon fiancé.

Il faut compatir, ma tante, à la vanité des femmes; même quand elles vont mourir, elles veulent, malgré tout, laisser une image d'elles avenante, dans l'œil de celui qu'elles aiment.

CCLIV

Je descendis et je remontai trois ou quatre fois l'escalier de la tour, croyant que mes mouvements hâteraient le jour, et m'avançant jusqu'à la porte de la rue pour écouter si je n'entendais pas les pas lourds du père Hilario, et les pas légers de l'enfant de chœur faisant tinter sa sonnette dans l'ombre devant lui; mais rien, toujours rien, et je remontai pour redescendre encore; la dernière fois, le père Hilario allait sonner, quand je prévins le bruit en ouvrant la porte du guichet devant lui, comme si j'avais été l'ange qu'on voit peint sur la muraille de la cathédrale de Pise et qui ouvre la porte du cachot à Pierre, en tenant un flambeau en avant, pendant que les deux gendarmes dormaient, la tête sur leur bras, sans voir et sans entendre.

Je mis mon doigt sur mes lèvres pour que le vieillard et l'enfant ne réveillassent pas le *bargello*; vous savez que j'avais assez mérité sa confiance pour qu'il me laissât la clef du préau. Je fis entrer le prêtre et l'enfant. Nous traversâmes sans bruit la cour de la prison; le prêtre, l'enfant de chœur et moi, nous entrâmes dans la loge d'Hyeronimo. Je marchais la dernière et je baissais la tête.

Hyeronimo était aussi tremblant que moi; il ne me dit rien. Le père Hilario ouvrit la porte du corridor qui menait du cachot, par un couloir sombre, à la chapelle. L'enfant alluma les cierges et la messe commença. Je ne savais ce que j'entendais, tant mes oreilles me tintaient d'émotion.

Le père et ma tante assistaient seuls, dans l'ombre, muets comme deux statues de pierre sculptée, contre un pilier de la cathédrale; ils étaient entrés en même temps que nous, par la porte extérieure de la chapelle donnant sur la cour. Je les voyais sans les voir. Hyeronimo regarda sa mère, et le père pleurait sans nous voir. Après l'élévation, le prêtre nous fit approcher, et déployant sur nos deux têtes un voile noir, que l'enfant de chœur prit pour un linceul du condamné, il nous glissa à chacun un anneau dans la main et nous bénit en cachant ses larmes.

—Aimez-vous sur la terre, mes pauvres enfants, nous dit-il tout bas, pour vous aimer à jamais dans le paradis; je vous unis pour l'éternité.

Hyeronimo trembla de tous ses membres, se leva, s'appuya à la muraille et retomba à genoux. L'enfant croyait qu'il tremblait de sa mort prochaine et se mit lui-même à sangloter. Le père Hilario se hâta de dépouiller ses habits de prêtre et m'entraîna avec lui hors de la cour avant que personne fût debout dans la prison; je lui ouvris la porte de la rue.

Je remontai doucement dans ma tourelle, et je tombai à genoux, au pied de mon lit, pour remercier Dieu de la plus grande de ses grâces de vivre un jour la *sposa* d'Hyeronimo et de mourir le second jour pour lui avec la confiance de lui préparer son lit nuptial dans le paradis.

CCLV

De tout le jour, monsieur, je ne sortis pas de ma tour. Le *piccinino* fit tout seul le service des prisonniers. Il porta à manger au meurtrier, mais le meurtrier, à ce qu'il me dit, ne toucha pas à ce qu'on lui avait préparé pour son repas de mort ou de noce; il était muet déjà comme la tombe. Les frères pénitents vinrent plusieurs fois dans la soirée réciter les prières des agonisants pour lui dans la cour; la dernière fois, ils ouvrirent la porte et lui dirent que la religion avait des pardons pour tout le monde, et que, s'il voulait se repentir et mourir en bon chrétien, il n'avait qu'à emprunter le lendemain l'habit de la confrérie pour marcher au supplice, où tous les pénitents noirs l'accompagneraient en priant pour son âme.

Cette robe, qu'on mettait par-dessus ses habits, ressemblait à un linceul qui cachait les pieds et les mains en traînant jusqu'à terre; en abattant son capuchon percé de deux trous à la place des yeux, on voilait entièrement son visage.

Hyeronimo, à qui j'avais fait la leçon, parce que la femme du *bargello* m'avait raconté cette coutume, accepta l'habit et le déposa sur son lit pour le revêtir le lendemain, et remercia bien les frères de la Sainte mort. Il resta seul, et le jour s'éteignit dans la cour. Je m'y glissai sans rien dire avant le moment où le *bargello* allait la fermer.

Il crut que la faiblesse de mon âge me rendait trop pénible, ce soir-là, la vue d'un homme qui devait mourir le lendemain et dont on entendait déjà l'agonie tinter dans tous les clochers de Lucques et même aux villages voisins. Quant à lui et sa femme, ils ne se couchèrent seulement pas, les braves gens, mais ils se relayèrent toute la nuit derrière la porte du préau, pour dire en pleurant les psaumes de la pénitence. Que Dieu le leur rende à leur dernier jour, ils ont bien prié, et pour moi sans le savoir! Mais nous sommes dans un monde où rien n'est perdu, n'est-ce pas, ma tante?

CCLVI

Moi, cependant, j'avais promis à Hyeronimo de revenir passer avec lui la dernière nuit, sans crainte d'être découverte, puisque je ne devais plus le quitter qu'après qu'il serait sauvé et me dévoiler qu'après être morte à sa place.

En disant cela, ses yeux tombèrent involontairement sur le berceau du charmant enfant que son pied balançait avec distraction sur le plancher et qui dormait en souriant aux anges, comme on dit dans le patois de Lucques.

—À peine me fus-je glissée furtivement dans la loge, qu'il éteignit du souffle la lampe, que tout resta plongé dans la nuit.

Nous nous assîmes sur le bord de son lit, la main dans la main, puis il m'embrassa pour la première fois, sans que je fisse de résistance, et la nuit de nos noces commença par ces mots cachés au fond du cœur, qu'on ne dit qu'une fois et qu'on se rappelle toute sa vie.

Nuit terrible, où toutes nos larmes étaient séchées par nos baisers, et tous nos baisers interrompus par nos larmes. Ah! qui vit jamais comme moi l'amour et la mort se confondre et s'entremêler tellement, que l'amour luttait avec la mort et que la mort était vaincue par l'amour. Ah! Dieu me préserve de m'en souvenir seulement! Je croirais la profaner en y pensant; c'est comme une apparition qui reste, dit-on, dans les yeux, mais que le cœur ne confie jamais aux lèvres!

. . . .

CCLVII

—Hyeronimo, lui disais-je, lève-toi; c'est la pointe du jour qui éclaire déjà les barreaux.

—Non, disait-il; il nous reste assez de temps pour fuir avec toi. Ne perdons pas une minute de ce ciel ensemble, qui sait si nous le retrouverons jamais!

—Va, fuis! reprenais-je, ou ton amour va te coûter la vie.

—Non, répétait-il, non, ce n'est pas le jour encore; c'est le reflet de la lune qui éclaire la première ou la dernière heure de la nuit.

Elle se passa ainsi; mais enfin nous entendîmes quatre coups du marteau de l'horloge du couvent voisin sonner les matines. Il me laissa toute baignée de larmes sur la paille qui nous servait de couche, et, s'échappant comme une ombre de mes bras, il courut à la chapelle avant que je pusse l'embrasser encore, et montant jusqu'à la hauteur du barreau de la lucarne scié par moi:

—Adieu, me dit-il tout bas, j'ai assez vécu, puisque vivant ou mort nous sommes époux.

À retrouver sous le pont du Cerchio, me dit-il tout bas, en se laissant glisser de la fenêtre dans l'égout du jardin.

—À retrouver dans le paradis, me dis-je en moi-même, sans regretter seulement la vie.

CCLVIII

Rentrée par le corridor de la chapelle dans le cachot, je me hâtai de quitter ma veste d'homme et de me revêtir sur ma chemise seule de l'habit de pénitent noir, dont le capuchon rabattu sur mon visage me dérobait à tous les regards.

Je revins ensuite à la chapelle, je rétablis vite le barreau de la fenêtre à sa place, pour qu'on ne s'aperçût pas qu'il avait été déplacé; puis je me mis à genoux la tête entre mes mains devant l'autel, comme un mourant qui a passé la nuit dans les larmes en pensant à ses péchés.

Hélas! je ne pensais qu'à la nuit de larmes que je venais de finir avec Hyeronimo, et à peine à la mort que j'allais subir pour lui et pour le brave *bargello*, afin que les innocents ne payassent pas pour le coupable. J'entendais déjà derrière moi la foule des pénitents noirs et blancs et les frères de la Sainte-Mort qui se pressaient derrière la grille de la chapelle, et qui murmuraient à demi-voix les prières des agonisants.

Le *bargello* et sa femme étaient là pleurant; ils ne s'étonnaient pas de mon absence, pensant que ma jeunesse et ma pitié pour le prisonnier me retenaient dans ma tour; ne voulant pas me condamner si jeune à un tel spectacle, au contraire, ils bénissaient le bon Dieu.

CCLIX

Les sbires entrèrent. Les cloches de tous les clochers retentirent. Je me sentais toute froide, mais ferme encore sur mes jambes; je me remis dans leurs mains comme un agneau qu'on mène à la boucherie; ils me firent sortir au milieu des sanglots du *piccinino*, du *bargello* et de sa femme; je leur serrai la main comme pour les remercier de leur service et de leur douleur.

Les rudes mains des sbires me séparèrent violemment et me poussèrent dans la rue. Elle était pleine de monde en deuil que les cloches, annonçant le supplice, et la prière des morts, avaient réveillé et rassemblé dès le matin; un cordon de sbires les tenait à distance; les pénitents, en longues files, m'entouraient et me suivaient: un petit enfant, à côté du père Hilario, marchait devant moi et tendait une bourse aux spectateurs pour les parents du meurtrier.

On marchait lentement, à cause du vieux moine mon confesseur, qui me faisait des exhortations à l'oreille que je n'entendais pas, et qui s'arrêtait de moment en moment pour me faire baiser le crucifix. Je promenais, du fond de mon capuchon, mes yeux sur cette foule, ne craignant qu'une chose, d'y rencontrer mon père aveugle et ma tante, et de me trahir en tombant d'émotion devant eux, avant d'être arrivée à la place de l'exécution.

Mais je ne vis rien que les visages irrités des sbires et les visages attendris et pieux de la foule. Plus nous approchions et plus elle était épaisse. En passant sur la grande place, devant la façade du palais du duc, voisin des remparts où j'allais mourir, je vis une femme, une belle femme, qui tenait un mouchoir sur ses yeux, agenouillée sur son balcon, et qui rentra précipitamment dans l'ombre de son palais, comme pour ne pas voir le meurtrier pour lequel elle priait Dieu. Mais, en l'absence de son mari, elle n'avait pas le droit de faire grâce!

CCLX

On me fit monter précipitamment les marches qui conduisaient au rempart, et on me plaça seule avec le père Hilario et le bourreau contre le parapet du Cerchio, afin que les balles qui m'auraient frappée n'allassent pas tuer un innocent hors des murs, de l'autre côté du fleuve. Un peloton d'une douzaine de sbires, commandés par un officier et armés de leurs carabines, chargèrent leurs armes devant moi, et se rangèrent, leur fusil en joue, pour attendre le commandement de tirer.

Eh bien! monsieur, dans ce silence de tout un peuple qui retient son haleine en attendant la voix qui doit commander la mort d'un homme, vous me croirez si vous voulez, mais je ne crois pas avoir pâli; la joie de l'idée qu'en mourant je mourais pour lui me possédait seule, et j'attendais le commandement de feu avec plus d'impatience que de peur!

—Soldats! s'écria d'une voix de commandement l'officier, préparez vos armes!

Les soldats me mirent en joue; à ce moment, le bourreau, qui était derrière moi, un peu à l'abri par un angle du mur, se jeta tout à coup sur moi, et, m'arrachant d'une main rapide et violente le capuchon et la robe de pénitent jusqu'à la ceinture, me découvrit presque nue aux yeux des soldats et de la foule. Ma chemise entr'ouverte laissa mon sein à demi-nu, et mes cheveux, dont le cordon avait été détaché par le geste du bourreau, roulèrent sur mes épaules.

Je crus que j'allais mourir de honte en me voyant ainsi demi-nue devant cette bande de soldats étonnés; ils restaient suspendus comme devant un miracle, car mes mains liées derrière le dos m'empêchaient de recouvrir ma poitrine et mon visage.

Ah! mon Dieu, la mort n'est pas si terrible que ce que je souffris dans cette minute! Un silence de stupeur empêchait de respirer toute la foule.

CCLXI

Un cri partit en ce moment du côté de l'escalier qui menait au rempart. Un homme s'élança en fendant le rang des soldats. Arrêtez! arrêtez! c'est moi! et il tomba inanimé à mes pieds; le ciel s'obscurcit, la tête me tourna et je me sentis évanouir dans les bras de mon époux. Nous mourûmes tous deux sans nous sentir mourir!

C'était Hyeronimo qui, entendant les cloches du supplice, et en ne me voyant pas arriver sur ses pas sous l'arche du pont, s'était défié enfin de quelque chose, était rentré dans Lucques, avait volé à la porte de la prison, et, apprenant là par le *piccinino* que les sbires me menaient mourir à sa place, avait volé comme le vent sur mes traces, et venait réclamer à grands cris son droit de mort, s'il était encore temps.

Depuis ce moment, je ne vis plus rien, j'étais dans un autre monde. Quand je m'éveillai, j'étais dans un vrai paradis, au milieu d'un appartement tout d'or, de peintures, de glaces et de statues, qui toutes semblaient me regarder, entourée des belles suivantes de la duchesse, qui me faisaient respirer un flacon d'odeur délicieuse, et en présence d'une jeune et admirablement belle femme qui pleurait d'attendrissement près de mon chevet.

Cette belle femme, comme je l'ai su depuis, c'était la duchesse de Lucques elle-même, la souveraine, et bien la souveraine en vérité, de beauté, de bonté et de pitié pour ses sujets. Mais que puis-je vous dire? J'étais vivante, mais j'étais comme dans un rêve. On dit qu'elle m'interrogea, que je lui répondis, qu'elle fut attendrie, qu'elle envoya d'urgence un ordre, non pas de faire grâce, mais de suspendre l'exécution jusqu'au retour de son mari et de ramener Hyeronimo comme meurtrier dans son cachot.

CCLXII

Pour moi, elle me confia à la grande maîtresse du palais, pour qu'elle me fît recevoir au couvent des Madeleines à Lucques, jusqu'au jour où mon père et ma tante viendraient m'y chercher pour me conduire au châtaignier.

Ah! que de bénédictions nous lui donnâmes, quand ce jour fut arrivé et quand la femme du *bargello*, sauvée de tous soupçons par ma ruse, revint avec eux me reprendre, huit jours après au couvent, pour rentrer ensemble dans notre demeure. Le petit Zampogna, joyeux comme nous, marchait plus vite qu'à l'ordinaire en remontant la montagne, comme s'il avait l'espoir d'y retrouver aussi son jeune maître Hyeronimo.

CCLXIII

Hélas! il n'y était pas, il dut rester tout seul maintenant dans son cachot, les fers aux pieds et aux mains, pendant environ six semaines, jusqu'à ce que les chasses impériales en Bohême fussent closes, et que le duc fût rentré dans ses États pour écouter le rapport de son ministre sur l'affaire; elle préoccupait tellement tout le duché depuis que les sbires avaient été sur le point de fusiller une jeune *sposa* pour son amant, qu'on ne parlait plus d'autre chose.

Pendant ce temps, le père Hilario avait réussi à prouver au docteur Bernabo la scélératesse de Calamayo pour favoriser le libertinage du capitaine des sbires, et la fausseté des pièces qu'il avait inventées pour nous dépouiller de nos pauvres biens pièce à pièce. Cela parut louche au prince et à ses conseillers, et on décida, qu'en attendant de plus amples renseignements sur le meurtre provoqué du capitaine, que mon père et ma tante rentreraient dans la propriété de la maison, de la vigne et du châtaignier, et que la peine de mort d'Hyeronimo serait convertie (encore était-ce pour ne pas démentir les sbires) en deux ans de galères. Or, comme l'État de Lucques n'avait pas de marine, un traité avec la Toscane obligeait l'État toscan à recevoir les condamnés de Lucques dans les galères de Livourne.

Le père Hilario nous informait toutes les semaines, en remontant au monastère, de toutes ces circonstances. Que de grâces nous rendîmes à la Providence, quand il nous apprit la commutation de peine!

—Celui-là que je portais dans mon sein, s'écria-t-elle en étendant sa belle main gauche sur le berceau, allait donc avoir un père!

Elle ramena le coin de son tablier sur ses yeux pour les essuyer, et elle se tut.

—Hélas! oui, me dit la tante; elle était enceinte, la pauvre enfant, enceinte d'une nuit de larmes.

Ils se turent tous, et Fior d'Aliza, sans rabaisser son tablier, se leva de table et alla derrière la porte donner le sein à son enfant.

CCLXIV

—Et maintenant, monsieur, reprit la tante en filant sa quenouille, je vais vous dire comment cela se passa, grâce à la Providence et à la bonne duchesse. Elle ne se doutait pas que Fior d'Aliza portait dans son sein un gage d'amour et d'agonie, mais l'amour est plus fort que la mort, écrit le livre qui est là sur la fenêtre, dit-elle en montrant l'*Imitation de Jésus-Christ*; elle savait seulement par l'évêque et par les moines que Fior d'Aliza avait été mariée et qu'elle ne consentirait jamais à laisser son mari se consumer seul dans la honte et dans la peine à Livourne, sans aller lui porter les consolations que la loi italienne autorise les femmes à porter à leur mari captif à la grille de leur cabanon ou dans les rigueurs de leurs chaînes, au milieu de leurs rudes travaux.

Elle craignit pour elle, à cause de sa jeunesse et de son extrême beauté qui nous avait déjà fait tant de mal, les dangers et les propos des mauvaises gens qui hantent les grandes villes; elle lui envoya par le père Hilario une lettre de recommandation pour la supérieure des sœurs de charité de Saint-Pierre aux Liens, couvent de Livourne. Ces saintes femmes s'occupent spécialement de la guérison des galériens dans leurs maladies. Elle lui demandait de permettre que la pauvre montagnarde eût un asile dans sa maison pendant la nuit pour y recueillir sa misère, en lui permettant d'en sortir le jour pour voir son mari meurtrier condamné à mort, gracié et commué en deux ans de peine, enchaîné dans les galères du port de Livourne.

CCLXV

Mais la voilà qui rentre et qui va finir elle-même le récit.

Fior d'Aliza reprit la place qu'elle avait laissée, et continua en regardant sa tante:

—Je partis à pied avec cette lettre, et en promettant à mon père et à ma tante de revenir ainsi de Livourne tous les samedis pour leur rapporter tout ce qui serait nécessaire à leur vie, et pour passer avec eux le dimanche à la cabane, seul jour de la semaine où les galériens ne sortent pas pour travailler dans le port ou pour balayer les grandes rues de Livourne.

Ah! que de larmes nous versâmes en nous séparant au pied de la montagne! N'est-ce pas, ma tante et mon père? Mais enfin ce n'étaient plus des larmes mortelles, et nous avions l'espoir de nous revoir toutes les semaines, et de ramener enfin Hyeronimo libre et heureux auprès de nous.

CCLXVI

Je marchai du lever du soleil jusqu'à son coucher, mon *mezaro* rabattu et refermé sur mon visage pour que les passants ne m'embarrassent pas de leurs rires et de leurs mauvais propos sur la route, pensant en eux-mêmes, en me voyant si jeune et si seule, que j'étais une de ces filles mal famées de Lucques qui vont chercher à Pise et à Livourne les bonnes fortunes de leurs charmes, auprès des matelots étrangers.

Il était nuit quand j'arrivai à la ville, je me glissai à travers la porte à la faveur d'un groupe de familles connues des gardes de la douane qui rentraient, avant les portes fermées, dans la ville, sans être vue au visage, ni fouillée, ni interrogée; j'en rendis grâce à la Madone dont la statue dans une niche, sous la voûte de la porte, était éclairée par une petite lampe.

Je demandai un peu plus loin l'adresse de la supérieure des religieuses qui soignaient les galériens. On me prit pour la sœur d'un galérien et on me l'indiqua avec bonté. Je sonnai: la sœur portière ne voulait pas m'ouvrir si tard; mais, à la vue de mon visage innocent, qu'elle entrevit à travers mon *mezaro*, quand je fus obligée de l'écarter pour chercher la lettre de la duchesse, elle me fit entrer et porta la lettre à sa supérieure.

CCLXVII

La supérieure était une femme âgée et sévère, qui, après avoir lu la lettre, descendit au parloir pour me voir et m'interroger. Quand elle m'eut regardée un moment et interrogée sur mon état de grossesse, qui rendait ma présence au couvent suspecte et inconvenante, sa figure se rembrunit:

—Non, dit-elle, mon enfant, la duchesse n'y a pas pensé! Nous ne pouvons vous recevoir dans une sainte maison comme la nôtre; le monde est si méchant! et il en gloserait à la honte de la religion. Mais, pour répondre autant qu'il est en nous à la protection de la duchesse, voici, me dit-elle en me montrant du geste un hangar dans la cour, un lieu à la fois ouvert et renfermé le soir dans notre enceinte. Les gros chiens du couvent, qui sont bons, sont enchaînés le jour et rôdent la nuit pour nous protéger; on le nettoiera, on le garnira d'un lit et d'une paille propre et fraîche, on y mettra une porte, et vous pourrez vous y retirer tous les soirs, pourvu que vous soyez rentrée avant l'*Ave Maria*, et que vous n'en sortiez qu'après l'*Ave Maria* du matin; j'aurai soin que la sœur portière vous y porte tous les jours la soupe des galériens malades, et tous les soirs un pain blanc avec les haricots à l'huile et les olives de leur souper. J'irai moi-même vous visiter souvent dans cette cahute et vous porter les consolations et les encouragements que votre figure honnête commence à m'inspirer. Vous pourrez même entendre notre messe de la porte de la chapelle, ici à gauche, par la lucarne des serviteurs du monastère.

CCLXVIII

Cela dit, elle parut s'attendrir, elle m'embrassa, elle essuya mon front tout trempé de la sueur du chemin avec mon *mezaro*, et chargea la sœur portière de faire enchaîner les chiens, pour qu'ils ne me mordissent pas pendant cette première nuit en voyant une étrangère.

Mais l'ordre était superflu; c'était un gros chien et une chienne qui n'étaient pas du tout méchants, ils parurent tout de suite comprendre que je n'étais pas plus méchante qu'eux; ils flairèrent, sans gronder seulement, mes pieds nus, et en léchèrent la poussière, tellement que je priai la portière de ne pas les enchaîner, mais de me les laisser pour compagnie dans la nuit.

Cela fut ainsi; je m'étendis tout habillée sur la paille, je m'endormis comme une marmotte des hautes montagnes que j'avais, quand j'étais petite, au châtaignier, qu'Hyeronimo avait apprivoisée et qui ne s'éveillait qu'au printemps.

CCLXIX

Le lendemain, il n'était pas jour encore que je me revêtis de mon costume de la prison de Lucques pour aller à Livourne voir mon pauvre Hyeronimo. J'avais apporté sa zampogne, afin qu'on me prît pour un des *zampognero* des Maremmes qui viennent jouer dans les rues de Livourne pour consoler les pauvres galériens. Les sentinelles me laissèrent librement passer la grille de l'arsenal et entrer dans la cour intérieure des galériens.

On ne leur refuse pas chez nous, monsieur, en Italie, l'innocent plaisir d'écouter les airs de leurs montagnes, et de causer, tout le temps qu'ils ne travaillent pas, librement avec leurs parents, leur femme, leur fiancée, s'ils en ont, à travers les barreaux de fer de leurs cages qui prennent jour sur leurs cours, ni même de s'entrelacer leurs doigts dans les doigts de celles qu'ils aimaient pendant qu'ils étaient libres.

Il dormait encore; je m'étendis sur les dalles de la cour, sous le rebord de sa loge, qu'on m'avait indiquée en entrant, et je jouai l'air que nous avions inventé ensemble, au gros châtaignier, avant notre malheur. J'entendis un bruit; il bondit de sa couche et s'élança vers les barreaux.

—Fior d'Aliza, est-ce toi? s'écria-t-il.

La zampogne m'échappa des mains, et sa bouche fut sur ma joue.

CCLXX

Ce que nous dîmes, monsieur, et ce que nous ne dîmes pas, je n'en sais rien; le vent même ne le pourrait pas dire, car il n'aurait pu passer entre ma bouche et la sienne. Nous restâmes une partie de la matinée à parler tout bas ou à nous taire en nous regardant. Je lui demandai pardon de l'avoir voulu tromper, et je lui promis de ne pas le quitter, excepté la nuit, pour l'aider à porter ses chaînes.

Les autres galériens, punis pour des fautes légères, avaient horreur de s'approcher de lui. Les sbires de Lucques, dont il passait pour avoir tué le chef par trahison, l'avaient recommandé aux sbires des galériens comme un monstre de méchanceté. De sorte que ses compagnons, par flatterie pour les gardiens, affectaient la répugnance et l'horreur pour lui, afin de se faire bien venir d'eux.

CCLXXI

Les samedis de tous les mois, j'allais, comme je l'avais promis à mon père et à ma tante, au châtaignier leur porter des nouvelles de leur enfant, et lui rapporter des châtaignes, et leur porter à eux la nourriture et les petites gouttes de rosolio que j'avais gagnées pour Hyeronimo et pour eux, et je revenais la nuit, sans peur et sans honte, à Livourne, passer la journée dans la cour, auprès de la loge de mon *sposo*, l'écoutant gémir de la fièvre, et veillant quand il dormait.

Que de mois, monsieur, nous passâmes ainsi: lui, toujours plus languissant; moi, toujours vaillante!

Un soir, cependant, le chagrin me saisit tellement dans la nuit, que les douleurs me prirent. La concierge du couvent alla chercher la sage-femme; mais quand elle arriva j'avais déjà un bel enfant sur mon sein. Le même soir je me levai et je le portai embrasser à son père. Huit jours après, je le portai à mon père et à ma tante. Ah! quelle joie ce fut dans la maison! Le père Hilario le baptisa et lui donna le nom de Beppo, qui veut dire «joie dans les larmes.»

De ce jour, j'eus deux soucis au lieu d'un, et je l'emportai partout avec moi pour le faire sourire à son père en le tenant sur le rebord extérieur de la loge; quelquefois même il passait ses petites mains à travers la grille et jouait avec les chaînes d'Hyeronimo; je l'endormais, je l'allaitais, je riais avec lui.

Cela ranimait le pauvre Hyeronimo; il le regardait, il me regardait, il revenait à la santé en jouissant de notre vue. J'avais oublié nos malheurs, et quand je jouais dans la rue de la zampogne, l'enfant paraissait goûter la musique, et les jeunes mères s'arrêtaient pour le contempler et pour m'entendre.

CCLXXII

Enfin, monsieur, nos deux figures amenaient trop de foule dans la rue, et la supérieure me fit venir pour me dire que l'enfant et moi nous étions trop beaux à présent pour rester plus longtemps à Livourne, que cela pourrait donner lieu à de nouveaux bruits, bien qu'il n'y eût rien à me reprocher que l'enfant, dont tout le monde ne connaissait pas l'origine; que Hyeronimo n'avait plus que six semaines pour achever sa peine, après quoi il pourrait revenir en liberté rejoindre, dans notre montagne, sa femme, son fils, sa mère et son oncle, et qu'il convenait que je disparusse immédiatement de Livourne, où ma jeunesse et ma figure faisaient trop de bruit et de scandale.

Je la remerciai de ses bontés, j'embrassai les deux chiens, mes fidèles gardiens à la cour; je dis adieu en pleurant à Hyeronimo, et je partis en sanglotant, avant le soir, pour la cabane, avec mon enfant sur le dos; je laissai ma zampogne à Hyeronimo pour le délasser de mon absence. Il y a justement demain six semaines qu'il doit être libre des galères; peut-être, monsieur, le voilà qui débouche sur le pont de Lucques où j'ai tant pleuré un jour.

Elle prêta l'oreille du côté du pont.

CCLXXIII

Après être restée un moment l'oreille tendue du côté du pont, comme si elle devinait le pas de son amant et de son époux, un faible grincement de zampogne se confondit avec le vent, semblable au bourdonnement d'un moucheron, le soir, au soleil couchant, s'éteignit, se reprit, se grossit, et finissant par ne plus laisser de doute, monta rapidement par la montagne et finit par remplir l'oreille de Fior d'Aliza.

—Ah! c'est lui, j'ai reconnu l'air, s'écria-t-elle, et, pâlissant comme si elle allait tomber à terre, ramassant l'enfant dans le berceau, elle le prit dans son sein, l'embrassa, et, s'échappant avec lui vers la porte, courut avec la rapidité de la pierre lancée de haut, au devant d'Hyeronimo!...

Nous la perdîmes de vue en un clin d'œil, et je restai seul avec les vieillards.

. . . .

J'aurais voulu assister à cette scène de retour et de l'amour dans cette solitude; puis, je réfléchis que le bonheur suprême a ses mystères comme les extrêmes douleurs que rien ne doit profaner à de tels moments et à de tels retours que l'œil de Dieu; que je gênerais involontairement, malgré moi, l'échange de sentiments et de pensées qui allaient précipiter ce beau jeune homme des bras de sa *sposa* aux bras de son oncle et de sa mère dans des paroles et dans des silences que ma présence intimiderait et qui ne retrouveraient plus jamais l'occasion de se rencontrer dans la vie.

Je fis un signe à mon chien et nous disparûmes.

CCLXXIV

Je remontai seul encore au grand châtaignier; les dernières feuilles tombaient humides sous le beau vent d'équinoxe qui résonnait par bouffées dans la montagne, comme l'orgue de la Toussaint dans la cathédrale des couvents lointains.

Fior d'Aliza jouait avec son enfant sous le rayon du soleil qui tombait de l'arbre dépouillé, à travers les rameaux. Le père et la tante écorçaient les châtaignes que les premières gelées avaient fait fendre sous les feuilles jaunies, et l'heureux Hyeronimo relevait avec de la terre légèrement mouillée le bourrelet de glaise durcie que l'été avait desséché sur le coup de hache des bûcherons, quand il avait donné sa vie pour la vie de l'arbre.

Le bonheur était incrusté sur toutes les figures, comme si aucun accident de la vie ne pouvait jamais l'altérer. Seulement le père Hilario ne pouvait plus sortir du couvent à cause de ses infirmités croissantes, et la reconnaissante famille lui préparait un panier de châtaignes choisies, que Hyeronimo et Fior d'Aliza devaient lui porter, le lendemain, au monastère, en souvenir du salut qu'ils lui devaient.

CCLXXV

J'entrai avec eux dans leurs cabanes; tout y était propre, vivant, joyeux, même le petit chien à trois pattes qui me reconnut et me fit fête, parce qu'il se souvenait de m'avoir vu le soir du retour de son jeune maître. Les caresses de ce pauvre animal m'attestèrent une fois de plus combien il prend part aux douleurs et aux joies de l'homme.

Je me rafraîchis avec eux. Jamais Fior d'Aliza n'avait été plus belle; elle portait son enfant comme une vierge de Raphaël, ignorant comment ce fruit d'innocence lui était venu dans une nuit de mort! Elle le regardait sans cesse comme pour voir si c'était un miracle ou un vrai enfant des hommes! puis, reconnaissant dans ses yeux la couleur des siens, et sur ses lèvres le rire gai et tendre d'Hyeronimo, elle le rapprochait de son visage et le baisait avec cette sorte d'ivresse que l'enfant à la mamelle donne à sa mère.

—Que le bon Dieu bénisse à jamais cet arbre, cette maison et cette famille, dis-je tout bas en me retirant; ils sont heureux, et que leur bonheur se perpétue d'âge en âge et de génération en génération!

FIN

CXXXI[e] ENTRETIEN

LITTÉRATURE RUSSE
IVAN TOURGUENEFF

I

La littérature est comme le soleil: elle éclaire tour à tour l'horizon des peuples.

Quand ils ont fini ou accompli à demi leurs migrations mystérieuses des confins de l'Orient aux confins de l'Europe; quand ils ont conquis un vaste territoire inhabité ou presque désert, qu'ils s'y sont établis avec leurs hordes populeuses, leurs mœurs traditionnelles et leurs facultés de croissance gigantesques et presque indéfinies; quand ils se sont fait place par le premier génie des nations, le génie sauvage de la guerre, accompagné du génie de l'unité ou de l'ordre, sous des chefs absolus; quand ils commencent à jouir de l'agriculture, de l'aisance, du loisir, ils se civilisent, ils se policent, ils songent par instinct à se procurer les douceurs et les gloires de l'existence.

Les poëtes, ces précurseurs des littératures, naissent parmi eux; les conteurs leur succèdent; quelques historiens, jaloux de retrouver dans le passé fabuleux les traces du chemin que leurs races ont fait à travers le monde, recherchent ces traces dans les vieilles traditions et les gravent avec orgueil dans leurs annales. Ces peuples fondent des capitales improvisées, comme Pétersbourg; des étapes d'un moment dans des climats inhabitables, aux bords de la mer, pour surveiller de là des voisins plus avancés qu'eux-mêmes dans les arts de la navigation; puis, lorsque le péril est passé, ils passent dans de meilleurs climats et bâtissent, comme en Crimée, aux bords d'autres mers, des capitales d'avenir, pour porter leurs yeux et attirer leurs cœurs vers des empires croulants, qui offrent à leur espoir des capitales définitives, où le soleil et l'ambition les invitent. C'est alors aussi que la littérature commence à les visiter et qu'ils s'essayent, à leur tour, à charmer le monde, après l'avoir menacé.

C'est alors que *Karamsin* écrit, d'une main encore novice, l'histoire nationale de la Russie; que *Pouschkine* ou *Lamanof* chantent leurs poëmes, auxquels il ne manque que l'originalité; c'est alors, enfin, que des écrivains à formes moins prétentieuses, comme *Ivan Tourgueneff*, dont nous nous occupons en ce moment, écrivent avec une originalité à la fois savante et naïve ces *romans* ou ces *nouvelles*, poëmes épiques des salons, où les mœurs de leur nation sont représentées avec l'étrangeté de leur origine, la poésie des steppes et la grâce de la jeunesse des peuples.

C'est alors aussi que la Russie prend sa place dans la famille littéraire de l'Europe, avec une saveur de l'Asie que le comte de Maistre avait respirée à Moscou et qui lui a valu en France une popularité biblique.

Le goût du terroir reste à l'homme comme au jus du raisin. Bien qu'élevé à Berlin et vivant à Paris, le génie d'*Ivan Tourgueneff* a l'arrière-goût de Russie. C'est une partie de son charme.

II

Je connais légèrement *Ivan Tourgueneff*. Retenu seul à Paris, en 1861, pendant les chaleurs d'un brûlant été, j'ouvris par oisiveté un de ses volumes: *les Chasseurs russes*. Je passai beaucoup d'heures solitaires pendant l'ardeur du jour, étendu nonchalamment sur un canapé dans une chambre obscure, à attendre que le soleil baissât pour me permettre d'aller respirer la brise du soir dans les bois de Meudon. Je lisais le premier ouvrage de Tourgueneff: *les Chasseurs russes*, et je faisais durer autant que possible le plaisir, en posant souvent le volume sur mes genoux et en m'enivrant des mœurs naïves et des charmantes images dont chacune de ces *nouvelles* était un recueil délicieux. Quand j'eus fini, je cherchai à me procurer tout ce que les traductions pouvaient me permettre de savourer du même écrivain. Je passai, avec lui et grâce à lui, tout un été dans ce même ravissement d'imagination.

J'appris qu'il habitait Paris. L'intervention d'une femme lettrée, cosmopolite, ravissante de figure et d'esprit, me valut le plaisir de le connaître. Il me donna tous ses ouvrages; je les emportai à la campagne; j'aurais voulu emporter l'auteur!

III

Le comte Ivan Tourgueneff touche à cet âge où l'homme précoce sort de la première jeunesse pour s'approcher de la maturité. Quelques filets de cheveux blancs, au-dessous des tempes, se mêlent aux touffes épaisses et noirâtres de sa vigoureuse chevelure légèrement bouclée. Son aspect tient du lion-homme de nos vieilles armoiries. Son front est plane, élevé, lumineux, comme une façade de temple antique, sous la lisière d'une sombre forêt. Ses yeux sereins et calmes, teintés de bleu, s'ouvrent à fleur de tête sous une vaste arcade frontale pour laisser entrer et sortir la pensée haute, fière et douce, sans obstacle; la bienveillance en tempère la clarté; ils regardent franchement et se laissent regarder jusqu'au fond, comme des yeux de jeunes filles qui n'ont rien à cacher. Son nez couvert et large prolonge la largeur du front; sa bouche, où la fermeté s'unit à la grâce, a la cordialité d'une nature ouverte qui sourit quelquefois à sa propre pensée. Sa taille est gigantesque et ses membres robustes semblent plutôt faits pour manier la hache d'armes ou la lance que la plume. On sent dans son attitude, un peu indolente, l'énergique enfant d'une race croissante, qui amuse son oisiveté à des jeux littéraires, en attendant que son pays l'appelle aux combats. C'est le Russe, le Russe d'*Alexandre*, civilisé et discipliné par sa force même; croissant, comme un vaste chêne du Nord, sans changer de place, mais étouffant par sa croissance naturelle les plantes étiolées qui veulent faire obstacle à sa grandeur. Le droit divin de l'avenir respire en lui. Héritier du Scythe et du Slave, il a la vigueur sauvage du premier et la flexibilité du second.

Tel est exactement Tourgueneff.

IV

Il porte sa noblesse dans tout son extérieur. Il est né, en effet, d'une haute race aristocratique dans la Russie orientale; à *Orel*.

Sa famille, après l'avoir élevé dans les champs et dans les neiges du gouvernement de Toula, l'envoya achever son éducation à Pétersbourg et à Moscou, puis la raffiner à Berlin parmi ces Allemands distingués qui ont Gœthe pour poëte, Hegel pour philosophe. Il s'y polit et revint en Russie, déjà poëte et philosophe, pour servir son empereur dans les corps de la noblesse.

La guerre ne secondant pas alors son ambition et son ardeur militaire, il franchit l'Allemagne et vint à Paris pour y soigner l'éducation d'une jeune enfant qu'il appelle sa fille. C'est là qu'il vit, entre sa fille, ses livres, ses amis très-choisis et ses rares compatriotes, allant de temps en temps en Russie visiter ses propriétés et raviver dans son cœur les souvenirs de son heureuse enfance; cosmopolite par sa résidence, Moscovite par son cœur, homme éminent par tout.

V

Il avait débuté à Pétersbourg, dans un journal littéraire, par des *Essais* qui firent une vive impression pendant quelque temps, qui ne furent point contrariés ni interdits par le gouvernement, mais que leur tendance plus libérale que le climat lui fit néanmoins suspendre au bout de quelques mois. Ces Essais en langue russe lui donnèrent la révélation de son talent. Il les poursuivit à Berlin, après avoir quitté le service militaire. Il vint enfin en France, pays auquel il s'attacha par l'attrait du cœur et des arts.

Voilà tout ce que je sais de *Tourgueneff* jusqu'à ce moment. C'est le parfait gentilhomme étranger, naturalisé par le génie dans la vraie patrie des lettres.

Je dis *génie* et je ne le dis point par politesse.

VI

Il y a beaucoup de talent dans notre pays; le génie y est rare comme partout ailleurs.

J'entends par *génie*, le caractère transcendant du talent, cette physionomie de l'esprit qui vous frappe au premier coup d'œil dans un homme de lettre, ou dans un homme politique, soit par la nouveauté inattendue, soit par la force de l'acte, de la pensée et du style, et qui vous fait dire: Voilà un homme de génie. L'originalité en tout est le caractère du génie; l'originalité en est le sceau.

Originalité, force, délicatesse sont des signes évidents auxquels il est impossible de ne pas reconnaître le génie.

La force se révèle dans l'acte, l'originalité dans les mœurs, la sensibilité dans le pathétique.

La force ou l'héroïsme ne se trouve que dans l'acte. Cela ne regarde pas l'homme de lettres proprement dit. Bossuet a le style fort; mais qui peut savoir si Bossuet n'eût été très-timide hors de sa chaire? Sa complaisance envers le roi et son exigence envers le pape ne donnent pas une haute idée de sa magnanimité.

La sensibilité, au contraire, ne s'invente pas et ne se joue pas. Elle se révèle par l'expression dans le style, comme le caractère dans la figure. Il est possible de feindre l'esprit, il est impossible de feindre les larmes. Le pathétique est inimitable. Voyez Racine et Fénelon; voyez Virgile, voyez Pétrarque. La tendresse triste forme le fond de leur génie.

VII

Il est difficile de caractériser par aucun de ces grands noms séculaires la littérature russe. Elle n'est pas arrivée encore à l'âge fait, où les noms d'hommes servent à signifier les nations. Elle est jeune, timide, imitative, diverse, comme les enfants. Elle s'essaye et elle s'applaudit quand elle parvient à bien ressembler aux Allemands de l'époque de *Gœthe* et de *Schiller*, aux Anglais de l'époque de *Shakspeare*, de *Byron*, de *Walter Scott*, aux Français de l'époque de *Voltaire*, ou de l'époque indécise de l'émigration, les deux *de Maistre*.

Il est même impossible de méconnaître dans *Tourgueneff* une certaine ressemblance avec l'auteur du *Lépreux de la vallée d'Aoste*, le plus jeune et le plus original des deux *de Maistre*, surtout dans la touchante histoire de *Mou-Mou* et du *Sourd-Muet*.

On ne peut dire quel est le plus pathétique des deux écrivains, dans la description et dans la mort de ce pauvre chien, seul ami et seul consolateur de l'homme. Les larmes qu'on répand ont le même goût, la sensibilité est la même, le récit est aussi parfait, la main aussi délicate. Deux frères ne se ressembleraient pas davantage: jumeaux du génie qui ont sucé le même lait.

Mais à cela près, *Tourgueneff* est très-supérieur à *de Maistre*, l'auteur du *Lépreux*. De Maistre est une source cachée dans un recoin des Alpes; Tourgueneff est intarissable, grand, fécond, varié comme un fleuve de la Moscovie roulant ses grandes eaux à la Crimée ou à la Baltique, à travers les plaines de la Russie. Son seul malheur est de n'avoir pas encore trouvé ou inventé, comme Balzac ou madame Sand, un de ces vastes sujets humains où l'écrivain, réunissant à un centre commun tous les fils de son imagination, compose un tableau qui saisit tout l'homme, au lieu de faire des portraits à bordures trop étroites. Mais il est jeune; et le monde, qu'il voit maintenant d'un point de vue plus général, lui fournira peut-être des conceptions idéales, égales à son splendide talent. On ne sent nulle part chez lui les bornes de son imagination. On sent qu'il s'arrête parce qu'il veut s'arrêter, mais que sa brièveté vient de sa volonté et non de son impuissance.

VIII

Le principal mérite de ces Essais russes de *Tourgueneff* est de nous faire connaître, classe par classe, homme par homme, les mœurs encore peu connues de l'immense population de l'empire. Depuis le seigneur de village jusqu'au *starost*, chargé par lui de la direction des cultures et du gouvernement des paysans; jusqu'à la dernière catégorie de ces paysans, hier esclaves, aujourd'hui libres, grâce à la courageuse initiative de l'empereur, tout entre dans le cadre, tout s'y meut, tout y parle, tout y agit avec la candeur de la nature. C'est le daguerréotype de la nature moscovite. On voyagerait dans tous les villages de l'empire, qu'on s'y reconnaîtrait comme dans son propre pays. Le paysan bon, doux, soumis; le domestique paresseux, fier, oppresseur; le maître indolent; sa femme et ses filles lentes et oisives, un peu vaniteuses; les jeunes gens du voisinage venant passer leurs semestres dans les familles amies, occupés à faire l'agrément des jeunes filles, à danser, à monter à cheval, à chasser, à pêcher, à lire les livres nouveaux arrivés de Paris à Moscou, de Moscou dans leurs villages: en tout, des caractères extrêmement effacés, très-doux, très-tristes, plutôt féminins que sauvages.

Tel est l'ensemble des mœurs russes peintes à fresque par Tourgueneff. Cela est complétement d'accord avec ce que les voyageurs nous en rapportent. On y sent l'Asie molle et obéissante dans le Nord. Si le peintre n'était que peintre, cela serait facilement monotone et fastidieux; mais le peintre est poëte dans l'invention et dans la description de ses sujets. Il vit, il sent, il palpite, il invente ou il raconte avec naturel, sympathie, chaleur, finesse. C'est le romancier des steppes. On les parcourt avec lui sans lassitude et sans ennui. On les aime, on s'y passionne, on vit de leur vie, on pleure de leurs larmes. On y devient mélancolique de leur mélancolie, mais on n'en est jamais saturé. La parfaite vérité, la naïveté touchante des personnages, la simplicité vraisemblable et probablement vraie des aventures vous retiennent et vous captivent fortement par le charme sans prétention de l'auteur.

Son talent, neuf, original et délicat, quoique précis, répand sur ses descriptions et sur ses récits des formes et des couleurs qu'aucun artifice de composition n'aurait pu inventer. Tout se tient, tout est logique, tout est calqué sur nature.

Ces livres ne pouvaient être écrits qu'en Russie et par un Russe. Il est l'aurore d'une littérature qui s'introduit par le roman dans le monde.

Parcourons-le et citons-le à grandes pages, le roman de mœurs ne peut pas se comprendre ou s'admirer autrement. Un poëte peut condenser un immense génie en quelques vers, un écrivain en prose ne peut donner une idée de lui que par grands fragments. Ce sera notre excuse et ce sera le charme du lecteur intelligent.

IX

Nous vous avons dit en commençant cet entretien que le jeune *Tourgueneff*, après avoir dépensé son adolescence en plein air et en pleins champs dans les terres de sa famille, était venu achever son éducation à *Moscou*, à *Pétersbourg*, à *Berlin*, et que, sollicité par une vocation puissante et naturelle, il avait publié de premiers Essais dans une revue littéraire russe, pendant qu'il faisait ses premières armes dans un corps de noblesse, à Pétersbourg. Il débuta par *les Chasseurs russes*, dont la collection réunie forme aujourd'hui deux volumes. C'étaient les premiers souvenirs et les mentions les plus fraîches de sa vie vagabonde d'enfance, devenues ainsi les annales pittoresques des steppes de son pays. Je possède ce recueil et je vais vous en ouvrir quelques chapitres qui, je crois, ne vous laisseront pas libres de ne pas lire tout, si vous avez comme moi le goût du vrai, le sentiment du fin et la passion de l'originalité.

Lisons d'abord ensemble et en les abrégeant par quelques analyses succinctes la première et la plus intéressante de ces nouvelles. Elle est intitulée *les Deux Amis*.

Voyez comme cela commence, comme toute chose et comme tout le monde.

RÉCIT
LES DEUX AMIS

Au printemps de l'année 181..., un jeune homme de vingt-six ans, nommé Boris Andréitch Viasovnine, venait de quitter ses fonctions officielles pour se vouer à l'administration des domaines que son père lui avait légués dans une des provinces de la Russie centrale. Des motifs particuliers l'obligeaient, disait-il, à prendre cette décision, et ces motifs n'étaient point d'une nature agréable. Le fait est que, d'année en année, il voyait ses dettes s'accroître et ses revenus diminuer. Il ne pouvait plus rester au service, vivre dans la capitale, comme il avait vécu jusque-là, et, bien qu'il renonçât à regret à sa carrière de fonctionnaire, la raison lui prescrivait de rentrer dans son village pour mettre ordre à ses affaires.

À son arrivée, il trouva sa propriété fort négligée, sa métairie en désordre, sa maison dégradée. Il commença par prendre un autre staroste, diminua les gages de ses gens, fit nettoyer un petit appartement dans lequel il s'établit, et clouer quelques planches au toit ouvert à la pluie. Là se bornèrent d'abord ses travaux d'installation; avant d'en faire d'autres, il avait besoin d'examiner attentivement ses ressources et l'état de ses domaines.

Cette première tâche accomplie, il s'appliqua à l'administration de son patrimoine, mais lentement, comme un homme qui cherche pour se distraire à prolonger le travail qu'il a entrepris. Ce séjour rustique l'ennuyait de telle sorte, que très-souvent il ne savait comment employer toutes les heures de la journée qui lui semblaient si longues. Il y avait autour de lui quelques propriétaires qu'il ne voyait pas, non point qu'il dédaignât de les fréquenter, mais parce qu'il n'avait pas eu occasion de faire connaissance avec eux. En automne, enfin, le hasard le mit en rapport avec un de ses plus proches voisins, Pierre Vasilitch Kroupitzine, qui avait servi dans un régiment de cavalerie et s'était retiré de l'armée avec le grade de lieutenant.

Entre les paysans de Boris Andréitch et ceux du lieutenant Pierre Vasilitch, il existait depuis longtemps des difficultés pour le partage de deux bandes de prairie de quelques ares d'étendue. Plus d'une fois, ce terrain en litige avait occasionné entre les deux communautés des actes d'hostilité. Les meules de foin avaient été subrepticement enlevées et transportées en une autre place. L'animosité s'accroissait de part et d'autre, et ce fâcheux état de choses menaçait de devenir encore plus grave. Par bonheur, Pierre Vasilitch, qui avait entendu parler de la droiture d'esprit et du caractère pacifique de Boris, résolut de lui abandonner à lui-même la solution de cette question. Cette démarche de sa part eut le meilleur résultat. D'abord, la décision de Boris mit fin à toute collision; puis, par suite de cet arrangement, les deux voisins entrèrent en bonnes relations l'un avec l'autre, se firent de fréquentes visites, et enfin en vinrent à vivre en frères presque constamment.

Entre eux pourtant, dans leur extérieur comme dans la nature de leur esprit, il y avait peu d'analogie. Boris, qui n'était pas riche, mais dont les parents autrefois étaient riches, avait été élevé à l'université et avait reçu une excellente éducation. Il parlait plusieurs langues, il aimait l'étude et les livres; en un mot, il possédait les qualités d'un homme distingué. Pierre Vasilitch, au contraire, balbutiait à peine quelques mots de français, ne prenait un livre entre ses mains que lorsqu'il y était en quelque sorte forcé, et ne pouvait être classé que dans la catégorie des gens illettrés.

Par leur extérieur, les deux nouveaux amis ne différaient pas moins l'un de l'autre. Avec sa taille mince, élancée, sa chevelure blonde, Boris ressemblait à un Anglais. Il avait des habitudes de propreté extrême, surtout pour ses mains, s'habillait avec soin, et avait conservé dans son village, comme dans la capitale, la coquetterie de la cravate.

Pierre Vasilitch était petit, un peu courbé. Son teint était basané, ses cheveux noirs. En été comme en hiver, il portait un paletot-sac en drap bronzé, avec de grandes poches entre-bâillées sur les côtés. «J'aime cette couleur de bronze, disait-il, parce qu'elle n'est pas salissante;» mais le drap qu'elle décorait était bel et bien taché.

Boris Andréitch avait des goûts gastronomiques élégants, recherchés. Pierre mangeait, sans y regarder de si près, tout ce qui se présentait, pourvu qu'il y eût de quoi satisfaire son appétit. Si on lui servait des choux avec du gruau, il commençait par savourer les choux, puis attaquait résolûment le gruau. Si on lui offrait une liquide soupe allemande, il acceptait cette soupe avec le même plaisir, et entassait le gruau sur son assiette.

Le kwas était sa boisson favorite et, pour ainsi dire, sa boisson nourricière. Quant aux vins de France, particulièrement les vins rouges, il ne pouvait les souffrir, et déclarait qu'il les trouvait trop aigres.

En un mot, les deux voisins étaient fort différents l'un de l'autre. Il n'y avait entre eux qu'une ressemblance, c'est qu'ils étaient tous deux également honnêtes et bons garçons. Pierre était né avec cette qualité, et Boris l'avait acquise. Nous devons dire en outre que ni l'un ni l'autre n'avaient aucune passion dominante, aucun penchant, ni aucun lien particulier. Ajoutons enfin, pour terminer ces deux portraits, que Pierre était de sept ou huit ans plus âgé que Boris.

Dans leur retraite champêtre, l'existence des deux voisins s'écoulait d'une façon uniforme. Le matin, vers les neuf heures, Boris ayant fait sa toilette et revêtu une belle robe de chambre qui laissait à découvert une chemise blanche comme la neige, s'asseyait près de la fenêtre avec un livre et une tasse de thé. La porte s'ouvrait, et Pierre Vasilitch entrait dans son négligé habituel. Son village n'était qu'à une demi-verste de celui de son ami, et très-souvent il n'y retournait pas. Il couchait dans la maison de Boris.

«Bonjour! disaient-ils tous deux en même temps. Comment avez-vous passé la nuit?» Alors Théodore, un petit domestique de quinze ans, s'avançait avec sa casaque, ses cheveux ébouriffés, apportait à Pierre la robe de chambre qu'il s'était fait faire en étoffe rustique. Pierre commençait par faire entendre un cri de satisfaction, puis se parait de ce vêtement, ensuite se servait une tasse de thé et préparait sa pipe. Alors l'entretien s'engageait, un entretien peu animé, et coupé par de longs intervalles et de longs repos. Les deux amis parlaient des incidents de la veille, de la pluie et du beau temps, des travaux de la campagne, du prix des récoltes, quelquefois de leurs voisins et de leurs voisines.

Au commencement de ses relations avec Boris, souvent Pierre s'était cru obligé, par politesse, de le questionner sur le mouvement et la vie des grandes villes; sur divers points scientifiques ou industriels, parfois même sur des questions assez élevées. Les réponses de Boris l'étonnaient et l'intéressaient. Bientôt pourtant il se sentit fatigué de cette investigation; peu à peu il y renonça, et Boris n'éprouvait pas un grand désir de l'y ramener. De loin en loin, il arrivait encore que tout à coup Pierre s'avisait de formuler quelque difficile question comme celle-ci: «Boris, dites-moi donc ce que c'est que le télégraphe électrique?» Boris lui expliquait le plus clairement possible cette merveilleuse invention, après quoi Pierre, qui ne l'avait pas compris, disait: «C'est étonnant!» Puis il se taisait, et de longtemps il ne se hasardait à aborder un autre problème scientifique.

Que si l'on veut savoir quelle était, la plupart du temps, la causerie des deux amis, en voici un échantillon:

Pierre, ayant retenu dans sa bouche la fumée de sa pipe, et la lançant en bouffées impétueuses par ses narines, disait à Boris: «Quelle est donc cette jeune fille que j'ai vue tout à l'heure à votre porte?»

Boris aspirait une bouffée de son cigare, humait une cuillerée de thé froid, et répondait: «Quelle jeune fille?»

Pierre se penchait sur le bord de la fenêtre, regardait dans la cour le chien qui mordillait les jambes nues d'un petit garçon, puis ajoutait: «Une jeune fille blonde qui n'est, ma foi, pas laide.

—Ah! reprenait Boris après un moment de silence. C'est ma nouvelle blanchisseuse.

—D'où vient-elle?

—De Moscou, où elle a fait son apprentissage.»

Après cette réponse, nouveau silence.

«Combien avez-vous donc de blanchisseuses? demandait de nouveau Pierre en regardant attentivement les grains de tabac qui s'allumaient et pétillaient sous la cendre au fond de sa pipe.

—J'en ai trois, répondait Boris.

—Trois! Moi, je n'en ai qu'une; elle n'a presque rien à faire. Vous savez quelle est sa besogne.

—Hum!» murmurait Boris. Et l'entretien s'arrêtait là.

Le temps s'écoulait ainsi jusqu'au moment du déjeuner. Pierre avait un goût particulier pour ce repas, et disait qu'il fallait absolument le faire à midi. À cette heure-là, il s'asseyait à table d'un air si heureux et avec un si bon appétit, que son aspect seul eût suffi pour réjouir l'humeur gastronomique d'un Allemand.

Boris Andréitch avait des besoins très-modérés. Il se contentait d'une côtelette, d'un morceau de poulet ou de deux œufs à la coque. Seulement il assaisonnait ses repas d'ingrédients anglais disposés dans d'élégants flacons qu'il payait fort cher. Bien qu'il ne pût user de cet appareil britannique sans une sorte de répugnance, il ne croyait pas pouvoir s'en passer.

Entre le déjeuner et le dîner, les deux voisins sortaient, si le temps était beau, pour visiter la ferme ou pour se promener, ou pour assister au dressage des jeunes chevaux. Quelquefois Pierre conduisait son ami jusque dans son village et le faisait entrer dans sa maison.

Cette maison, vieille et petite, ressemblait plus à la cabane d'un valet qu'à une habitation de maître. Sur le toit de chaume, où nichaient diverses familles d'oiseaux, s'élevait une mousse verte. Des deux corps de logis construits en bois, jadis étroitement unis l'un à l'autre, l'un penchait en arrière, l'autre s'inclinait de côté et menaçait de s'écrouler. Triste à voir au dehors, cette maison ne présentait pas un aspect plus agréable au dedans. Mais Pierre, avec sa tranquillité et sa modestie de caractère, s'inquiétait peu de ce que les riches appellent les agréments de la vie, et se réjouissait de posséder une maisonnette où il pût s'abriter dans les mauvais temps. Son ménage était fait par une femme d'une quarantaine d'années, nommée Marthe, très-dévouée et très-probe, mais très-maladroite, cassant la vaisselle, déchirant le linge, et ne pouvant réussir à préparer un mets dans une condition convenable. Pierre lui avait infligé le surnom de Caligula.

Malgré son peu de fortune, le bon Pierre était très-hospitalier; il aimait à donner à dîner, et s'efforçait surtout de bien traiter son ami Boris. Mais, par l'inhabileté de Marthe, qui, dans l'ardeur de son zèle, courait impétueusement de côté et d'autre, au risque de se rompre le cou, le repas du pauvre Pierre se composait ordinairement d'un morceau d'esturgeon desséché et d'un verre d'eau-de-vie, très-bonne, disait-il en riant, *contre* l'estomac. Le plus souvent, après la promenade, Boris ramenait son ami dans sa demeure plus confortable. Pierre apportait au dîner le même appétit qu'au repas du matin, puis se retirait à l'écart pour faire une sieste de quelques heures. Pendant ce temps, Boris lisait les journaux étrangers.

Le soir, les deux amis se rejoignaient encore dans une même salle. Quelquefois ils jouaient aux cartes. Quelquefois ils continuaient leur nonchalante causerie. Quelquefois Pierre détachait de la muraille une guitare et chantait d'une voix de ténor assez agréable. Il avait pour la musique un goût beaucoup plus décidé que Boris, qui ne pouvait prononcer le nom de Beethoven sans un transport d'admiration, et qui venait de commander un piano à Moscou. Dès que Pierre se sentait enclin à la tristesse ou à la mélancolie, il chantait en nasillant légèrement une des chansons de son régiment. Il accentuait surtout certaines strophes, telles que celle-ci: «Ce n'est pas un Français, c'est un conscrit qui nous fait la cuisine. Ce n'est pas pour nous que l'illustre Rode doit jouer, ni pour nous que Cantalini chante. Eh! trompette, sonne-nous l'aubade; le maréchal des logis nous présente son rapport.» Parfois Boris essayait de l'accompagner, mais sa voix n'était ni très-juste ni très-harmonieuse.

À dix heures, les deux amis se disaient bonsoir et se quittaient, pour recommencer le lendemain la même existence.

Un jour qu'ils étaient assis l'un en face de l'autre, selon leur habitude, Pierre, regardant fixement Boris, lui dit tout à coup d'un ton expressif:

«Il y a une chose qui m'étonne, Boris.

—Quoi donc?

—C'est de vous voir, vous si jeune encore, et avec vos qualités d'esprit, vous astreindre à rester dans un village.

—Mais vous savez bien, répondit Boris, surpris de cette remarque, vous savez bien que les circonstances m'obligent à ce genre de vie.

—Quelles circonstances? Votre fortune n'est-elle pas assez considérable pour vous assurer partout une honnête existence? Vous devriez entrer au service.»

Et, après un moment de silence, il ajouta:

«Vous devriez entrer dans les uhlans.

—Pourquoi dans les uhlans?

—Il me semble que c'est là ce qui vous conviendrait le mieux.

—Vous, pourtant, vous avez servi dans les hussards.

—Oui! s'écria Pierre avec enthousiasme. Et quel beau régiment! Dans le monde entier, il n'en existe pas un pareil; un régiment merveilleux; colonel, officiers..., tout était parfait... Mais vous, avec votre blonde figure, votre taille mince, vous seriez mieux dans les uhlans.

—Permettez, Pierre. Vous oubliez qu'en vertu des règlements militaires, je ne pourrais entrer dans l'armée qu'en qualité de cadet. Je suis bien vieux pour commencer une telle carrière, et je ne sais pas même si à mon âge on voudrait m'y admettre.

—C'est vrai... répliqua Pierre à voix basse. Eh bien, alors, reprit-il en levant subitement la tête, il faut vous marier.

—Quelles singulières idées vous avez aujourd'hui!

—Pourquoi donc singulières? Quelle raison avez-vous de vivre comme vous vivez et de perdre votre temps? Quel intérêt peut-il y avoir pour vous à ne pas vous marier?

—Il ne s'agit pas d'intérêt.

—Non, reprit Pierre avec une animation extraordinaire, non, je ne comprends pas pourquoi, de nos jours, les hommes ont un tel éloignement pour le mariage... Ah! vous me regardez... Mais moi j'ai voulu me marier, et l'on n'a pas voulu de moi. Vous qui êtes dans des conditions meilleures, vous devez prendre un parti. Quelle vie que celle du célibataire! Voyez un peu, en vérité, les jeunes gens sont étonnants...»

Après cette longue tirade, Pierre secoua sur le dos d'une chaise la cendre de sa pipe, et souffla fortement dans le tuyau pour le nettoyer.

«Qui vous dit, mon ami, repartit Boris, que je ne songe pas à me marier?»

En ce moment, Pierre puisait du tabac au fond de sa blague en velours ornée de paillettes, et d'ordinaire il effectuait très-gravement cette opération. Les paroles de Boris lui firent faire un mouvement de surprise.

«Oui, continua Boris, trouvez-moi une femme qui me convienne et je l'épouse.

—En vérité?

—En vérité!

—Non..., vous plaisantez?

—Je vous assure que je ne plaisante pas.»

Pierre alluma sa pipe; puis, se tournant vers Boris:

«Eh bien! c'est convenu, dit-il, je vous trouverai une femme.

—À merveille! Mais, maintenant, dites-moi, pourquoi voulez-vous me marier?

—Parce que, tel que je vous connais, je ne vous crois pas capable de régler vous-même cette affaire.

—Il m'a semblé, au contraire, reprit Boris en souriant, que je m'entendais assez bien à ces sortes de choses.

—Vous ne me comprenez pas,» répliqua Pierre, et il changea d'entretien.

Deux jours après, il arriva chez son ami, non plus avec son paletot sac, mais avec un frac bleu, à longue taille, orné de très-petits boutons et chargé de deux manches bouffantes. Ses moustaches étaient cirées, ses cheveux relevés en deux énormes boucles sur le front et imprégnés de pommade. Un col en velours, enjolivé d'un nœud en soie, lui serrait étroitement le cou et maintenait sa tête dans une imposante raideur.

«Que signifie cette toilette? demanda Boris.

—Ce qu'elle signifie? répliqua Pierre en s'asseyant sur une chaise, non plus avec son abandon habituel, mais avec gravité; elle signifie qu'il faut faire atteler votre voiture. Nous partons.

—Et où donc allons-nous?

—Voir une jeune femme.

—Quelle jeune femme?

—Avez-vous donc déjà oublié ce dont nous sommes convenus avant-hier?

—Mais, mon cher Pierre, répondit Boris non sans quelque embarras, c'était une plaisanterie.

—Une plaisanterie! Vous m'avez juré que vous parliez sérieusement, et vous devez tenir votre parole. J'ai déjà fait mes préparatifs.

—Comment? que voulez-vous dire?

—Ne vous inquiétez pas. J'ai seulement fait prévenir une de vos voisines que j'irais lui rendre aujourd'hui une visite avec vous.

—Quelle voisine?

—Patience! vous la connaîtrez. Habillez-vous et faites atteler.

—Mais voyez donc quel temps! reprit Boris, tout troublé de cette subite décision.

—C'est le temps de la saison.

—Et allons-nous loin?

—Non; à une quinzaine de verstes de distance.

—Sans même déjeuner? demanda Boris.

—Le déjeuner ne nous occasionnera pas un long retard. Mais, tenez, allez vous habiller; pendant ce temps, je préparerai une petite collation: un verre d'eau-de-vie. Cela ne sera pas long. Nous ferons un meilleur repas chez la jeune veuve.

—Ah! c'est donc une veuve?

—Oui, vous verrez.»

Boris entra dans son cabinet de toilette. Pierre apprêta le déjeuner et fit harnacher les chevaux.

L'élégant Boris resta longtemps enfermé dans sa chambre. Pierre, impatienté, buvait, en fronçant le sourcil, un second verre d'eau-de-vie, lorsque enfin il le vit apparaître vêtu comme un vrai citadin de bon goût. Il portait un pardessus dont la couleur noire se détachait sur un pantalon d'une nuance claire, une cravate noire, un gilet noir, des gants gris glacés; à l'une des boutonnières de son gilet était suspendue une petite chaîne en or qui retombait dans une poche de côté, et de son habit et de son linge frais s'exhalait un doux arôme.

Pierre, en l'observant, ne fit que proférer une légère exclamation et prit son chapeau.

Boris but un demi-verre d'eau-de-vie, et se dirigea avec son ami vers sa voiture.

«C'est uniquement par condescendance pour vous, lui dit-il, que j'entreprends cette course.

—Admettons que ce soit pour moi, répondit Pierre sur lequel l'élégante toilette de son voisin exerçait un visible ascendant, mais peut-être me remercierez-vous de vous avoir fait faire ce petit voyage.»

Il indiqua au cocher la route qu'il devait suivre et monta dans la calèche.

Après un moment de silence pendant lequel les deux amis se tenaient immobiles l'un à côté de l'autre: «Nous allons, dit Pierre, chez madame Sophie Cirilovna Zadnieprovskaïa. Vous connaissez sans doute déjà ce nom?

—Il me semble l'avoir entendu prononcer. Et c'est elle avec qui vous voulez me marier?

—Pourquoi pas? C'est une femme d'esprit, qui a de la fortune et de bonnes façons, des façons de grande ville. Au reste, vous en jugerez. Cette démarche ne vous impose aucun engagement.

—Sans doute. Et quel âge a-t-elle?

—Vingt-cinq ou vingt-six ans, et fraîche comme une pomme.»

La distance à parcourir pour arriver à la demeure de Sophie Cirilovna était beaucoup plus longue que le bon Pierre ne l'avait dit. Boris, se sentant saisi par le froid, plongea son visage dans son manteau de fourrure. Pierre ne s'inquiétait guère en général du froid, et moins encore quand il avait ses habits de grande cérémonie qui l'étreignaient au point de le faire transpirer.

L'habitation de Sophie était une petite maison blanche assez jolie, avec une cour et un jardin, semblable aux maisons de campagne qui décorent les environs de Moscou, mais qu'on ne rencontre que rarement dans les provinces.

En descendant de voiture, les deux amis trouvèrent sur le seuil de la porte un domestique vêtu d'un pantalon gris et d'une redingote ornée de boutons armoriés; dans l'antichambre, un autre domestique assis sur un banc et habillé de la même façon. Pierre le pria de l'annoncer à sa maîtresse, ainsi que son ami. Le domestique répondit qu'elle les attendait, et leur ouvrit la porte de la salle à manger, où un serin sautillait dans sa cage, puis celle du salon, décoré de meubles à la mode, façonnés en Russie, très-agréables en apparence et en réalité très-incommodes.

Deux minutes après, le frôlement d'une robe de soie se fit entendre dans une chambre voisine, puis la maîtresse de la maison entra d'un pas léger. Pierre s'avança à sa rencontre et lui présenta Boris.

«Je suis charmée de vous voir, dit-elle en observant Boris d'un regard rapide. Il y a longtemps que je désirais vous connaître, et je remercie Pierre Vasilitch d'avoir bien voulu me procurer cette satisfaction. Je vous en prie, asseyez-vous.»

Elle-même s'assit sur un petit canapé en aplatissant d'un coup de main les plis de sa robe verte garnie de volants blancs, penchant la tête sur le dossier du canapé, tandis qu'elle avançait sur le parquet deux petits pieds chaussés de deux jolies bottines.

Pendant qu'elle engageait elle-même l'entretien, Boris, assis dans un fauteuil en face d'elle, la regardait attentivement. Elle avait la taille svelte, élancée, le teint brun, la figure assez belle, de grands yeux brillants un peu relevés aux coins de l'orbite comme ceux des Chinoises. L'expression de son regard et de sa physionomie présentait un tel mélange de hardiesse et de timidité qu'on ne pouvait y saisir un caractère déterminé. Tantôt elle clignait ses yeux, tantôt elle les ouvrait dans toute leur étendue, et en même temps sur ses lèvres errait un sourire affecté d'indifférence. Ses mouvements étaient dégagés et parfois un peu vifs. Somme toute, son extérieur plaisait assez à Boris. Seulement il remarquait à regret qu'elle était coiffée étourdiment, qu'elle avait la raie de travers. De plus, elle parlait, selon lui, un trop correct langage, car il avait à cet égard le même sentiment que Pouschkine, qui a dit: «Je n'aime point les lèvres roses sans sourire, ni la langue russe sans quelque faute grammaticale.» En un mot, Sophie Cirilovna était de ces femmes qu'un amant nomme des femmes séduisantes; un mari, des êtres agaçants, et un vieux garçon, des enfants espiègles.

Elle parlait à ses deux hôtes de l'ennui qu'on éprouve à vivre dans un village. «Il n'y a pas ici, disait-elle en appuyant avec afféterie sur l'accentuation de certaines syllabes, il n'y a pas ici une âme avec qui on puisse converser. Je ne sais comment on se résigne à se retirer dans un tel gîte, et ceux-là seuls, ajouta-t-elle avec une petite moue d'enfant, ceux que nous aimerions à voir, s'éloignent et nous abandonnent dans notre triste solitude!»

Boris s'inclina et balbutia quelques mots d'excuse. Pierre le regarda d'un regard qui semblait dire: En voilà une qui a le don de la parole!

«Vous fumez? demanda Sophie en se tournant vers Boris.

—Oui... mais...

—N'ayez pas peur. Je fume aussi.»

À ces mots elle se leva, prit sur la table une boîte en argent, en tira des cigarettes qu'elle offrit à ses visiteurs, sonna, demanda du feu, et un domestique qui avait la poitrine couverte d'un large gilet rouge apporta une bougie.

«Vous ne croiriez pas, reprit-elle en inclinant gracieusement la tête et en lançant en l'air une légère bouffée de fumée, qu'il y a ici des gens qui n'admettent pas qu'une femme puisse savourer un petit cigare. Oui, tout ce qui échappe au vulgaire niveau, tout ce qui ne reste point asservi à la coutume banale est ici sévèrement jugé.

—Les femmes de notre district, dit Pierre Vasilitch, sont surtout très-sévères sur cet article.

—Oui. Elles sont méchantes et inflexibles; mais je ne les fréquente pas, et leurs calomnies ne pénètrent point dans mon solitaire refuge.

—Et vous ne vous ennuyez pas de cette retraite? demanda Boris.

—Non. Je lis beaucoup, et lorsque je suis fatiguée de lire, je rêve, je m'amuse à faire des conjectures sur l'avenir.

—Eh quoi! vous consultez les cartes! s'écria Pierre, étonné.

—Je suis assez vieille pour me livrer à ce passe-temps.

—À votre âge! quelle idée!» murmura Pierre.

Sophie Cirilovna le regarda en clignotant, puis, se retournant vers Boris: «Parlons d'autre chose, dit-elle; je suis sure, monsieur Boris, que vous vous intéressez à la littérature russe?

—Moi... sans doute, répondit avec quelque embarras Boris, qui lisait peu de livres russes, surtout peu de livres nouveaux, et s'en tenait à Pouschkine.

—Expliquez-moi d'où vient la défaveur qui s'attache à présent aux œuvres de Marlinski? Elle me semble très-injuste, n'êtes-vous pas de mon avis?

—Marlinski est certainement un écrivain de mérite, répliqua Boris.

—C'est un poëte, un poëte dont l'imagination nous emporte dans les régions idéales, et maintenant on ne s'applique qu'à peindre les réalités de la vie vulgaire. Mais, je vous le demande, qu'y a-t-il donc de si attrayant dans le mouvement de l'existence journalière, dans le monde, sur cette terre?

—Je ne puis m'associer à votre pensée, répondit Boris en la regardant. Je trouve ici même un grand attrait.»

Sophie sourit d'un air confus. Pierre releva la tête, sembla vouloir prononcer quelques mots, puis se remit à fumer en silence.

L'entretien se prolongea à peu près sur le même ton, courant rapidement d'un sujet à l'autre, sans se fixer sur aucune question, sans prendre aucun caractère décisif. On en vint à parler du mariage, de ses avantages, de ses inconvénients, et de la destinée des femmes en général. Sophie prit le parti d'attaquer le mariage, et peu à peu s'anima, s'emporta, bien que ses deux auditeurs n'essayassent pas de la contredire. Ce n'était pas sans raison qu'elle vantait les œuvres de Marlinski: elle les avait étudiées et en avait profité. Les grands mots d'art, de poésie diapraient constamment son langage.

«Qu'y a-t-il, s'écria-t-elle à la fin de sa pompeuse dissertation, qu'y a-t-il de plus précieux pour la femme que la liberté de pensée, de sentiment, d'action?

—Permettez! répliqua Pierre, dont la physionomie avait pris depuis quelques instants une expression marquée de mécontentement. Pourquoi la femme réclamerait-elle cette liberté? qu'en ferait-elle?

—Comment! selon vous, elle doit être l'attribut exclusif de l'homme?

—L'homme non plus n'en a pas besoin.

—Pas besoin?

—Non. À quoi lui sert cette liberté tant vantée? À s'ennuyer ou à faire des folies.

—Ainsi, repartit Sophie avec un sourire ironique, vous vous ennuyez: car, tel que je vous connais, je ne suppose pas que vous commettiez des folies.

—Je suis également soumis à ces deux effets de la liberté, répondit tranquillement Pierre.

—Très-bien; je ne puis me plaindre de votre ennui: je lui dois peut-être le plaisir de vous voir aujourd'hui.»

Très-satisfaite de cette pointe épigrammatique, Sophie se pencha vers Boris et lui dit à voix basse: «Votre ami se complaît dans le paradoxe.

—Je ne m'en étais pas encore aperçu, repartit Boris.

—En quoi donc me complais-je? demanda Pierre.

—À soutenir des paradoxes.»

Pierre regarda fixement Sophie, puis murmura entre ses dents: «Et moi je sais ce qui vous plairait...»

En ce moment le domestique en gilet rouge vint annoncer que le dîner était servi.

«Messieurs, dit Sophie, voulez-vous bien passer dans la salle à manger?»

Le dîner ne plut ni à l'un ni à l'autre des convives. Pierre Vasilitch se leva de table sans avoir pu apaiser sa faim, et Boris Andréitch, avec ses goûts délicats en matière de gastronomie, ne fut pas plus satisfait de ce repas, bien que les mets fussent servis sous des cloches et que les assiettes fussent chaudes. Le vin aussi était mauvais, en dépit des étiquettes argentées et dorées qui décoraient chaque bouteille.

Sophie Cirilovna ne cessait de parler, tout en jetant de temps à autre un regard impérieux sur ses domestiques. Elle vidait à de fréquents intervalles son verre d'une façon assez leste, en remarquant que les Anglais buvaient très-bien du vin, et que, dans ce district sévère, on trouvait que, de la part d'une femme, c'était un inconvénient.

Après le dîner, elle ramena ses hôtes au salon, et leur demanda ce qu'ils préféraient, du thé ou du café. Boris accepta une tasse de thé, et, après en avoir pris une cuillerée, regretta de n'avoir pas demandé du café. Mais le café n'était pas meilleur. Pierre, qui en avait demandé, le laissa pour prendre du thé, et renonça également à boire cette autre potion.

Sophie Cirilovna s'assit, alluma une cigarette, et se montra très-empressée de reprendre son vif entretien. Ses yeux pétillaient et ses joues étaient échauffées... Mais ses deux visiteurs ne la secondaient pas dans ses dispositions à l'éloquence. Ils semblaient plus occupés de leurs cigares que de ses belles phrases, et, à en juger par leurs regards constamment dirigés du côté de la porte, il y avait lieu de supposer qu'ils songeaient à s'en aller. Boris cependant se serait peut-être décidé à rester jusqu'au soir. Déjà il venait de s'engager dans un galant débat avec Sophie, qui, d'une voix coquette, lui demandait s'il n'était pas surpris qu'elle vécût ainsi seule dans la retraite. Mais

Pierre voulait partir, et il sortit pour donner l'ordre au cocher d'atteler les chevaux.

Quand la voiture fut prête, Sophie essaya encore de retenir ses deux hôtes, et leur reprocha gracieusement la brièveté de leur visite. Boris s'inclina, et, par son attitude irrésolue, par l'expression de son sourire, semblait lui dire que ce n'était pas à lui que devaient s'adresser ses reproches. Mais Pierre déclara résolûment qu'il était temps de partir pour pouvoir profiter du clair de lune. En même temps, il s'avançait vers l'antichambre. Sophie offrit sa main aux deux amis, pour leur donner le *shakehand*, à la façon anglaise. Boris seul accepta cette courtoisie, et serra assez vivement les doigts de la jeune femme. De nouveau elle cligna les yeux, de nouveau elle sourit et lui fit promettre de revenir prochainement. Pierre était déjà dans l'antichambre, enveloppé dans son manteau.

Il s'assit en silence dans la voiture, et, lorsqu'il fut à quelques centaines de pas de la maison de Sophie: «Non, non, murmura-t-il, cela ne va pas.

—Que voulez-vous dire? demanda Boris.

—Cela ne vous convient pas, répéta-t-il avec une expression de dédain.

—Si vous voulez parler de Sophie Cirilovna, je ne puis être de votre avis. C'est une femme, il est vrai, un peu prétentieuse, mais agréable.

—C'est possible dans un certain sens. Mais songez au but que je m'étais proposé en vous conduisant près d'elle».

Boris ne répondit pas.

«Non, reprit Pierre, cela ne va pas. Il lui plaît de nous déclarer qu'elle est épicurienne. Et moi, s'il me manque deux dents au côté droit, je n'ai pas besoin de le dire: on le voit assez. En outre, je vous le demande, est-ce là une femme de ménage? Je sors de chez elle sans avoir pu satisfaire mon appétit. Ah! qu'elle soit spirituelle, instruite, de bon ton, je le veux bien; mais, avant tout, donnez-moi une bonne ménagère, que diable! Je vous le répète, cela ne vous convient pas. Est-ce que ce domestique, avec son gilet rouge, et ces plats recouverts de cloches en fer-blanc, vous ont étonné?

X

Une seconde visite, où *Boris* se trouve placé à table entre deux sœurs, ne réussit pas mieux.

L'une est trop sémillante, l'autre trop timide.

Les deux amis se rendirent chez un autre voisin, qui vivait seul à la campagne avec une fille nommée *Viéra*.

Le ridicule de ce solitaire est un peu chargé, mais la charge finit par devenir pathétique.

—Il n'était pas nécessaire que je fusse étonné.

—Je sais ce qu'il vous faut. Je le sais à présent.

—Je vous assure que j'ai été très-content de connaître Sophie Cirilovna.

—J'en suis charmé. Mais elle ne vous convient pas.»

En arrivant à la maison de Boris, Pierre lui dit: «Nous n'en avons pas fini. Je ne vous rends pas votre parole.

—Je suis à votre disposition, répondit Boris.

—Très-bien.»

Une semaine entière s'écoula à peu près comme les autres, si ce n'est que Pierre disparaissait quelquefois pendant une grande partie de la journée. Un matin, il se présenta de nouveau chez son ami, dans ses vêtements d'apparat, et invita Boris à venir faire avec lui une autre visite.

«Où me conduisez-vous aujourd'hui? demanda Boris, qui avait attendu cette seconde invitation avec une certaine impatience, et qui se hâta de faire atteler son traîneau, car l'hiver était venu et les voitures étaient remisées pour plusieurs mois.

—Je veux vous présenter dans une très-honorable maison, à Tikodouïef. Le maître de cette maison est un excellent homme qui s'est retiré du service avec le grade de colonel. Sa femme est une personne fort recommandable, et il y a là deux jeunes filles fort gracieuses, qui ont reçu une éducation du premier ordre et qui, en outre, ont de la fortune. Je ne sais laquelle des deux vous plaira le plus. L'une est vive et animée, l'autre un peu trop timide; mais toutes deux sont de vrais modèles. Vous verrez.

—Et comment s'appelle le père?

—Calimon Ivanitch.

—Calimon! Quel singulier nom. Et la mère?

—Pélagie Ivanovna. L'une de ses filles s'appelle aussi Pélagie; l'autre Émérance.

Quelques jours se passèrent. Boris s'attendait à être promptement invité à une autre excursion; mais Pierre semblait avoir renoncé à ses projets. Pour l'y ramener, Boris se mit à parler de la jeune veuve et de la famille Calimon. Il disait qu'on ne pouvait bien juger les choses en un premier aperçu, qu'il faudrait revoir, et il faisait d'autres insinuations que le cruel Pierre s'obstinait à ne pas vouloir comprendre. À la fin, Boris, impatienté de cette froide réserve, lui dit un matin:

«Eh quoi! mon ami, est-ce à moi à présent de vous rappeler vos promesses?

—Quelles promesses?

—Ne vous souvenez-vous plus que vous voulez me marier? J'attends.

—Vous avez des prétentions trop difficiles à satisfaire, le goût trop délicat. Il n'y a pas dans ce district une femme qui puisse vous convenir.

—Ah! ce n'est pas bien à vous, Pierre, de renoncer si vite à votre entreprise. Nous n'avons fait encore que deux essais infructueux; est-ce une raison pour désespérer? D'ailleurs, la veuve ne m'a point déplu. Si vous m'abandonnez, je retourne près d'elle.

—Allez à la grâce de Dieu!

—Pierre, je vous assure très-sérieusement que je désire me marier. Faites-moi donc connaître une autre femme.

—Je n'en connais pas dans tout ce canton.

—C'est impossible; vous ne pouvez pas me faire croire qu'il n'existe pas une agréable personne à plusieurs lieues à la ronde.

—Je vous dis la vérité.

—Voyons, réfléchissez, cherchez un peu dans votre esprit.»

Pierre mordait le bout d'ambre de sa pipe. Après un long silence, il reprit:

«Je pourrais bien vous indiquer encore Viéra Barçoukova. Une très-brave fille! Mais elle ne vous convient pas.

—Et pourquoi?

—Parce qu'elle est trop simple.

—Tant mieux!

—Et son père est si bizarre!

—Qu'importe? Allons, Pierre Vasilitch, allons, mon bon ami, faites-moi connaître Melle... Comment l'appelez-vous?

—Viéra Barçoukova.»

Boris insista tellement, que Pierre, finit par lui promettre de le conduire dans la maison de la jeune fille.

Le surlendemain, ils étaient en route. Étienne Barçoukof était en effet, comme Pierre l'avait dit, un homme de la nature la plus bizarre. Après avoir achevé d'une façon brillante son éducation dans l'un des établissements de la couronne, il était entré dans la marine, et y avait acquis promptement une notable distinction; puis, un beau jour, il avait tout à coup quitté le service pour se retirer dans son domaine, pour se marier; puis, ayant perdu sa femme, il était devenu si sauvage qu'il ne faisait plus aucune visite et ne sortait pas même de sa demeure. Chaque jour, enveloppé dans sa touloupe, les pieds dans des babouches, les mains dans ses poches, il se promenait de long en large dans sa chambre, en fredonnant ou en sifflant, et à tout ce qu'on lui disait il ne répondait que par un sourire et une exclamation: «Braou! braou!» ce qui, pour lui, signifiait Bravo! bravo!

Ses voisins aimaient à venir le voir, car, avec toute son étrangeté, il était très-bon et très-hospitalier. Si un ami, à sa table, lui disait: «Savez-vous, Étienne, qu'au dernier marché de la ville le seigle s'est vendu trente roubles?

—Braou! braou! répondait Étienne, qui venait de livrer le sien à moitié prix.

—Avez-vous appris, disait un autre, que Paul Temitch a perdu vingt mille roubles au jeu?

—Braou! braou! répliquait Étienne avec le même calme.

—On affirme, disait un troisième, qu'une épizootie a éclaté dans le village voisin.

—Braou! braou!

—Mademoiselle Hélène s'est enfuie avec l'intendant.

—Braou! braou!»

Et toujours le même cri. Soit qu'on vînt lui annoncer que ses chevaux boitaient, qu'un juif arrivait au village avec une cargaison de marchandises, qu'un de ses meubles était brisé, que son groom avait perdu ses souliers, il répétait avec la même indifférence: «Braou! braou!» Cependant, sa maison n'était point en désordre; il ne faisait point de dettes, et ses paysans vivaient dans l'aisance.

Nous devons dire, en outre, que l'extérieur d'Étienne Barçoukof était agréable. Il avait la figure ronde, de grands yeux vifs, un nez bien fait et des lèvres roses qui avaient conservé la fraîcheur de la jeunesse, une fraîcheur rehaussée encore par la teinte argentée de ses cheveux. Un léger sourire errait habituellement sur ses lèvres et se répandait même sur ses joues. Mais il ne riait jamais, ou il lui arrivait d'être saisi d'une sorte de rire convulsif qui le rendait malade. S'il était obligé de prononcer quelques autres mots que son exclamation accoutumée, il ne le faisait qu'à la dernière extrémité, et en abrégeant autant que possible ses paroles.

Viéra, sa fille unique, avait la même coupe de figure que lui, le même sourire, les mêmes yeux foncés qui paraissaient plus foncés encore sous les bandeaux blonds de ses cheveux. Elle était d'une taille moyenne et très-gracieuse. Rien en elle pourtant n'était d'une beauté rare, mais il suffisait de la voir et de l'entendre pour se dire aussitôt: voilà une excellente personne. Elle et son père avaient l'un pour l'autre une tendre affection. C'était elle qui régissait et gouvernait toute la maison. Elle s'acquittait de cette tâche avec plaisir, et n'en connaissait pas d'autres. Ainsi que Pierre l'avait dit, c'était la simplicité même.

Lorsque Pierre et Boris arrivèrent chez Étienne, il se promenait comme de coutume dans son cabinet, un vaste cabinet qui occupait presque la moitié de l'étendue de sa maison, et qui lui servait à la fois de salon et de salle à manger, car il y recevait ses visites et y prenait ses repas. L'ameublement de cette pièce n'était pas brillant, mais propre. Sur un des côtés s'étendait un divan, bien connu des propriétaires du voisinage, un large divan, très-doux, très-confortable et garni d'une quantité de coussins. Dans les autres chambres, on ne voyait qu'une chaise, une petite table et une armoire. Elles étaient inhabitées. La petite chambre de Viéra s'ouvrait sur le jardin. Tout son mobilier se composait d'un joli petit lit, d'une table, d'une glace, d'un fauteuil. Mais, en revanche, elle était garnie d'une quantité de flacons de conserves et de liqueurs préparées par la jeune fille.

En arrivant dans l'antichambre, Pierre pria le domestique de l'annoncer; mais celui-ci, le regardant en silence, l'aida à se dégager de sa pelisse, et lui dit: «Ayez la bonté d'entrer.» Les deux amis s'avancèrent dans le salon, et Pierre présenta son ami à Étienne.

«Très-content... toujours... lui dit le laconique solitaire en lui tendant la main... Très-froid... Un verre d'eau-de-vie?» et, du doigt ayant indiqué la bouteille qui se trouvait sur la table, il continua sa promenade.

Boris et Pierre prirent un peu d'eau-de-vie, puis s'assirent sur le canapé, si flexible et si commode que, dès qu'il y eut pris place, Boris s'y trouva établi comme s'il faisait usage de ce meuble depuis longtemps. Tous les amis de Barçoukof, en s'asseyant là, avaient la même agréable impression.

Ce jour-là Étienne n'était pas seul, et il faut dire que rarement il était seul. Près de lui était une sorte de figure patibulaire, un individu nommé Onufre Ilitch, au visage ridé et usé, au nez arqué comme le bec d'un épervier, et à l'œil inquiet. Il avait autrefois occupé un emploi dont il tirait plus d'un profit peu légitime, et maintenant il se trouvait sous le poids d'un jugement. Une main posée sur sa poitrine et l'autre au nœud de sa cravate, il suivait du regard

Étienne, et dès que les deux visiteurs furent assis, il dit avec un profond soupir:

«Ah! Étienne Pétrovitch, il est aisé de condamner un homme. Mais vous connaissez la sentence: Pécheurs honnêtes, pécheurs coquins, tout le monde vit dans le péché, et moi je fais comme les autres.

—Braou! murmura Étienne; puis, après un moment de silence, il ajouta:— Mauvaise sentence!

—Mauvaise! c'est possible. Mais que faire? La nécessité cruelle nous arrache quelquefois notre honneur. Tenez: j'en appelle à ces gentils messieurs, je leur raconterai tous les détails de mon affaire, s'ils veulent bien m'écouter.

—Me permettez-vous de fumer?» demanda Boris à Étienne.

Celui-ci fit un signe d'assentiment.

«Ah! reprit Onufre, j'ai été plus d'une fois irrité contre moi-même et contre le monde, et j'ai plus d'une fois éprouvé une généreuse indignation!

—Belle phrase! murmura Étienne; inventions de fripons!»

Onufre tressaillit.

«Quoi? s'écria-t-il; que voulez-vous dire? que ce sont les fripons qui affectent de faire voir une généreuse indignation?»

Étienne répondit par un signe affirmatif.

L'ancien fonctionnaire garda un instant le silence, puis tout à coup éclata de rire, et l'on remarqua qu'il ne lui restait pas une dent. Pourtant il parlait assez distinctement.

«Eh! eh! Étienne Pétrovitch, vous plaisantez toujours. Notre avocat a bien raison de dire que vous êtes un faiseur de calembours.

—Braou! braou!» répéta Barçoukof.

En ce moment la porte s'ouvrit, et Viéra s'avança d'un pas léger, portant sur un plateau vert deux tasses de café et de la crème. Une robe grise lui serrait gracieusement la taille. Boris et son ami se levèrent vivement à son approche. Elle s'inclina devant eux, et plaçant son plateau sur la table:

«Mon père, dit-elle, voici votre café.

—Braou! répliqua le père. Encore deux tasses, ajouta-t-il. Ma fille, voilà M. Boris Andréitch.»

Boris s'inclina de nouveau.

«Voulez-vous du café? lui demanda-t-elle en levant sur lui ses yeux doux et calmes. Nous ne dînerons pas avant une heure et demie.

—J'en prendrai une tasse avec plaisir, répondit Boris.

—Et vous, Pierre Vasilitch? reprit Viéra.

—Très-volontiers.

—À l'instant je vais vous servir; il y a longtemps que nous ne vous avons vu.»

À ces mots Viéra sortit.

Boris la suivit du regard, puis se tournant vers son ami:

«Elle est très-agréable, lui dit-il. Quelle aisance! quelle grâce dans ses mouvements!

—Oui, répondit froidement Pierre; mais cette maison est comme une auberge; dès qu'une personne est sortie, il en arrive une autre.»

En effet, un nouvel hôte entrait au salon: c'était un homme d'une énorme corpulence, large tête, larges joues, grands yeux, et une profusion de longs cheveux. Sa physionomie était empreinte d'une expression d'aigreur et de mécontentement, et sur son corps flottait un très-simple et très-ample vêtement.

«Bonjour,» dit-il, en se jetant sur le canapé sans même regarder ceux à qui s'adressait ce bref salut.

Étienne lui offrit le flacon d'eau-de-vie.

«Non, pas d'eau-de-vie. Ah! bonjour Pierre Vasilitch.

—Bonjour Michel Micheïtch, répondit Pierre. D'où venez-vous donc?

—De la ville. Vous êtes heureux, vous, si rien ne vous oblige d'aller à la ville. Grâce à ce petit monsieur, ajouta-t-il en indiquant du doigt Onufre Ilitch, j'ai fatigué mes chevaux à courir à travers la ville que Dieu maudisse!

—Nos très-humbles respects à Michel Micheïtch, dit Onufre, désigné si lestement par cette épithète de petit monsieur.

—Ah! maître Onufre, répliqua Michel en croisant les bras, fais-moi donc le plaisir de m'apprendre si tu ne dois pas bientôt être pendu?»

Onufre ne répondit pas.

«Oui, cela devrait déjà être fait, reprit Michel. La justice est trop indulgente envers toi. Quelle impression cela te fait-il d'être dans l'attente de ton jugement? Pas la moindre. Seulement tu es vexé de ne plus pouvoir... et en disant ces mots, Michel faisait le geste d'un homme qui saisit un rouleau d'argent et le met dans sa poche. Quel malheur! continua-t-il, les filous se rejoignent de tous les côtés.

—Vous plaisantez, répliqua Onufre; mais vous conviendrez que celui qui donne est libre de donner, et que celui qui reçoit a envie de recevoir. Au reste, ce n'est pas moi seul qui ai été l'instigateur de l'affaire; plus d'un autre y a pris part, comme je l'ai démontré.

—Sans aucun doute. En un temps d'orage, le renard se cache sous la herse, et toutes les gouttes de pluie ne tombent pas sur lui. Mais l'ispravnik t'a réglé ton compte. C'est un gaillard habile!

—Il s'entend aux moyens rapides de répression, répliqua Onufre en bégayant.

—Oui, oui.

—Et il y aurait bien des choses aussi à dire sur lui.

—Quel gaillard! s'écria Michel en se tournant vers Étienne. Quelle créature admirable! Près des filous et des ivrognes, c'est un vrai colosse.

—«Braou! braou! murmura le flegmatique Étienne.

Viéra rentra avec deux tasses.

—Encore une, lui dit son père, tandis que Michel s'inclinait devant elle.

—Que de peine vous vous donnez, lui dit Boris en s'avançant pour la délivrer de son plateau.

—Une très-petite peine, répondit la jeune fille. Pourvu seulement que ce café soit bon!

—Servi par vos mains...

Mais la jeune fille, sans faire attention à ce compliment, sortit et revint un instant après offrir une tasse à Michel.

«Avez-vous appris, demanda Michel en humant son café, ce qui est arrivé à Marie Ilinichna?»

Étienne s'arrêta dans sa promenade et prêta l'oreille.

«Oui... elle est tombée en paralysie.»

—Vous savez qu'elle mangeait énormément. Voilà qu'un jour elle se met à table avec plusieurs convives. On sert de la batvine. Elle remplit son assiette une fois, deux fois, elle en reprend encore, puis tout à coup sa vue se trouble, sa tête s'égare, et elle tombe sur le plancher. On s'empresse autour d'elle. Soins inutiles! Elle ne peut plus parler. On dit que le médecin du district s'est distingué en cette occasion. Dès qu'il l'a vue tomber, il s'est levé en criant: «Un docteur! vite un docteur!» Aussi faut-il dire qu'il ne vit que du produit des morts que l'on trouve dans l'arrondissement. Quelle heureuse profession!

—Braou! braou! répéta Barçoukof.

—Et aujourd'hui, à dîner, nous avons justement de la batvine, dit Viéra, qui venait de s'asseoir à l'un des angles du salon.

—De la batvine à l'esturgeon? demanda Michel.

—Précisément.

—À merveille. Il y a des gens qui prétendent qu'il ne convient pas de servir de batvine en hiver, parce que c'est une soupe froide. Ils se trompent, n'est-ce pas, Pierre Vasilitch?

—Assurément. N'avez-vous pas ici très-chaud?

—Oui.

—Eh bien, pourquoi ne pas user d'un aliment froid dans une chambre chaude? C'est ce que je ne puis comprendre.

—Ni moi.»

L'entretien se continua quelque temps sur ce même ton. Étienne n'y prenait aucune part et continuait à se promener dans sa chambre.

Le dîner parut excellent à tous les convives. Viéra en faisait elle-même les honneurs, servait avec soin ses hôtes, et cherchait à deviner leurs désirs. Boris, assis à côté d'elle, ne la quittait pas du regard. De même que son père, elle ne pouvait parler sans sourire, et ce sourire lui seyait à merveille. Boris lui adressait de fréquentes questions, non pas tant pour les réponses qu'il pouvait en attendre que pour voir ses lèvres s'entr'ouvrir.

Après le dîner, les visiteurs, à l'exception de Boris, se mirent à jouer aux cartes. Michel, qui avait bu un peu plus que de coutume, ne se montrait plus aussi rigoureux envers Onufre, quoiqu'il continuât encore à lui adresser plusieurs acerbes plaisanteries. Tantôt il lui reprochait d'être semblable aux orties, tantôt il l'accusait d'avoir les ongles crochus et d'accaparer constamment les atouts; mais le gain d'une partie l'adoucit subitement. Il se tourna d'un air riant vers celui qu'il avait tant maltraité et lui dit:

—Eh bien! qu'on pense de toi ce que l'on voudra, après tout, ce ne sont que des niaiseries, et, sur ma foi, je t'aime, d'abord parce que c'est dans ma nature, et ensuite, parce qu'il y a encore des gens plus mauvais que toi, et qu'à tout prendre, tu es, dans ton genre, un honnête homme.

—C'est vrai, c'est vrai, s'écria Onufre, encouragé par ces paroles. C'est très-vrai. Si vous saviez ce que la calomnie....

—Voyons! répliqua Michel avec une nouvelle explosion. La calomnie! quelle calomnie? Ne devrais-tu pas être dans la tour de Pugatschef, enfermé et enchaîné? Donne-nous des cartes.»

Onufre se mit à distribuer les cartes en clignotant et en passant à plusieurs reprises son doigt sur sa langue effilée.

Pendant ce temps, Étienne marchait de long en large dans sa chambre, et Boris était assis près de Viéra. Il voulait causer avec elle et n'y parvenait pas sans quelques difficultés et sans être obligé de se résigner à de fréquentes interrogations, car, à chaque instant, sa tâche de maîtresse de maison l'appelait hors du salon. Il lui demandait si elle avait autour d'elle beaucoup de voisins, si elle les voyait souvent, si ses travaux journaliers lui étaient agréables. Puis il lui demanda si elle lisait; à quoi elle répondit qu'elle n'en avait pas le temps.

Il en était là de son dialogue quand le domestique vint lui annoncer que ses chevaux étaient attelés. Il se leva à regret, il s'affligeait déjà de partir, de s'éloigner de ce bon regard, de ce pur sourire. Il serait resté si Étienne avait fait la moindre tentative pour le retenir; mais Étienne avait pour principe que lorsque ses hôtes désiraient passer la journée chez lui, ils devaient eux-mêmes s'y décider et ordonner qu'on préparât leurs lits. Ainsi firent Michel Micheïtch et Onufre. Ils s'installèrent dans la même chambre, et on les entendit longtemps causer. C'était surtout Onufre qui se livrait à une faconde extraordinaire. Il racontait à Michel une foule de choses qu'il essayait de lui persuader, tandis que celui-ci se contentait de lui répondre de temps à autre par un monosyllabe qui, de sa part, n'indiquait encore qu'une confiance très-équivoque. Le lendemain matin, tous deux partirent pourtant de bon accord pour se rendre à la métairie de Michel, et de là à la ville.

Boris reprit le chemin de sa demeure avec Pierre. Celui-ci, bercé par le monotone tintement de la clochette du cheval et par le balancement du traîneau, s'était assoupi.

«Pierre! lui cria son ami après un long silence.

—Qu'y a-t-il? répliqua Pierre à demi endormi.

—Pourquoi ne m'interrogez-vous pas?

—Sur quoi donc?

—Sur mes impressions, comme à nos deux précédentes excursions.

—Sur Viéra?

—Oui.

—À quoi bon? Ne vous en avais-je pas prévenu? Elle ne vous convient pas.

—Vous êtes dans l'erreur, elle me plaît beaucoup plus que la blonde Émérance et que la jeune veuve.

—Est-il possible?

—Je vous assure.

—Faites attention, je vous prie, que c'est une jeune fille d'une simplicité extrême. Elle s'entend, il est vrai, à conduire une maison, mais ce n'est pas là ce qu'il vous faut.

—Pourquoi? C'est peut-être précisément ce que je cherche.

—Quelle idée! Songez donc qu'elle ne peut pas même prononcer un mot français.

—Que m'importe! Ne peut-on pas se dispenser de parler français?»

Pierre se tut; puis, un moment après, il reprit:

«Je n'aurais pas supposé.... que vous... non.... cela ne peut être.... Vous plaisantez.

—Je ne plaisante nullement.

—À la garde de Dieu! Je pensais que cette bonne fille ne pouvait convenir qu'à un rustique campagnard comme moi.»

À ces mots, Pierre, serrant les plis de son manteau, posa la tête sur un coussin et s'endormit. Boris continua à rêver à Viéra. Dans sa pensée, il la contemplait avec son charmant sourire, avec son beau et franc regard. La nuit était froide et claire, le ciel étoilé. Les grains de neige scintillaient comme des diamants. La glace craquait et bruissait sous les pieds des chevaux. Les rameaux d'arbres, avec leurs épaisses couches de givre, résonnaient aussi au souffle du vent et brillaient comme des miroirs à facettes aux rayons de la lune.

Dans la solitude, en de telles nuits, l'imagination parcourt rapidement de vastes espaces. Boris l'éprouva lui-même. Que de rêves ne fit-il pas jusqu'à ce qu'il arriva à la porte de sa maison? mais à tous ces rêves s'associait l'image de Viéra.

Pierre avait été, comme nous l'avons dit, très-surpris de l'impression produite sur Boris par la jeune fille. Il le fut bien plus encore lorsque, le lendemain de cette première visite, son ami lui dit:

«J'ai envie d'aller voir Étienne Barçoukof; si vous n'êtes pas disposé à m'accompagner, j'irai seul.»

Pierre, naturellement, répondit qu'il était tout prêt à partir. Et les deux amis se mirent en route. Comme la première fois, il y avait chez Étienne plusieurs étrangers à qui Viéra offrait, avec sa grâce habituelle, du café et des liqueurs préparés par elle-même. Mais Boris eut avec elle un entretien, ou, pour mieux dire, un monologue plus long que la première fois. Il lui parla de son existence passée, de Pétersbourg, de ses voyages, en un mot de tout ce qui lui vint à l'esprit. Elle l'écoutait avec une paisible curiosité, quelquefois en souriant et en le regardant, mais sans oublier une minute ses devoirs de maîtresse de maison. Tout à coup elle remarquait qu'un des hôtes de son père avait besoin de quelque chose, elle se levait et lui portait elle-même ce qu'il désirait. Alors Boris, immobile à sa place, ne la quittait pas des yeux; elle revenait s'asseoir près de lui, reprenait son travail de broderie, et il continuait ses récits. Une ou deux fois Étienne, en se promenant selon sa coutume, s'arrêta près d'eux, prêta l'oreille aux paroles de Boris, murmura: «Braou! braou!» et continua sa marche.

Boris et Pierre prolongèrent cette visite bien plus que la première. Ils couchèrent dans la maison de Barçoukof, et ne la quittèrent que le lendemain soir. En partant, Boris tendit la main à Viéra. Elle rougit. Aucun homme jusque-là ne lui avait encore serré la main. Elle pensa que c'était un usage de Pétersbourg.

Les deux amis retournèrent souvent chez Étienne. Quelquefois même Boris y allait seul. Il était de plus en plus attiré vers la demeure de Viéra. De plus en plus la jeune fille lui plaisait. Entre elle et lui, il s'était établi des rapports affectueux; seulement il la trouvait trop réservée et trop raisonnable.

Son ami Pierre avait cessé de lui parler d'elle. Un matin, cependant, après l'avoir regardé quelques instants en silence, tout à coup il lui dit:

«Boris!

—Que voulez-vous? répondit Boris en rougissant légèrement sans savoir pourquoi.

XI

Après diverses aventures aussi légères que les rêves d'un jeune homme incertain s'il est épris, l'intérêt se resserre.

Rien ne change dans les trois caractères, mais la destinée change et le dénoûment approche.

L'inclination de Boris n'échappe pas à Pierre.

—Je désirerais vous faire remarquer... Songez un peu... ce serait bien mal. Si...

—Que voulez-vous dire? Je ne vous comprends pas.

—Je voudrais vous parler de Viéra.

—De Viéra?»

Et Boris sentit s'accroître sa rougeur.

«Voyez, Boris... Il faut prendre garde à ce qui peut arriver... Pardonnez-moi ma hardiesse; mais mon amitié me fait un devoir...

—Que signifient toutes ces réticences? Viéra est une personne sage, et, entre elle et moi, il n'y a pas d'autre lien que celui d'une honnête amitié.

—Permettez, Boris; quelle amitié peut-il y avoir entre un homme qui, comme vous, a reçu une si complète éducation, et une pauvre fille de village qui a vécu renfermée entre quatre murs?

—C'est pourtant comme je vous le dis, repartit Boris avec une certaine irritation, et je ne sais quelle idée vous vous faites de ce que vous appelez l'éducation.

—Écoutez, Boris, reprit Pierre, si vous voulez me dissimuler un secret, vous en avez le droit; mais, quant à me tromper, vous n'y réussirez pas, je vous en préviens: car j'ai aussi ma perspicacité, et la soirée que nous avons passée hier chez Étienne m'a fait comprendre...

—Qu'avez-vous donc compris?

—Que vous aimez Viéra, et que vous êtes déjà jaloux de son affection.

—Mais elle, demanda Boris en regardant fixement son ami, m'aime-t-elle?

—C'est ce que je ne puis affirmer. Cependant, je serais surpris qu'elle ne vous aimât pas.

—Pourquoi? Est-ce parce que je suis, comme vous le dites, un homme bien élevé?

—Oui, pour cette raison, et parce que vous jouissez d'une honorable situation... De plus, vous avez un extérieur agréable.»

Boris se leva et s'approcha de la fenêtre.

«Comment donc, reprit-il en revenant tout à coup vers Pierre, avez-vous remarqué que j'étais jaloux?

—Parce que vous étiez hier très-tourmenté de voir que ce petit étourneau de Karentef ne s'en allait pas.»

Boris se tut. Il sentait que son ami avait raison. Ce Karentef était un étudiant, d'un caractère jovial et amusant, mais étourdi, et porté à de mauvais penchants. Abandonné de trop bonne heure à lui-même, sans direction, déjà il était entré dans la série des passions funestes. Il avait la figure d'un bohémien, chantait, dansait comme les bohémiens, faisait la cour à toutes les femmes et se montrait fort empressé près de Viéra. Boris, en le rencontrant dans la maison d'Étienne, avait d'abord pris plaisir à le voir. Mais, lorsqu'il remarqua avec quelle attention Viéra l'écoutait chanter, il n'éprouva plus pour lui qu'un sentiment de répulsion.

«Eh bien! Pierre, dit Boris en se plaçant en face de son ami, je dois l'avouer: vous avez raison. Il y a longtemps que j'ai en moi une pensée qui n'était pas suffisamment éclaircie. Vous m'ouvrez les yeux. Oui, j'aime Viéra. Mais, croyez-moi, ni elle, ni moi, nous ne pouvons dévier de la droite ligne. Jusqu'à présent pourtant, je ne vois en elle aucun signe d'une prédilection particulière pour moi.

—Je ne sais, répliqua Pierre, mais les méchants ont l'œil fin.

—Que faut-il donc faire?

—Cesser vos visites.

—Vous croyez?

—Oui, puisque vous ne pouvez l'épouser.

—Et pourquoi, reprit Boris après un moment de réflexion, ne pourrais-je pas l'épouser?

—Parce que, comme je vous l'ai déjà dit, elle n'est pas votre égale.

—Je n'admets pas cette raison.

—Soit! Agissez comme il vous plaira. Je ne suis point votre tuteur.»

Pierre se mit à fumer sa pipe.

Boris s'assit près de la fenêtre, absorbé dans ses méditations. Son ami n'essaya point de l'en arracher. Il lançait en l'air un tourbillon de fumée.

Soudain Boris se leva, appela son domestique et lui ordonna d'atteler les chevaux.

«Où allez-vous? demanda Pierre.

—Chez le père de Viéra.»

Pierre exhala précipitamment plusieurs bouffées.

«Faut-il vous accompagner?

—Non, j'aime mieux aujourd'hui faire cette visite seul. Je veux avoir une explication avec Viéra.

—Comme vous voudrez, répliqua Pierre.»

Puis, se jetant sur le canapé: «Ainsi, se dit-il, ce que je considérais comme une plaisanterie est devenu une affaire sérieuse. Que Dieu lui soit en aide!»

Le soir, il se retira dans sa maison, et il venait de se mettre au lit, quand tout à coup Boris apparut devant lui, tout poudré de neige, et lui dit, en se jetant dans ses bras et en le tutoyant pour la première fois:

«Mon ami, félicite-moi! J'ai son consentement, j'ai celui de son père. Tout est fini.

—Comment? s'écria Pierre étonné.

—Je me marie.

—Avec Viéra?

—Oui, c'est une affaire décidée.

—Pas possible!

—Quel homme!... Crois-moi donc.»

Pierre se leva, prit à la hâte ses pantoufles, sa robe de chambre, cria: «Marthe, du thé!» Puis, se tournant vers son ami: «Si tout est fini, lui dit-il, que le ciel te bénisse! Mais raconte-moi comment les choses se sont arrangées?»

Il est à remarquer qu'à partir de ce moment, les deux amis se tutoyaient comme s'ils ne s'étaient jamais parlé autrement.

«Très-volontiers, répondit Boris; tu sauras tout dans les plus petits détails.»

Voici ce qui s'était passé:

Quand Boris arriva à la demeure de sa fiancée, il n'y avait là, par extraordinaire, aucun visiteur, et le solitaire Étienne ne se promenait point, selon sa coutume. Il était souffrant et à demi couché dans un grand fauteuil. En voyant entrer Boris, il balbutia quelques mots, lui indiqua du doigt la table sur laquelle il y avait des flacons en permanence, et ferma les yeux. Boris s'assit près de Viéra, engagea avec elle la conversation à voix basse, et d'abord lui parla de l'état de son père.

«Ah! dit la jeune fille, c'est une chose terrible pour moi, quand il est malade. Il ne se plaint pas, il ne demande rien; il ne prononce pas un mot... Il souffre et ne veut pas le dire.

—Et vous l'aimez beaucoup!

—Qui, mon père? Plus que tout au monde. Que Dieu me préserve du malheur de le perdre! J'en mourrais.

—Ainsi, vous ne pourriez vous résoudre à vous séparer de lui?

—Et pourquoi me séparerais-je de lui?»

Boris fixa sur elle un regard pensif.

«Une jeune fille, reprit-il, ne peut cependant rester toujours dans la maison paternelle.

—Quelle idée... Mais je suis bien tranquille. Qui pourrait m'enlever?»

Boris fut sur le point de répondre: Moi, peut-être! Mais il se retint.

«À quoi songez-vous? lui demanda Viéra en le regardant avec son bon sourire habituel.

—Je pense, répondit-il... je pense...»

Puis, tout à coup, interrompant le cours de son idée, il lui demanda s'il y avait longtemps qu'elle connaissait Karentef.

«Je ne sais, en vérité. Mon père reçoit beaucoup de monde. Si je ne me trompe, c'est l'an dernier que Karentef est venu ici pour la première fois.

—Et il vous plaît?

—À moi? Pas du tout.

—Pourquoi donc?

—Il est négligé et malpropre. Cependant, je dois dire qu'il chante à merveille. Son chant pénètre jusqu'au cœur.

—Mais, reprit Boris après un instant de réflexion, qui donc vous plaît?

—Beaucoup de gens; vous, d'abord.

—Oui, j'espère que vous avez pour moi un bon sentiment d'amitié. Mais n'avez-vous pas quelque autre prédilection plus vive?

—Que vous êtes curieux!

—Et vous, que vous êtes froide!

—Que voulez-vous dire? demanda innocemment la jeune fille.

—Écoutez...»

En ce moment Étienne se retourna dans son fauteuil.

«Écoutez, continua-t-il en baissant encore la voix, tandis que tout son sang affluait à son cœur; il faut que je vous parle... d'une affaire grave... mais pas ici.

—Où donc?

—Dans la chambre voisine.

—Pourquoi? c'est donc un secret?

—Oui.

—Un secret!» murmura la jeune fille avec surprise.

Et elle se dirigea vers la chambre que Boris lui indiquait.

Il la suivit dans une agitation fiévreuse.

«Eh bien?» dit-elle avec curiosité.

Boris voulait préparer son aveu par plusieurs circonlocutions; mais en regardant cette originale figure animée par le sourire qui le charmait tant, en voyant ces beaux yeux si purs et si doux, il n'eut pas la force de se maîtriser, et dit simplement:

«Viéra, voulez-vous m'épouser?

—Que dites-vous? s'écria la jeune fille, tandis que son visage se colorait d'une rougeur de pourpre.

—Voulez-vous m'épouser? répéta lentement Boris.

—Mais.... en vérité.... je ne sais.... je ne m'attendais pas....»

Et, dans la vivacité de son émotion, Viéra s'appuya sur le bord de la fenêtre, comme si elle craignait de tomber; puis, tout à coup, elle sortit et s'enfuit dans sa chambre.

Boris, après un moment d'attente, rentra au salon tout troublé. Sur la table était un numéro de la *Gazette de Moscou.* Il le prit et essaya de le lire, mais il ne comprenait pas un des mots que ses yeux parcouraient, et ne comprenait pas même ce qui se passait en lui. Un quart d'heure après il entendit derrière lui un léger frôlement, et sans tourner la tête il sentait que Viéra était là.

Quelques instants encore s'écoulèrent. Il regarda la jeune fille à la dérobée; elle était assise près de la fenêtre, immobile et pâle. Enfin, il se leva et alla s'asseoir près d'elle. Étienne avait la tête appuyée sur le dossier de son fauteuil et ne faisait pas un mouvement.

«Pardonnez-moi, Viéra, dit Boris, en faisant un effort sur lui-même pour ramener l'entretien.... J'ai eu tort.... Je n'aurais pas dû si subitement.... Mais je cherchais une occasion, et puisque je l'ai trouvée, je voudrais savoir ce que je puis....»

Viéra l'écoutait les yeux baissés et le visage en feu.

«Viéra, je vous en prie, un mot, un seul mot.

—Que voulez-vous que je vous dise? répondit-elle enfin. Je ne sais.... Vraiment, cela dépend de mon père.

—Est-ce que tu es malade?» s'écria tout à coup Étienne.

Viéra tressaillit, leva la tête et vit son père qui la regardait d'un air inquiet. Elle s'approcha de lui.

«Que dites-vous, mon père? lui demanda-t-elle.

—Est-ce que tu es malade?

—Moi? non... Pourquoi cette idée?»

Il continuait à l'observer attentivement.

«Tu es vraiment tout à fait bien? ajouta-t-il.

—Certainement. D'où vous vient cette inquiétude?

—Braou! braou!» murmura Étienne. Et de nouveau il ferma les yeux.

La jeune fille se dirigeait vers la porte. Boris l'arrêta.

«Me permettez-vous, au moins, lui dit-il, de parler à votre père?

—Si vous le voulez, répondit-elle d'une voix timide; mais il me semble que je ne suis pas votre égale.»

Il essaya de lui prendre la main, mais elle la retira et disparut.

«C'est singulier, se dit-il, elle me fait précisément la même observation que Pierre.»

Resté seul avec le père de Viéra, Boris se promit de ne pas perdre un moment pour le préparer à la demande si inattendue qu'il devait lui adresser. Mais la tâche n'était pas aisée. Le vieillard, souffrant et agité, tantôt s'assoupissait, tantôt paraissait absorbé dans un rêve, et ne répondait que par quelques brèves et insignifiantes paroles aux questions et aux diverses insinuations de Boris. Enfin, le jeune amoureux, voyant que tous ses préliminaires étaient inutiles, se décida à traiter l'affaire ouvertement.

À diverses reprises, il fit un effort; il essaya de parler, et la parole décisive expirait sur ses lèvres.

«Étienne Pétrovitch, dit-il enfin, je dois vous exprimer un désir dont vous serez bien surpris.

—Braou! braou! dit tranquillement Étienne.

—Un désir auquel vous ne vous attendez certainement pas.»

Étienne ouvrit les yeux.

«Promettez-moi seulement de ne pas être irrité contre moi.»

Les paupières du vieillard se dilatèrent.

«Je viens.... je viens vous demander la main de votre fille.»

Par un mouvement impétueux, Étienne se leva sur son fauteuil.

«Comment!» s'écria-t-il avec une indicible expression de physionomie.

Boris renouvela sa demande.

Étienne fixa sur lui un regard si prolongé et si perçant que Viasovnine en devint tout confus.

«Viéra, dit-il, est-elle instruite de votre demande?

—Je lui ai exprimé mes vœux, et elle m'a permis de vous en parler.

—Quand donc avez-vous eu cette explication avec elle?

—À l'instant même.

—Attendez-moi,» dit Étienne. Et il sortit.

Boris resta dans le cabinet du vieillard, promenant ses regards inquiets autour de lui, quand, tout à coup, le son de la clochette d'un attelage se fit entendre. Une voix d'homme retentit dans l'antichambre, et Michel Micheïtch apparut.

Pour le jeune amoureux, cette visite était une cruelle contrariété.

«Ah! nous avons ici une bonne température! s'écria Michel en s'asseyant sur le canapé.—Bonjour... Où est Étienne?

—Il va venir.

—Quel froid, aujourd'hui!» ajouta Michel en se versant un verre d'eau-de-vie.

Puis, à peine l'eut-il bu qu'il dit:

«Je viens de faire encore une promenade en ville.

—Vraiment! répondit Boris, qui s'efforçait de surmonter son agitation.

—Oui, et cela grâce encore à ce coquin d'Onufre. Figurez-vous qu'il m'a conté une quantité de diableries, de sornettes inimaginables. Il me parlait d'une affaire comme on n'en a jamais vu; des centaines et des centaines de roubles à prendre en un seul coup de râteau. En résumé, il m'a emprunté vingt-cinq roubles, et j'ai éreinté mes chevaux à courir en vain dans toutes les rues.

—Est-il possible?

—C'est la vérité même. Quel fripon! Il devrait traîner le boulet sur le grand chemin. Je ne sais à quoi songe la police; mais il a le diable au corps. Il est capable de nous réduire à la besace.»

Étienne rentra, et Michel courut au-devant de lui pour lui raconter sa dernière mésaventure.

«Est-ce qu'il ne se trouvera pas quelqu'un, ajouta-t-il, pour lui rompre les os?

—Lui rompre les os!» répéta Étienne en éclatant d'un de ses rires convulsifs.

—Oui, oui, les os,» reprit Michel enchanté du succès de son bon mot. Mais il s'arrêta quand il vit Étienne tomber sur le divan dans une sorte d'anéantissement.

«Voilà ce qui lui arrive toujours quand il rit ainsi, murmura Michel. Je n'y comprends rien.»

Viéra arriva toute troublée et les yeux rouges.

«Mon père n'est pas bien aujourd'hui,» dit-elle à Michel à voix basse.

Michel baissa la tête, s'approcha de la table et y prit un morceau de pain et de fromage. Quelques instants après, Étienne parvint pourtant à se relever et essaya de marcher dans sa chambre. Boris se tenait assis à l'écart dans une anxiété extrême. Michel recommençait le récit de son aventure avec Onufre.

On se mit à table. Michel fut le seul qui parlât pendant le dîner. Vers le soir, Étienne prit Boris par la main et le conduisit dans une autre chambre.

«Vous êtes un honnête homme, lui dit-il en le regardant fixement.

—Oui, je vous le garantis, et j'aime votre fille.

—Vous l'aimez réellement?

—Je l'aime, et m'efforcerai de mériter son affection.

—Elle ne vous ennuiera pas?

—Jamais.»

Le vieillard fit un effort qui imprima à son visage une sorte de douloureuse contraction.

«Vous avez bien réfléchi?... reprit-il. Vous aimez.... Je consens.»

Boris voulait l'embrasser.

«Plus tard,» dit le vieillard. Puis, détournant la tête et s'approchant de la muraille, il pleura.

Quelques minutes s'écoulèrent. Étienne s'essuya les yeux, se dirigea vers son cabinet, et, sans lever la tête, dit à Boris, avec son sourire accoutumé:

«Aujourd'hui, restons-en là...; demain, tout ce qui sera nécessaire.

—Très-bien! très-bien!» répliqua Boris en le suivant dans son cabinet, où il échangea un regard avec Viéra.

Il éprouvait au fond de l'âme un sentiment de joie, et en même temps il était inquiet; il lui tardait de s'en aller, ne fût-ce que pour échapper à l'insupportable Michel, et il désirait revoir son fidèle Pierre. Il partit en promettant de revenir le lendemain. En franchissant le seuil de l'antichambre, il baisa la main de Viéra. Elle le regarda.

«À demain, dit-il.

—Adieu, répondit-elle tranquillement.

—Voilà, mon cher Pierre, dit Boris en terminant son récit, voilà ce qui s'est passé. Je me suis demandé d'où vient que, dans sa jeunesse, l'homme est si souvent peu porté au mariage? C'est qu'il craint d'asservir sa vie. Il se dit: J'ai le temps. Pourquoi me presser. En attendant encore, je trouverai peut-être un meilleur parti; et, soit qu'on reste dans le célibat ou qu'on se marie à la première occasion, c'est toujours l'effet de l'amour-propre ou de l'orgueil. Moi, je me dis: Dieu t'a fait rencontrer une douce et honnête créature, ne rejette pas ce don providentiel, ne t'abandonne pas à de vaines fantaisies. Je ne puis trouver une meilleure femme que Viéra. S'il y a quelque lacune dans son éducation, c'est à moi d'y remédier. Elle est, il est vrai, d'un caractère un peu phlegmatique. Est-ce un malheur? Non, au contraire. Voilà quelles ont été mes réflexions. Toi-même, tu m'as engagé à me marier. Et si je me trompe, ajouta-t-il d'un air pensif, si je me trompe.... après tout, ce n'est pas une si grande chute. Je n'avais plus rien à attendre de la vie.»

Pierre écoutait son ami en silence, prenant de temps à autre quelques cuillerées du mauvais thé que Marthe lui avait préparé à la hâte.

«Pourquoi ne parles-tu pas? lui demanda Boris en s'arrêtant tout à coup devant lui. Ce que je t'ai dit, n'est-ce pas juste? N'es-tu pas d'accord avec moi?

—L'affaire est terminée, répliqua Pierre lentement. La jeune fille accepte ton offre. Le père la sanctionne. Il n'y a plus rien à dire. Que tout soit pour le mieux! Maintenant il ne s'agit plus de réfléchir; il faut t'occuper de ton mariage; demain nous en reparlerons. Le matin, comme dit le proverbe, est plus sage que le soir. À demain donc.

—Mais voyons, embrasse-moi donc, homme froid que tu es! dit Boris.

—De grand cœur, répondit le bon Pierre en le serrant dans ses bras. Que Dieu te donne toutes les joies de ce monde!»

Boris se retira.

«Quel événement, se dit Pierre en se remettant au lit et en se retournant avec inquiétude tantôt d'un côté, tantôt de l'autre, et tout cela parce qu'il n'a pas servi dans la cavalerie, qu'il est habitué à se laisser aller à ses idées et ne connaît point la discipline.»

Un mois après, Boris était l'époux de Viéra. Lui-même n'avait pas voulu que le mariage fût retardé. Pierre fut son garçon d'honneur. Pendant ce mois d'attente, Boris avait été chaque jour chez son beau-père, mais ces fréquentes visites n'avaient point modifié ses rapports avec Viéra. Elle était tout aussi modeste et aussi réservée. Un jour il lui apporta un roman de Sagoskin: *Jouri Miroslawski*, et lui en lut quelques chapitres. Ce livre lui plut. Mais, lorsqu'il fut achevé, elle n'en demanda pas d'autres.

Un soir, Karentef vint la voir et resta longtemps les yeux fixés sur elle. Il faut dire qu'il était dans un état d'ivresse. Il semblait qu'il avait le désir de lui parler; pourtant il se tut. On le pria de chanter. Il entonna un chant qui commençait par des sons plaintifs, puis éclatait en une sorte de mélodie sauvage. Ensuite il jeta sa guitare sur le divan, sortit précipitamment, mit sa tête entre ses mains et éclata en sanglots.

La veille de son mariage, Viéra était triste, et son père paraissait aussi fort abattu. Il avait espéré que Boris viendrait vivre avec lui, et Boris l'engageait au contraire à suivre sa fille dans sa nouvelle demeure. Étienne refusa, disant qu'il ne pouvait quitter la maison où il avait ses vieilles habitudes. Viéra lui promit d'aller le voir plusieurs fois dans la semaine.

«Braou! braou!» répondit tristement le vieillard.

Au commencement de sa nouvelle existence, Boris se trouva très-heureux. Viéra dirigeait sa maison dans la perfection. Il aimait sa calme et constante activité. Il aimait la simplicité et la droiture de son caractère. Quelquefois il l'appelait sa petite ménagère hollandaise, et il déclarait à Pierre que, pour la première fois enfin, il connaissait les agréments de la vie.

Depuis le jour du mariage, Pierre ne venait plus si souvent chez lui, et n'y restait plus si longtemps, quoique Boris le reçût avec cordialité comme autrefois et que Viéra eût pour lui une sincère affection.

Un jour que Boris lui reprochait la rareté de ses visites:

«Que veux-tu, lui dit doucement l'honnête Pierre, ta vie n'est plus la même. Tu es marié; je suis garçon. Je craindrais de me rendre importun.»

Cette fois-là, Boris n'insista pas. Mais peu à peu il s'aperçut que, sans son ami, son intérieur était fort peu récréatif. Sa femme ne suffisait plus pour l'occuper. Souvent même il ne savait que lui dire, et restait des matinées entières sans prononcer un mot. Cependant il la regardait encore avec plaisir, et chaque fois que de son pied léger elle passait près de lui, il lui baisait la main, ce qui ne manquait jamais de faire éclore sur les lèvres de la jeune femme un doux sourire.

Mais ce sourire ne le charmait plus comme autrefois, et peut-on toujours se contenter d'un sourire?

Entre lui et Viéra, il y avait, trop peu de rapports intellectuels. Il commençait à s'en apercevoir.

«Décidément, se disait-il un jour en s'asseyant sur le canapé les mains croisées, la bonne Viéra n'a guère de ressources; et il se rappela l'aveu qu'elle lui avait fait elle-même: «Je ne suis pas votre égale.» Si j'avais, reprit-il, la flegmatique nature d'un Allemand, où si j'étais lié à quelque emploi qui m'occuperait la plus grande partie du jour, une telle femme serait un trésor. Mais avec mon caractère, et dans ma position.... Est-ce que je me serais trompé?»

Cette dernière réflexion lui fit plus de peine qu'il ne l'aurait cru.

Le lendemain, comme il engageait Pierre à revenir plus souvent, et comme Pierre lui répondait de nouveau qu'il craignait de le déranger:

«Tu te trompes, mon ami, répondit Boris, tu ne nous gênes nullement quand tu viens nous voir. Au contraire, avec toi, nous nous sentons plus gais.—Il fut sur le point d'ajouter: Et plus légers; ce qui était vrai.

Boris causait à cœur ouvert avec Pierre comme avant son mariage. Viéra se plaisait aussi à voir ce vieil ami. Elle aimait, elle estimait son mari, mais, avec tout son attachement pour lui, elle ne savait comment s'entretenir avec lui, ni comment l'occuper, et elle remarquait qu'il s'égayait et s'animait quand Pierre était là.

Ainsi le fidèle Pierre devenait nécessaire aux deux époux. Il aimait Viéra comme sa fille, et comment ne pas l'aimer, cette bonne âme candide? Quand Boris, dans un de ses moments d'abandon, lui confia ses secrètes pensées et ses tristesses, Pierre lui reprocha son ingratitude et lui représenta vivement toutes les qualités de la jeune femme. Un jour que Boris en était venu à lui dire que lui et Viéra n'étaient pas faits l'un pour l'autre: «Ah! s'écria Pierre avec un accent de colère, tu n'es pas digne d'elle!

—Mais, répliqua Boris, il n'y a rien en elle!

—Comment, rien! Te fallait-il donc une créature extraordinaire? C'est une femme excellente. Que peux-tu désirer de plus?

—C'est vrai,» repartit vivement Boris.

La vie des deux époux s'écoulait mollement, paisiblement. Avec la douce Viéra, il n'était pas possible d'avoir une altercation, ni même un désaccord; mais, dans les plus petits incidents de leur existence, on pouvait remarquer que leurs cœurs s'éloignaient peu à peu l'un de l'autre, comme on remarque dans l'état physique d'un blessé l'influence d'une plaie invisible.

Viéra n'avait pas l'habitude de se plaindre. En outre, elle n'avait pas même pu, dans sa pensée, accuser son mari, et il ne lui arrivait même pas de songer qu'il n'était pas très-aisé de vivre avec lui. Deux personnes seulement comprenaient sa situation: c'étaient son vieux père et son ami Pierre. Quand elle allait voir son père, il l'accueillait avec une tendresse mélancolique, il la regardait avec une expression de considération et il ne lui faisait aucune question sur son intérieur. Mais il soupirait, et lorsqu'il se promenait dans sa chambre, ses deux perpétuelles exclamations: «Braou! braou!» ne résonnaient plus ainsi qu'autrefois, comme l'accent d'une âme paisible qui s'est détachée des soucis terrestres. Depuis le jour où sa fille l'avait quitté, sa figure était devenue pâle, et ses cheveux en peu de temps avaient blanchi.

Les secrètes souffrances de Viéra ne pouvaient non plus échapper au regard de Pierre. La jeune femme n'exigeait pas que son mari s'occupât d'elle, ni même qu'il prît à tâche de s'entretenir avec elle; mais ce qui la désolait, c'était de penser qu'elle l'ennuyait. Un jour, Pierre la surprit assise à l'écart, le visage tourné contre le mur, immobile et pleurant. De même que son père, à qui elle ressemblait sur tant de points, elle ne voulait pas laisser voir ses larmes; elle les essuyait avec soin, même quand elle était seule. Pierre s'éloigna sur la pointe du pied. Il prenait à tâche constamment de ne pas lui laisser deviner qu'il comprenait le secret de sa douleur. En revanche, il ne ménagea pas Boris. Jamais, à la vérité, il n'en vint à lui dire avec une froide vanité ces mots blessants, ces mots cruels que les hommes les meilleurs ne peuvent s'empêcher de prononcer en ces moments d'emportement: «Vois-tu, je t'avais bien dit d'avance ce qui arriverait.» Mais il lui reprocha vivement son indifférence envers Viéra, et enfin le décida à se rendre près d'elle et à lui demander si elle était souffrante.

Elle le regarda avec une telle placidité et lui répondit si tranquillement, qu'il s'éloigna très-mécontent des reproches que Pierre lui avait adressés, mais satisfait de penser que Viéra ne soupçonnait pas la nature de ses sentiments envers elle.

Ainsi se passa l'hiver. Une telle situation ne peut durer longtemps. Elle aboutit à une séparation, ou à un changement qui est rarement heureux.

Boris ne se montrait ni exigeant ni emporté, comme cela arrive souvent aux hommes qui se sentent dans leur tort; il ne se laissait point entraîner non plus au sarcasme ni à d'amères plaisanteries. Dans son esprit, il s'était élevé seulement une nouvelle idée, l'idée d'entreprendre un voyage en un temps opportun.

—Un voyage! se disait-il dès le matin; un voyage! répétait-il en se mettant le soir au lit, et ce mot avait pour lui un charme indicible. Avant d'en venir à cette dernière résolution il voulut, pour essayer de se distraire, revoir Sophie Cirilova; mais le langage prétentieux, le sourire affecté, la folle coquetterie de la jeune veuve ne produisirent sur lui qu'une impression désagréable.— Quelle différence, s'écria-t-il, avec la vraie simple nature de Viéra, et cependant il ne pouvait renoncer au projet de s'éloigner de Viéra.

Le printemps, le magique printemps qui ravive toute la nature, qui fait voyager les oiseaux de par delà des mers, mit fin à son irrésolution, imprima un dernier élan à sa pensée. Il prétexta une affaire grave qu'il aurait longtemps négligée et qui l'obligeait enfin à se rendre à Pétersbourg. En disant adieu à Viéra, il sentit pourtant son cœur se serrer; il souffrait de quitter cette douce et excellente femme, ses larmes coulèrent sur le front pâle où il déposait un dernier baiser.—Je reviendrai bientôt, dit-il, et je t'écrirai, ma chère aimée. Il la recommanda à l'affection de Pierre et monta en voiture triste et pensif.

Mais sa tristesse s'allégea à la vue des plaines riantes et de la première verdure si fraîche et si tendre des saules et des bouleaux épanouis sur son chemin. Une joie indéfinissable, un enthousiasme juvénile s'empara de son âme. Il sentit sa poitrine se dilater, et, en portant ses regards vers l'horizon lointain:—Non, non, s'écria-t-il avec le poète, on n'attèle pas au même limon le cheval fougueux et la biche craintive.

Viéra était restée seule, mais Pierre venait souvent la voir, et son père s'était décidé à quitter son cher cabinet pour se rendre près d'elle. Quelle joie ils éprouvèrent à se retrouver ensemble! Ils avaient les mêmes goûts et les mêmes habitudes. Cependant Boris n'était point oublié; tout au contraire, il était le lien de réunion. Ils parlaient souvent de lui, de son esprit, de son instruction, de sa bonté. Il semblait même que son absence ne servît qu'à le faire mieux apprécier. Le temps était superbe. Les jours passaient paisiblement, doucement, comme ces grands nuages blancs et lumineux qui flottent à la surface d'un ciel bleu.

Le voyageur n'écrivait pas souvent, mais ses lettres étaient lues et relues avec avidité. Dans chacune de ses lettres, il parlait de son prochain retour; mais un jour, Pierre en reçut une qui annonçait une tout autre nouvelle. Elle était ainsi conçue:

«Mon cher ami, mon bon Pierre, j'ai longtemps réfléchi à la façon dont je commencerai cette lettre, et, après y avoir tant songé, j'aime mieux te dire tout de suite et tout nettement que je vais en pays étranger. Cette nouvelle va bien te surprendre et sans doute t'irriter. Tu ne l'avais pas prévue, et tu es en droit de m'accuser. Je n'essayerai pas de me justifier, et j'avoue même que je me sens rougir en songeant à tes reproches. Mais écoute-moi avec quelque indulgence. D'abord je ne m'éloigne que pour peu de temps, et je pars avec une société charmante et de la façon la plus agréable; en second lieu, je suis convaincu qu'après avoir cédé à cette dernière fantaisie, après avoir satisfait à ce désir de voir de nouvelles contrées et de nouveaux peuples, j'en reviendrai à la vie la plus calme et la plus casanière. Je saurai apprécier comme je dois le faire la grâce imméritée que le sort m'a accordée en me donnant une femme comme Viéra. Je t'en prie, fais-lui bien comprendre ces idées en lui montrant ma lettre. Aujourd'hui je ne lui écris pas à elle-même, mais je lui écrirai de Stettin, par le retour du bateau. En attendant, dis-lui que je me prosterne à genoux devant elle, que je la conjure de ne point condamner son méchant mari. Telle que je la connais, avec son âme angélique, je suis sûr qu'elle me pardonnera, et dans trois mois, je le jure par tout ce qu'il y a de plus sacré, j'irai la rejoindre, et jusqu'à mon dernier jour nulle puissance ne pourra me séparer d'elle. Adieu, ou pour mieux dire, à revoir bientôt. Je t'embrasse et je baise les jolies mains de ma Viéra. Adressez-moi vos lettres à Stettin. Je vous écrirai de là. S'il arrivait quelque accident ou quelque affaire imprévue dans ma maison, je compte sur toi comme sur un appui invariable.

«Ton ami BORIS VIASOVNIN.

«*P. S.* Fais remettre, en automne, des tentures dans mon cabinet. C'est entendu. Adieu.»

Hélas! les espérances exprimées dans cette lettre ne devaient jamais se réaliser. Le bateau arrivait en vue de Stettin, la rive étrangère se déroulait aux regards des passagers sous les rayons d'un beau soleil. Appuyé sur la balustrade du bâtiment, Boris, absorbé dans une muette rêverie, regardait la vague verte et profonde qui se creusait en gémissant sous la roue du bateau, et, dans son rapide tournoiement, l'arrosait d'un flot d'écume. Dans son immobilité, dans sa contemplation, tout à coup le vertige s'empara de lui, et il tomba à la mer. À l'instant même on arrêta le navire, à l'instant on lança la chaloupe à l'eau; mais il était trop tard: Boris avait cessé de vivre.

Pierre avait déjà éprouvé un chagrin cruel en communiquant à Viéra la dernière lettre de son mari. Mais lorsqu'il s'agit de lui révéler le fatal événement, il faillit en perdre la tête. Ce fut Michel qui, le premier, apprit cette nouvelle par le journal. Aussitôt il résolut d'aller l'annoncer à Pierre, et emmena Onufre, avec qui il s'était de nouveau réconcilié. Dès son entrée dans la maison de Vasilitch, il s'écria: «Quel malheur! Figurez-vous...» Longtemps Pierre refusa de le croire; lorsque enfin il ne put plus douter de cette catastrophe, il resta tout un jour sans oser se montrer à Viéra. Enfin il se présenta devant elle, si pâle, si abattu, qu'à son aspect elle se sentit atterrée. Il voulait la préparer peu à peu au malheur qu'il devait lui faire connaître, mais ses forces le trahirent. Le pauvre Pierre tomba sur une chaise et murmura en pleurant: «Il est mort! il est mort!»

Un an s'est écoulé. Souvent du tronc des arbres, que l'on a coupés, on voit s'élever de nouveaux rejetons; souvent les plaies les plus profondes se cicatrisent; la vie triomphe de la mort qui, à son tour, triomphera de la vie. Peu à peu Viéra se consola et se ranima.

Boris, d'ailleurs, n'était point de ces hommes qu'on ne peut remplacer, s'il en est dans le monde qui ont cet honneur suprême, et Viéra n'était pas de nature à se consacrer toute sa vie à un sentiment unique, s'il est des sentiments qui ont cette puissance. Elle s'était mariée sans peine, mais sans enthousiasme; elle avait été fidèle et dévouée à son mari, mais elle ne pouvait lui donner toute son existence. Elle l'avait pleuré sincèrement, mais raisonnablement. On ne peut rien demander de plus.

Pierre continua à la voir. Il était son plus intime, ou pour mieux dire, son unique ami. Un jour qu'il se trouvait seul avec elle, il la regarda avec sa bonne expression de physionomie et lui demanda simplement si elle voulait l'épouser. Elle sourit et lui tendit la main.

Après leur mariage, leur vie se continua tranquillement comme par le passé. Dix années se sont écoulées. Ils ont deux filles et un garçon. Le vieil Étienne demeure avec eux, ne pouvant plus se résoudre à les quitter, ni à s'éloigner de ses petits-enfants. L'aspect de ces enfants l'a rajeuni. Il cause et joue sans cesse avec eux, surtout avec le petit garçon qui, comme lui, s'appelle Étienne, et qui, sachant l'ascendant qu'il exerce sur son aïeul, s'amuse à le contrefaire quand le vieillard se promène dans la chambre en répétant: «Braou! braou!» Et le grand-père rit, et chacun rit avec lui de ces espiègleries. Le pauvre Boris n'est point oublié dans ce cercle d'affections. Pierre parle de son ami avec une vive cordialité. Chaque fois qu'il en trouve l'occasion, il ne manque pas de dire: «Voilà ce que faisait Boris, voilà ce qui lui plaisait,» et Pierre et sa femme, et tous ceux qui leur appartiennent, vivent d'une vie uniforme, silencieuse, paisible. Cette paix, c'est le bonheur... Il n'y en a pas d'autre en ce monde.

XII

Suivent plusieurs récits aussi simples, aussi vrais que nous laissons à la curiosité des lecteurs.

Mais en voici un, composé de deux notes qui arrachent du cœur des larmes qu'on n'y soupçonnait pas.

Lisez attentivement et étonnez-vous de ce que contient l'amitié d'un homme pour ce complément de l'homme, un *pauvre chien*, ami qui comprend par le cœur tout ce que l'intelligence révèle à son ami.

L'homme qui a trouvé ces pages dans son âme a plus de sensibilité que J.-J. Rousseau et presque autant que le chevalier de Maistre.

MOUMOU

À l'une des extrémités de Moscou, dans une maison grise décorée d'une colonnade et d'un balcon incliné de travers, vivait au milieu d'un nombreux entourage de domestiques une veuve, une baruinia.

Ses fils demeuraient à Pétersbourg; ses filles étaient mariées. Elle sortait rarement et traînait dans la solitude et l'ennui les dernières années de son avare vieillesse. Ses années précédentes n'avaient été ni heureuses ni gaies; mais le soir de sa vie était plus sombre que la nuit.

Parmi ses valets, l'individu le plus remarquable était un homme d'une taille et d'une force herculéennes, sourd-muet de naissance, remplissant les fonctions de portier. On l'appelait Guérassime.

Il appartenait à l'une des terres de la baruinia, et longtemps il avait vécu là, à l'écart, dans sa petite isba. On le citait comme l'ouvrier le plus laborieux et le plus vigoureux de son village. En effet, grâce à sa robuste constitution, il travaillait comme quatre, et c'était plaisir de voir avec quelle prestesse il accomplissait sa besogne. Quand il labourait un champ, en regardant ses deux larges mains appuyées sur sa charrue, on eût dit qu'il creusait lui-même ses rudes sillons sans le secours de son cheval. C'était plaisir de le voir à la Saint-Pierre, quand il promenait le long des prés sa large faux, à laquelle un taillis de jeunes bouleaux n'aurait pas pu résister, ou quand, pour battre le blé, il s'armait de son énorme fléau, et que, pendant de longues heures, ses bras musculeux se levaient et s'abaissaient sans relâche comme un levier. Son mutisme donnait à son infatigable travail une sorte de gravité solennelle. C'était du reste un excellent garçon, et n'eût été sa malheureuse infirmité, chaque fille de son village l'eût volontiers épousé.

Mais un jour Guérassime avait été appelé à Moscou par ordre de sa maîtresse. Là, on lui avait acheté une paire de bottes, un cafetan pour l'été, une touloupe pour l'hiver. On lui avait remis entre les mains un balai, une pelle, et il avait été investi de l'emploi de portier.

Ce nouveau genre d'existence lui fut d'abord très-peu agréable. Dès son enfance, il avait été habitué à la vie et aux travaux de la campagne. Isolé par sa surdité et son mutisme de la société des autres hommes, il avait grandi dans l'isolement comme un arbre vigoureux sur une forte terre. Transporté à la ville, il s'y trouvait dépaysé, embarrassé, mal à son aise. Qu'on se figure un jeune taureau enlevé tout à coup au pâturage où il se plonge dans une herbe fraîche qui lui vient jusqu'aux jarrets, et hissé sur un wagon de chemin de fer qui le conduit dans des tourbillons de vapeur, dans une pluie de flammèches, on ne sait où, et l'on aura par cette image une idée de l'état de Guérassime. Par comparaison avec ses anciens travaux, la tâche nouvelle qui lui était imposée n'était qu'un jeu. En une demi-heure il avait fini. Alors il restait dans la cour de l'hôtel, regardant bouche béante les passants, comme s'il attendait d'eux l'explication de sa situation, qui était pour lui une énigme. Puis quelquefois il se retirait dans un coin, et, jetant de côté sa pelle et son balai, il se couchait la face contre terre et passait des heures entières, immobile comme un animal sauvage réduit à la captivité.

Cependant l'homme s'habitue à tout, et Guérassime finit par s'accoutumer à sa monotone existence. Ses devoirs étaient fort restreints. Ils consistaient à nettoyer la cour, à préparer les provisions d'eau et de bois pour la cuisine et les appartements, à écarter du logis les vagabonds, et à faire bonne garde pendant la nuit. Il accomplissait sa mission avec un soin minutieux. Pas un brin de paille ne traînait dans sa cour. Si, par un temps pluvieux, le chétif cheval employé à charrier la tonne d'eau s'arrêtait dans une ornière, d'un coup d'épaule il remettait en mouvement voiture et quadrupède, et lorsqu'il travaillait à fendre du bois avec sa hache polie comme un miroir, il faisait voler de tous côtés de larges copeaux. Quant aux vagabonds, il leur imposait une grande frayeur. Un soir, il avait saisi deux filous et les avait si rudement frottés l'un contre l'autre, qu'il n'était pas besoin de les envoyer au corps de garde pour leur infliger un autre châtiment. Non-seulement les fripons, mais les passants inoffensifs ne pouvaient voir sans crainte ce terrible gardien.

Les voisins le respectaient, et les gens de la maison prenaient à tâche de vivre avec lui, sinon amicalement, au moins pacifiquement. Guérassime s'entretenait avec eux par signes, il les comprenait, il exécutait fidèlement les ordres qui lui étaient transmis; mais il connaissait ses droits, et personne n'aurait osé lui prendre sa place à table. Avec son caractère ferme et grave, il aimait l'ordre, le calme. Les coqs mêmes n'osaient se battre en sa présence. S'il leur arrivait de se livrer à une telle incartade, en un clin d'œil, il les prenait par les pattes, les faisait tournoyer en l'air et les jetait de côté. Dans la basse-cour, il y avait aussi des oies. Mais l'oie est, comme on le sait, un animal sérieux et réfléchi. Guérassime avait pour ces bipèdes une certaine estime. Il les soignait et leur donnait à manger. N'y avait-il pas en lui quelque chose de la nature de l'oie des champs?

Une espèce de soupente lui avait été assignée pour demeure, au-dessus de la cuisine. Il l'arrangea lui-même, selon son goût. Il y construisit avec des planches de chêne un lit posé sur quatre fortes solives, un lit d'une rudesse toute primitive, qu'un fardeau de plusieurs milliers de livres n'aurait pas fait fléchir. À l'un des angles de sa chambre, il plaça une table façonnée avec les mêmes matériaux, dans le même genre, et près de cette table une chaise à trois pieds dont lui seul pouvait se servir. La porte de sa cellule se fermait avec un colossal cadenas, dont il gardait toujours la clé à sa ceinture, car il ne lui convenait pas qu'on entrât dans sa retraite.

Il y avait environ un an que Guérassime était à Moscou, quand la maison qu'il habitait fut agitée par les événements que nous allons raconter.

Sa vieille baruinia, fidèle aux anciennes coutumes de la noblesse russe, entretenait, comme nous l'avons dit, dans son hôtel un grand nombre de domestiques. Elle avait à son service non-seulement des blanchisseuses, des couturières, des menuisiers, des tailleurs et des tailleuses, elle avait même un bourrelier, un vétérinaire qui faisait l'office de médecin près de ses gens, un médecin pour sa propre personne, et un cordonnier qu'on appelait Klimof, et qui était un ivrogne de la première espèce. Ce Klimof se considérait comme un être supérieur, outragé par la fortune, indigne de vivre obscurément dans un des quartiers reculés de Moscou, et déclarant, en se frappant la poitrine, que, lorsqu'il buvait, c'était pour noyer son chagrin.

Un jour sa maîtresse, qui venait de le rencontrer dans un piteux état, se mit à parler de lui avec son intendant Gabriel, un homme qui, à en juger par ses yeux fauves et son nez en bec de corbin, était évidemment destiné à l'état d'intendant.

«Gabriel, dit la veuve, qu'en penses-tu? Si on mariait Klimof, peut-être que cela le détournerait de ses mauvaises habitudes.

—Oui, reprit l'intendant, on peut le marier.

—Mais avec qui?

—Avec qui? Je ne sais. Cela dépend de la volonté de madame.

—Il me semble qu'on pourrait lui donner Tatiana.»

À ces mots, Gabriel fut sur le point d'exprimer une idée, mais il se mordit les lèvres et garda le silence.

«Oui, c'est décidé, reprit la baruinia, en humant une prise de tabac. Tatiana, voilà notre affaire. Tu entends.

—C'est convenu, répliqua Gabriel, et il se retira dans sa chambre, située dans une des ailes de l'hôtel et encombrée de caisses. Là, il commença par renvoyer sa femme, puis s'assit, pensif, près de la fenêtre. La subite décision de sa maîtresse l'embarrassait. Enfin il se leva, et fit appeler Klimof.

Mais, avant d'aller plus loin, nous devons dire en quelques mots qui était cette Tatiana, et pourquoi l'intendant s'inquiétait des ordres que venait de lui donner sa maîtresse.

Tatiana était une des blanchisseuses de la maison, la plus habile, celle à laquelle on ne confiait que le linge le plus fin. Elle avait vingt-huit ans, les cheveux blonds, la figure maigre, et sur la joue gauche de petites taches. Le peuple russe croit que ces taches à la joue gauche sont un signe de malheur. La pauvre Tatiana justifiait cette croyance superstitieuse. Dès son enfance, elle avait été assujettie à un rude travail, et n'avait jamais goûté la jouissance d'un témoignage d'affection. Orpheline de bonne heure, sans autres parents que des oncles germains, l'un d'eux ancien valet, les autres paysans, elle avait toujours été mal nourrie, mal vêtue, mal rétribuée. Dans sa première jeunesse, on remarquait en elle une certaine beauté, mais bientôt cette beauté s'était flétrie. Elle avait le caractère timide, d'une morne indifférence en ce qui tenait à sa propre personne, mais craintif envers les autres. Elle n'avait qu'un souci, c'était de faire dans le délai prescrit le travail qui lui était imposé. Elle ne parlait à personne, et tremblait au seul nom de sa maîtresse, quoiqu'elle la connût à peine de vue.

Lorsque Guérassime arriva à la maison, l'aspect de ce rude colosse lui fit peur. Elle l'évitait constamment avec soin, et si par hasard elle venait à le rencontrer, elle détournait les yeux et se hâtait de rentrer dans la lingerie. Celui qui sans y songer lui inspirait un tel effroi ne fit d'abord aucune attention à elle, puis il en vint à sourire lorsqu'il l'apercevait, puis il la regarda attentivement, et la recherchá. Soit par l'impression de sa physionomie, soit par la timidité de son maintien, le fait est qu'elle lui plaisait.

Un matin qu'elle traversait la cour portant délicatement un mantelet de dentelles de sa maîtresse, tout à coup elle se sentit tirer par le coude. Elle se retourna et jeta un cri. Guérassime était près d'elle; il la contemplait avec un sourire niais, en essayant d'articuler quelques sons qui ressemblaient à un beuglement, puis il tira de sa poche un coq en pain d'épice, doré à la queue et aux ailes, et le lui offrit. Elle voulait refuser ce présent; mais il le lui mit de force entre les mains, puis se retira en secouant la tête, et en lui adressant encore un signe d'amitié.

À partir de ce jour, il se montra très-occupé d'elle. Dès qu'il l'apercevait, il courait à sa rencontre, en agitant les bras et en proférant un de ses cris de muet, et souvent il tirait de son cafetan quelques rubans qu'il l'obligeait à accepter, et il balayait avec soin la place par où elle devait passer. La pauvre fille ne savait que faire. Bientôt tous les gens de la maison remarquèrent ce qui se passait. Elle devint l'objet de leurs sarcasmes, de leurs facétieux commentaires. Mais ils n'osaient se moquer ouvertement de Guérassime. Le redoutable portier n'aimait pas la raillerie, et devant lui on se contenait. Bon gré, mal gré, Tatiana se trouva placée sous sa protection. Comme la plupart des sourds-muets, il avait une vive perspicacité, et il n'était pas aisé de rire à ses dépens, ou aux dépens de la jeune fille, sans qu'il s'en aperçût. Un jour, à dîner, la femme de charge de la maison s'étant mise à plaisanter Tatiana sur sa conquête, prolongea tellement ses épigrammes, et d'un ton si vif, que la timide Tatiana, incapable de se défendre, baissait la tête, rougissait et semblait prête à pleurer. Tout à coup Guérassime se leva, s'avança vers la femme de charge, et lui mettant sa lourde main sur la tête, la regarda de telle sorte, qu'elle s'inclina en tremblant sur la table. Tous les assistants restèrent immobiles et silencieux. Guérassime retourna à sa place, reprit sa cuiller et se remit à manger sa soupe.

Une autre fois, comme il avait remarqué que Klimof semblait faire la cour à Tatiana, il fit signe au galant cordonnier de le suivre, le conduisit dans la remise, et, prenant un timon assez fort dans un coin, il l'agita comme un simple bâton pour lui donner un salutaire avertissement.

Dès ce jour, les domestiques n'osèrent plus se permettre la moindre incartade envers Tatiana. La femme de charge pourtant n'avait pas manque de dire à sa maîtresse quel acte de brutalité cet odieux portier avait commis envers elle, et quelle commotion elle en avait ressentie, une commotion telle, qu'en rentrant dans sa chambre, elle s'était évanouie. Mais à ce récit la fantasque baruinia éclata de rire, et pria la plaignante de lui narrer encore les détails de cette curieuse scène. Le lendemain, elle fit remettre, à titre de gratification, un rouble d'argent à Guérassime, disant que c'était un fidèle et vigoureux gardien.

Encouragé par ce témoignage de bienveillance, Guérassime résolut de lui demander la permission d'épouser Tatiana. Il n'attendait pour se présenter devant sa maîtresse que le nouveau cafetan qui lui avait été promis par l'intendant. Sur ces entrefaites, la baruinia imagina de marier la blanchisseuse avec Klimof.

Le lecteur comprendra maintenant pourquoi Gabriel se sentait si inquiet des ordres que venait de lui signifier sa maîtresse. «Elle a des ménagements pour cet homme, se disait-il (Gabriel ne le savait que trop et traitait Guérassime en conséquence); mais comment songer à marier ce sourd-muet? D'un autre côté, voici le péril: quand il verra cette femme accordée à Klimof, il est dans le cas de tout briser et de tout saccager: un animal pareil! on ne sait comment le maîtriser, ou comment l'adoucir.»

Le cauteleux intendant fut interrompu dans ses réflexions par l'arrivée de Klimof, qu'il avait fait appeler. Le pimpant cordonnier entra d'un air dégagé, les mains derrière le dos, et s'appuya contre la muraille, en croisant sa jambe droite sur sa jambe gauche et en hochant la tête.

«Me voilà, dit-il; qu'avez-vous à m'ordonner?»

Gabriel jeta un regard sur lui, et se mit à tambouriner sur la fenêtre avec ses doigts. Klimof le regarda en clignant les jeux et en souriant, puis il passa la main dans ses cheveux ébouriffés.

«Eh bien! avait-il l'air de dire, c'est moi. Qu'avez-vous donc à m'observer ainsi?

—Un joli garçon, sur ma foi, murmura l'intendant avec une expression de mépris.»

Klimof haussa les épaules en se disant:

«Et toi, vaux-tu mieux que moi?

—Mais regarde-toi donc, s'écria Gabriel, et vois un peu à quoi tu ressembles!»

Klimof regarda tranquillement sa redingote usée et éraillée, son pantalon rapiécé, et ensuite examina avec une attention particulière la pointe de ses bottes trouées, puis tournant de nouveau la tête vers l'intendant:

«Eh bien? dit-il. Quoi?

—Quoi? s'écria Gabriel; tu me le demandes? Mais tu ressembles à un vrai démon. Voilà le fait.

—À votre aise! murmura le cordonnier en clignant de nouveau les yeux.

—Tu t'es donc encore enivré, reprit Gabriel.

—Pour fortifier ma santé, je suis obligé de prendre quelques spiritueux.

—Pour fortifier ta santé... Ah! tu mériterais d'être châtié d'une façon exemplaire... Et il a vécu à Pétersbourg! et il se vante d'y avoir acquis une haute instruction! Mais tu ne mérites pas le pain que tu manges!

—Gabriel Andréitch, répliqua Klimof, je ne reconnais qu'un juge dans cette question: Dieu seul, et pas un autre. Dieu seul sait ce que je vaux et si je ne mérite pas le pain qu'il me donne. Quant au reproche que vous m'avez fait de m'être enivré, ce n'est pas moi qui suis en cette occasion le principal coupable. C'est un de mes compagnons qui m'a entraîné, puis il a disparu au moment opportun.... et moi....

—Et toi, tu t'es laissé conduire comme une oie, indigne débauché que tu es. Mais il ne s'agit pas de cela aujourd'hui.... Il s'agit d'un projet.... La baruinia.... la baruinia a envie de te marier. Elle pense que le mariage t'amènera à une conduite plus régulière... M'entends-tu?

—Certainement; donc?...

—Moi, je pense qu'il vaudrait mieux t'administrer une bonne punition. Mais notre maîtresse a d'autres idées. Acceptes-tu?

—Se marier, répondit le cordonnier en souriant, est une chose fort agréable pour l'homme, et pour mon propre compte, je suis prêt avec le plus grand plaisir à prendre une épouse.

—Bien! répliqua Gabriel... et en lui-même il pensait: Il faut l'avouer. Cet homme s'exprime avec éloquence. Mais, reprit-il à haute voix, je ne sais si la femme qu'on te destine te conviendra.

—Qui est-ce donc?

—Tatiana.

—Tatiana, répéta Klimof en faisant un brusque mouvement.

—Pourquoi donc parais-tu alarmé? Est-ce que cette fille ne te plairait pas?

—Je n'ai rien à dire contre cette jeune fille. Elle est douce, modeste, laborieuse... Mais vous savez, Gabriel Andréitch... vous savez... cet affreux portier, cette espèce de monstre marin!...

—Oui... répondit l'intendant avec une expression de dépit, mais puisque la baruinia...

—Voyez: Gabriel Andréitch, il me tuera, c'est sûr; il m'écrasera comme une mouche. Quels bras! quelles mains! Il a les mains de la statue de Minine et Pojarski. Vit-on jamais des membres pareils? Il est sourd, et n'entend pas résonner les coups qu'il porte. Il frappe comme un homme qui agite ses poings dans son sommeil. L'apaiser, c'est impossible; car outre qu'il est sourd, il est stupide. Un animal! une idole; pire qu'une idole, une bûche... Ah! Seigneur Dieu! pourquoi faut-il qu'il j'aie tant à souffrir! Ah oui! je ne suis plus ce que j'étais autrefois; je suis dégradé comme une vieille casserole; pourtant, après tout, je suis un être humain et non un vil ustensile!

—Allons, allons! pas tant de beaux mots!

—Seigneur, mon Dieu! s'écria Klimof, quelle malheureuse existence que la mienne! N'y aura-t-il donc aucune fin à mes misères? Battu dans ma jeunesse par mon maître allemand, battu à la fleur de mes ans par mes compagnons, et maintenant...

—Âme de filasse!... À quoi sert de songer à toutes ces...

—À quoi sert? Il faut vous dire que je ne crains pas tant d'être battu. Que la baruinia me fasse administrer une correction dans l'ombre, et me traite ensuite convenablement devant ses gens. C'est bien. Mais en face de cet animal...

—Va-t'en, dit Gabriel impatienté.»

Klimof se retira.

«Et supposons, ajouta l'intendant, qu'il ne soit pas là, tu consens au mariage?

—Je déclare solennellement que j'y consens,» répondit le cordonnier, à qui les grands mots ne faisaient pas défaut dans les circonstances les plus critiques.

L'intendant se promena quelques instants dans sa chambre, puis fit appeler Tatiana.

La blanchisseuse apparut et resta timidement sur le seuil de la porte.

«Que désirez-vous,» demanda-t-elle d'une voix craintive.

Gabriel la regarda quelques minutes en silence, puis lui dit:

«Tatiana, ta maîtresse désire te marier. Cela te plaît-il?

—Et avec qui veut-elle me marier?

—Avec Klimof.

—J'entends.

—C'est un homme d'une conduite un peu légère. Mais la baruinia espère que tu lui donneras d'autres habitudes.

—J'entends.

—Le malheur est que ce rustre de Guérassime semble être amoureux de toi. Comment as-tu ensorcelé cet ours? Vois-tu, il est dans le cas de t'assommer.

—Il me tuera, Gabriel, c'est sûr.

—Il te tuera. Comme tu prononces ce mot tranquillement! Est-ce qu'il a le droit de te tuer?

—Je ne sais.

—Comment donc? Lui aurais-tu fait quelque promesse?

—Que voulez-vous dire?

—Innocente créature! murmura l'intendant. C'est bien, reprit-il, nous reparlerons de cette affaire. À présent, retire-toi. Je vois que tu es une bonne fille.»

Tatiana s'inclina en silence et s'éloigna.

«Bah! se dit l'intendant, peut être que demain notre maîtresse aura déjà oublié ce projet de mariage. Pourquoi m'en inquiéter... Puis, après tout, on peut dompter ce farouche Guérassime... recourir au besoin à la police...»

Après cette réflexion, il appela sa femme et lui dit de préparer son thé.

Après son entrevue avec l'intendant, Tatiana rentra dans la lingerie et n'en sortit pas de tout le jour. D'abord elle pleura, puis elle essuya ses larmes et se remit à son travail habituel. Quant à Klimof, il retourna au cabaret avec son compagnon de mauvaise mine. Il lui raconta qu'il avait servi à Pétersbourg un maître qui était la perle des hommes, mais qui surveillait de près ses gens et ne pardonnait pas la plus légère faute. Ce même maître buvait démesurément, et avait également la passion des femmes. Le compagnon de Klimof écoutait ce récit d'un air assez indifférent; mais lorsque Klimof ajouta que, par suite d'un fatal incident, il songeait à se suicider le lendemain, son ténébreux ami lui fit observer qu'il était temps d'aller se coucher. Tous deux se séparèrent en silence, et grossièrement.

Cependant l'espoir de Gabriel ne se réalisa pas. La baruinia avait tellement pris à cœur son idée de marier le cordonnier et Tatiana, que toute la nuit elle en parla à une espèce de dame de compagnie qui était chargée de la distraire dans ses heures d'insomnie, et qui dormait le jour comme les cochers nocturnes de Moscou. Le lendemain matin, dès qu'elle vit l'intendant: «Eh bien! s'écria-t-elle, comment va notre mariage?»

Il répondit, non toutefois sans quelque embarras, que tout allait pour le mieux, et que Klimof devait venir dans la journée la remercier.

La veuve était un peu indisposée, elle ne retint pas longtemps son intendant.

Gabriel entra chez lui et appela les gens de la maison à délibérer sur ce grave événement.

Tatiana ne faisait pas une objection. Mais Klimof s'écria avec un accent de frayeur, qu'il n'avait qu'une tête, qu'il n'en avait pas deux, qu'il n'en avait pas trois....

Guérassime, posté sur le seuil de l'office, observait cette réunion, et semblait deviner qu'il se tramait là quelque fâcheux complot contre lui.

À ce conseil assistait un vieux sommelier dont on demandait toujours l'avis avec une déférence particulière, et dont on n'obtenait jamais que d'insignifiants monosyllabes. Après une première délibération, on résolut d'enfermer, pour plus de sûreté, Klimof dans un cabinet. Puis on se mit à discuter plus librement. D'abord, on convint qu'on en finirait de toutes ces difficultés si l'on voulait employer la force.... Mais du bruit, des rumeurs! La baruinia inquiète, tourmentée! Non, il ne fallait pas y songer. Enfin, après de longs débats: on imagina un moyen de terminer l'affaire adroitement et pacifiquement.

Guérassime avait une horreur profonde pour les ivrognes. Lorsqu'il était assis à la porte de l'hôtel, il détournait la tête avec une vive répugnance dès qu'il voyait un homme qui cheminait en trébuchant, la casquette sur l'oreille. D'après cette remarque, l'ingénieux comité réuni par l'intendant engagea Tatiana à simuler aux yeux de Guérassime l'attitude et la démarche d'une personne qui se serait livrée à de trop copieuses libations. La pauvre fille refusa longtemps de jouer ce jeu cruel, puis finit par céder. Elle convenait elle-même qu'elle n'avait pas un autre moyen de se délivrer de son adorateur. Elle sortit pour accomplir son entreprise, et l'on délivra de sa prison Klimof. Tous les regards étaient fixés sur Guérassime.

Dès qu'il aperçut Tatiana, il secoua la tête et fit entendre un de ses gloussements habituels. Ensuite, il jeta de côté sa pelle, s'approcha de la jeune fille, la regarda dans le blanc des yeux... Elle était si effrayée qu'elle en chancela encore davantage. Tout à coup, il la prit par la main, lui fit rapidement traverser la cour, entra avec elle dans la chambre où était réuni le conseil et la jeta du côté de Klimof.

La pauvre Tatiana était à demi-morte de peur. Guérassime l'observa un instant en silence, fit un signe d'adieu avec sa main, puis se retira précipitamment dans sa cellule.

Là, il se tint enfermé pendant vingt-quatre heures. Le postillon raconta qu'il avait été le regarder par une fente de la porte. Il l'avait *vu chanter*. Il l'avait vu, assis sur son lit et les mains sur son visage, secouer la tête et se balancer en cadence, comme le font les cochers et les mariniers, quand ils entonnent une de leurs mélancoliques complaintes.

À cet aspect, le postillon avait ressenti une impression d'effroi et s'était retiré.

Le lendemain, lorsque Guérassime sortit de sa chambre, on ne pouvait remarquer en lui aucun changement, si ce n'est que sa physionomie paraissait plus sombre. Mais il ne fit pas la moindre attention ni à Klimof ni à Tatiana.

Le soir, les deux fiancés se présentèrent chez leur maîtresse, portant sous le bras deux oies qu'ils devaient lui offrir selon l'usage. La semaine suivante, le mariage fut célébré. Ce jour-là, Guérassime remplit sa tâche accoutumée; seulement, il revint de la rivière sans en rapporter une goutte d'eau, il avait brisé son tonneau chemin faisant. À la nuit tombante, il se retira dans l'écurie, et frotta et étrilla son cheval avec une telle violence, que le chétif animal, si rudement secoué par cette main de fer, pouvait à peine se tenir sur ses jambes.

Ceci se passait au printemps. Une année encore s'écoula, une année pendant laquelle l'incorrigible Klimof s'abandonna tellement à sa passion pour les spiritueux, qu'il fut condamné à quitter la maison et envoyé avec sa femme dans des propriétés lointaines de la baruinia. D'abord, il fit beaucoup de fanfaronnades et parla d'un ton fort dégagé de son exil. Il assurait que, si même on l'envoyait dans ces contrées éloignées, où les paysannes, après avoir lavé leur linge, posent leurs battoirs sur le bord du ciel, il n'en perdrait pas la tête. Mais bientôt il se trouva très-affecté de l'idée de quitter la grande cité de Moscou. Ce qui l'affectait surtout, c'était de songer qu'il allait vivre dans un village parmi de grossiers paysans, lui qui se considérait comme un homme distingué. Il finit par tomber dans un état de prostration si grand qu'il n'eût pas même la force de mettre son bonnet; une âme charitable le lui enfonça jusqu'aux yeux.

Au moment où le chariot qui devait emmener cet artiste méconnu était prêt à partir, où le cocher prenait ses rênes et n'attendait pour fouetter ses chevaux que le dernier mot d'ordre: «Avec l'aide de Dieu!» Guérassime sortit de sa chambre, se rapprocha de Tatiana et lui remit un mouchoir de coton rouge qu'il avait acheté pour elle un an auparavant. La malheureuse femme, si indifférente jusque-là à toutes les misères de son existence, fut tellement émue de ce dernier témoignage d'affection, qu'elle se mit à fondre en larmes et embrassa trois fois le généreux portier. Il voulait la reconduire jusqu'à la barrière, et il chemina à côté de sa telega, mais soudain il s'arrêta, fit de la main un signe d'adieu à celle qu'il avait aimée et se dirigea vers la rivière.

C'était le soir. Il marchait à pas lents, les yeux fixés sur les flots de la Moskwa... Soudain il aperçut dans l'ombre quelque chose comme un être vivant qui se débattait dans la vase près du rivage. Il s'approche et distingue un petit chien blanc moucheté de noir qui tremblait de tous ses pauvres petits membres, s'affaissait, glissait, et malgré tous ses efforts ne pouvait sortir de l'eau. Guérassime étend la main, le saisit, le place sur sa poitrine et retourne précipitamment à son logis. Arrivé dans sa chambre, il dépose l'animal souffreteux sur son lit, l'enveloppe dans sa lourde couverture, puis court à l'écurie prendre une botte de paille, ensuite à la cuisine chercher une tasse de lait. Il revient, il étale la paille sous son lit, puis présente le lait à la pauvre bête qu'il venait de sauver. C'était une chienne qui n'avait pas plus de trois semaines, dont les yeux s'ouvraient à peine, et qui était tellement affaiblie qu'elle n'avait pas même la force de faire un mouvement pour laper la boisson placée devant elle. Guérassime la prit délicatement par la tête, lui inclina le museau sur le lait. Aussitôt la chienne but avec avidité et parut se raviver. Le brave portier la regardait attentivement et sa figure s'épanouit. Toute la nuit il fut occupé d'elle; il l'essuya avec soin; il l'enveloppa de nouveau, puis finit par s'endormir près d'elle d'un paisible sommeil.

Une mère n'a pas plus de sollicitude pour ses enfants que Guérassime n'en eut pour l'animal chétif. Pendant quelque temps, cette chienne eut fort mauvaise mine. Non-seulement elle paraissait très-débile, mais très-laide. Peu à peu, grâce aux soins attentifs de son sauveur, elle se développa et prit une tout autre physionomie. C'était une chienne de race espagnole, aux oreilles longues, à la queue touffue, relevée en trompette, et aux yeux expressifs. Elle s'attacha avec une sorte de sentiment profond de gratitude à son bienfaiteur; elle le suivait partout pas à pas en agitant sa queue comme un éventail. Il voulait lui donner un nom, et il savait comme tous les muets qu'il attirait l'attention par les sons inarticulés qui s'échappaient de ses lèvres. Il balbutia ces deux syllabes:

«Moumou!»

La chienne comprit qu'elle devait répondre à ce nom de Moumou.

Les gens de la maison l'appelèrent Moumoune.

Elle se montrait docile et caressante pour tous, mais elle n'aimait que Guérassime, et celui-ci, de son côté, l'aimait extrêmement. Il l'aimait tant, qu'il ne pouvait voir sans contrariété les autres domestiques s'occuper d'elle, soit qu'il craignît qu'on ne lui fît quelque mal, soit qu'il fût jaloux de son affection.

Chaque matin, Moumou le réveillait en le tirant par le bord de sa touloupe, lui amenait par la bride le vieux cheval de trait avec qui elle vivait en bonne intelligence, puis se rendait avec lui au bord de la rivière, puis gardait sa pelle et son balai, et ne permettait pas qu'on s'approchât de sa petite chambre.

Il lui avait pratiqué une ouverture dans la porte de son réduit. Dès que Moumou y était entrée, elle sautait gaiement sur le lit, comme si elle comprenait qu'elle était la vraie maîtresse du logis.

Pendant la nuit, elle ne dormait point d'un sommeil imperturbable, mais elle n'aboyait pas sans raison comme ces chiens absurdes qui, se posant sur leurs pattes de derrière, et levant le museau en l'air, aboient trois fois de suite, par ennui, en regardant les étoiles. Non; Moumou n'élevait la voix que lorsqu'un étranger s'approchait de la porte de l'hôtel, ou lorsqu'elle entendait quelque bruit inusité. En un mot, c'était une intelligente gardienne. Il y avait dans la cour un autre chien, un vrai dogue, à la peau jaune, avec des taches fauves. Mais il était enchaîné toute la nuit, restait indolemment couché dans sa niche; et si, de temps à autre, il lui arrivait de se mouvoir et d'aboyer, bientôt il se taisait, comme s'il comprenait lui-même la faiblesse et l'inutilité de ses aboiements.

Humble élève d'un valet de dernier ordre, Moumou ne pénétrait jamais à l'intérieur de la maison seigneuriale. Quand Guérassime allait porter du bois dans les appartements, elle l'attendait à la porte, dressant l'oreille, penchant la tête, tantôt à droite, tantôt à gauche, s'agitant au moindre bruit.

Ainsi se passa une année. Guérassime accomplissait régulièrement sa tâche et semblait très-satisfait de son sort, quand il arriva un événement inattendu.

Par une belle journée d'été, la baruinia se promenait dans son salon avec ses commensales. Elle était ce jour-là dans une heureuse disposition d'esprit; elle riait et plaisantait, et ses obséquieuses compagnes riaient comme elle, mais non sans crainte. Elles n'aimaient point à voir leur capricieuse patronne dans cet état d'hilarité; car, lorsqu'il lui arrivait d'être de si bonne humeur, il fallait que chaque personne qui se trouvait près d'elle eût le visage riant, l'esprit enjoué. Puis, ces élans de gaieté n'étaient pas de longue durée; bientôt ils se transformaient en une tristesse sombre et acariâtre. Mais en ce moment-là, comme nous l'avons dit, tout lui souriait. Le matin, selon son habitude, elle avait tiré les cartes, et avait réuni du premier coup, dans son jeu, quatre valets; excellent augure! Puis, son thé lui avait paru très-savoureux, si savoureux qu'elle avait récompensé la servante qui le préparait, par une parole louangeuse et une gratification d'un grivennik (40 centimes).

Elle s'en allait donc gaiement dans son salon; un sourire de bonheur errait sur ses lèvres ridées. Elle s'approcha de la fenêtre qui s'ouvrait sur un petit jardin; dans ce jardin, sous un rosier, Moumou, couchée par terre, rongeait délicatement un os. La baruinia l'aperçut et s'écria:

«À qui donc est ce chien?»

La commensale à qui elle s'adressait se sentit embarrassée comme un subalterne qui ne comprend pas bien la pensée de son chef.

«Je ne sais... murmura-t-elle. Je crois que c'est au muet.

—Mais vraiment, reprit la baruinia, c'est une charmante bête... Dites qu'on me l'apporte. Y a-t-il longtemps qu'il la possède?... Comment se fait-il que je ne l'aie pas encore aperçue? Je veux la voir.»

La dame de compagnie s'élança dans l'antichambre.

«Étienne, dit-elle à un laquais qui se trouvait là, Étienne, dépêchez-vous d'aller chercher Moumou qui est dans le jardin.

—Ah! on l'appelle Moumou, dit la vieille veuve. C'est un joli nom.

—Oui, répondit la complaisante dame de compagnie. Étienne, vite, vite....»

Étienne se précipita dans le jardin, et avança la main pour saisir Moumou; mais la chienne agile lui échappa et courut se réfugier près de son maître occupé en ce moment à vider son tonneau, qu'il tournait comme s'il n'eût eu entre les bras qu'un tambour d'enfant. Étienne suivit la chienne, et de nouveau essaya de la prendre, et de nouveau elle lui glissa des doigts.

Guérassime regardait en souriant cette manœuvre.

Le laquais, las de ses vains efforts, lui fit comprendre par signe que sa maîtresse désirait qu'on lui portât l'animal fugitif.

À cette demande, Guérassime parut inquiet. Cependant il ne pouvait y résister. Il prit Moumou entre ses mains et la remit à Étienne qui se hâta d'aller la déposer sur le parquet du salon. La baruinia l'appelle d'une voix caressante; mais la pauvre bête, qui n'avait jamais posé le pied dans ce brillant appartement, se sentit effarouchée et tenta de s'esquiver. Repoussée par l'obséquieux Étienne, elle se tapit contre le mur, toute tremblante.

«Moumou, Moumou, viens près de moi, viens près de ta maîtresse, lui dit la baruinia; viens, ma petite.

—Viens, Moumou,» répétèrent à l'unisson les commensales.

Mais Moumou regardait d'un air inquiet autour d'elle et ne quittait pas sa place.

«Apportez-lui quelque chose à manger, dit la veuve. Qu'elle est sotte de ne pas vouloir s'approcher de moi. De quoi donc a-t-elle peur?

—Elle n'est pas encore apprivoisée,» dit en souriant et d'une voix timide une des dames de compagnie.

Étienne apporta un verre de lait et le plaça devant Moumou, qui ne daigna pas même flairer cette boisson, et continua à trembler.

«Ah! la sotte petite bête!» dit la baruinia en s'approchant d'elle et en se baissant pour la caresser. Mais aussitôt Moumou releva convulsivement la tête et montra les dents.

La veuve se hâta de retirer sa main.

Il y eut un moment de silence. Moumou poussa un léger gémissement, comme pour se plaindre ou pour demander pardon. La baruinia s'éloigna, le visage assombri. Le rapide mouvement de la chienne l'avait effrayée.

«Grand Dieu! s'écrièrent ses commensales, vous aurait-elle mordue?... Hélas! hélas!»

L'innocente Moumou n'avait jamais mordu personne.

«Emportez-la, s'écria la baruinia d'une voix irritée. La sale bête! La méchante chienne!»

À ces mots, elle se dirigea vers sa chambre. Ses compagnes voulaient la suivre. Mais, d'un geste, elle les arrêta à la porte.

«Que voulez-vous? dit-elle; je ne vous ai pas ordonné de venir avec moi.» Et elle disparut.

Étienne reprit Moumou et la jeta aux pieds de Guérassime.

Une demi-heure après, un silence profond régnait dans l'hôtel. La vieille veuve était plongée dans les coussins de son divan, plus sombre que la nuit qui précède l'orage.

Qu'il faut peu de chose pour bouleverser parfois une nature humaine!

Jusqu'au soir, la triste veuve resta dans sa noire disposition d'esprit. Elle n'adressa la parole à personne, elle ne joua point aux cartes, et la nuit elle ne put dormir en paix. L'eau de Cologne qu'on lui apporta n'était point, disait-elle, la même que celle dont elle se servait habituellement; puis, son oreiller avait une odeur de savon. Sa femme de chambre fut obligée de fouiller dans toutes les armoires et de flairer tout le linge qui s'y trouvait. En un mot la délicate baruinia était extrêmement agitée et irritée.

Le lendemain matin, elle fit appeler son majordome une heure plus tôt que de coutume. Il se rendit à cet ordre, non sans inquiétude, et dès qu'elle le vit apparaître:

«Dis-moi, s'écria-t-elle, ce que c'est que ce chien qui a aboyé toute la nuit et qui m'a empêchée de dormir.

—Un chien... balbutia Gabriel... Quel chien? Peut-être celui du muet!

—Je ne sais s'il appartient au muet ou à quelque autre; ce que je sais, c'est qu'à cause de lui je n'ai pu fermer l'œil. Mais je voudrais savoir pourquoi il se trouve tant de chiens dans la maison. N'avons-nous pas déjà un chien de basse-cour?

—Sans doute: le vieux Voltchok.

—Pourquoi donc en prendre encore un? C'est là ce que j'appelle du désordre. Il me faudrait un majordome dans la maison! Et pourquoi le muet a-t-il un chien? qui le lui a permis? Hier, je me suis approchée de la fenêtre; cette vilaine bête était là sous mes rosiers mêmes traînant et rongeant je ne sais quelle horreur!»

Après une minute de silence, la baruinia ajouta:

«Que ce chien disparaisse aujourd'hui même; tu entends?

—J'entends.

—Aujourd'hui, et maintenant retire-toi. Je te ferai rappeler plus tard.»

Gabriel sortit, et trouva dans l'antichambre Étienne, couché sur un banc, dans la position d'un guerrier tué sur un tableau de bataille, ses pieds nus sortant de dessous son caftan qui lui servait de couverture. Il le réveilla et lui donna à voix basse un ordre auquel le valet répondit par un bâillement et un éclat de rire. Puis le majordome s'éloigna, et Étienne se leva, revêtit son caftan, chaussa ses bottes et s'avança sur le seuil de la porte. Cinq minutes après, Guérassime apparut portant une énorme charge de bois; car, en été comme en hiver, la veuve voulait qu'il y eût du feu dans sa chambre à coucher et dans son cabinet. Guérassime était comme de coutume accompagné de sa chère Moumou, et comme de coutume il la laissa à la porte de l'appartement où il allait déposer son fardeau.

Étienne, qui connaissait cette habitude et qui attendait ce moment, se précipita sur la chienne comme le vautour sur un poulet, la serra contre le parquet, puis, l'étreignant sur sa poitrine pour l'empêcher de crier, descendit l'escalier sans regarder s'il était suivi, s'élança dans un drochky et se fit conduire au marché. Là, il vendit la chienne pour un demi-rouble, à la condition seulement qu'on la tiendrait à l'attache pendant une semaine au moins. Cette belle expédition terminée, il remonta dans son drochky, mais il le quitta à quelque distance de la maison, fit le tour, ne voulant pas traverser la cour, de peur d'y rencontrer Guérassime, et rentra dans la maison par un passage dérobé.

Il n'avait pas besoin de prendre tant de précautions: Guérassime n'était pas dans la cour. En sortant des appartements de sa maîtresse, il n'avait plus retrouvé Moumou à sa place habituelle, et il ne se rappelait pas que jamais la fidèle bête se fût écartée du seuil où elle l'attendait. Aussitôt il avait couru de côté et d'autre à la recherche de sa chère Moumou, dans sa chambre, dans le grenier au foin, dans la rue, partout: point de Moumou.

Guérassime, éperdu, s'adressa aux domestiques de l'hôtel, leur demandant par signes, avec une expression de désespoir, s'ils n'avaient pas vu sa chienne. Les uns ne savaient réellement pas ce qui s'était passé; d'autres, mieux instruits, riaient sournoisement. Gabriel prit un de ses grands airs et se mit à crier contre les cochers.

Guérassime sortit et ne rentra qu'à la nuit. À voir son visage abattu, son corps fatigué, ses vêtements couverts de poussière, on devait supposer qu'il avait parcouru la moitié de Moscou.

Il s'arrêta en face des fenêtres de la baruinia, jeta un regard sur le perron où une demi-douzaine de domestiques se trouvaient réunis, appela Moumou... Moumou ne répondit pas.

Alors il s'éloigna. Tous l'observaient, mais personne n'osait ni prononcer un mot, ni rire, et le postillon, qui déjà l'avait épié une fois, raconta le lendemain à la cuisine que toute la nuit le malheureux n'avait fait que gémir.

Ce jour-là, Guérassime ne parut pas. Le cocher Potapu fut obligé d'aller à sa place faire la provision d'eau, ce dont le digne Potapu n'était nullement satisfait.

Le veuve demanda à Gabriel s'il s'était souvenu de ses ordres, et le majordome se hâta de répondre qu'ils étaient exécutés.

Le jour suivant, Guérassime sortit de sa cellule et reprit son travail. Il dîna tristement avec les domestiques, puis s'éloigna sans saluer personne. Sa figure naturellement dépourvue d'expression, comme celle des sourds-muets, semblait à présent pétrifiée. Après le dîner, il sortit de nouveau, mais ne resta pas longtemps dehors, et se retira dans le grenier à foin. La nuit était belle, la lune rayonnait sur le ciel sans nuages; Guérassime, couché sur le foin, dormait d'un sommeil inquiet, respirant avec peine, et se retournant à chaque instant.

Tout à coup il lui sembla qu'on le tirait par le bord de son vêtement. Il tressaillit, mais ne leva pas la tête et ferma les yeux. Mais voilà que le tiraillement recommence et devient plus fort; Guérassime se lève, regarde. Moumou est devant lui portant un bout de corde brisé à son cou. Un long cri de joie s'échappe des lèvres de Guérassime. Il prend sa fidèle chienne dans ses bras, et elle lui lèche follement les yeux, les joues, la barbe.

Après ce premier élan de bonheur, le muet se mit à réfléchir, puis descendit avec précaution de son grenier, et voyant que personne ne l'observait, entra dans sa petite chambre. Déjà il avait songé que sa chienne, si dévouée, ne l'avait point abandonné d'elle-même, qu'elle lui avait été enlevée par l'ordre de sa maîtresse, et quelques-uns des gens lui avaient fait comprendre la colère de la vieille veuve contre l'innocent animal. Il s'agissait maintenant de le soustraire à un nouveau péril; d'abord il lui donna à manger, le caressa, le coucha sur son lit, puis après avoir longtemps songé au moyen de le soustraire à une autre persécution, il résolut de le garder tout le jour en secret dans sa chambre, et de ne le faire sortir que la nuit. Il ferma avec un de ses vêtements l'ouverture qu'il avait pratiquée à sa porte pour Moumou, et à peine l'aurore commençait-elle à poindre qu'il descendit dans la cour, comme si de rien n'était. Il s'avisa même, le bon muet, d'affecter, un air triste comme le jour précédent; il ne pensait pas que la pauvre bête le trahirait par ses aboiements. Bientôt, en effet, les domestiques surent qu'elle était revenue; mais, soit par pitié pour son maître, soit par crainte, ils ne firent pas semblant d'avoir fait cette découverte. Le majordome se gratta le front et fit un geste comme pour dire: «Eh bien, à la garde de Dieu! Peut-être que la baruinia n'en saura rien.»

Ce jour-là, Guérassime travailla avec une ardeur extraordinaire, nettoya toute la cour, sarcla les plantes du jardin, enleva les pieux de la clôture pour s'assurer de leur solidité, et les replanta avec soin. Il travailla si bien que la baruinia elle-même remarqua son zèle.

De temps à autre, dans le cours de la journée, il alla voir à la dérobée sa chère recluse; puis, dès que la nuit fut venue, il se retira près d'elle, et à deux heures, il sortit avec elle pour lui faire respirer l'air frais. Il la promenait depuis un certain temps dans la cour, et il se disposait à rentrer, quand soudain un bruit confus résonna dans la ruelle. Moumou dressa les oreilles, s'approcha de la palissade, flaira le sol, et fit entendre un long et perçant aboiement. Un homme ivre s'était couché au pied de la palissade pour y passer la nuit.

En ce moment, la baruinia venait de s'endormir après une crise nerveuse, une de ces crises qu'elle subissait ordinairement à la suite d'un souper trop copieux.

Les aboiements subits de la chienne la réveillèrent en sursaut, elle sentit son cœur battre violemment puis défaillir: «Au secours! s'écria-t-elle, au secours!»

Ses femmes accoururent tout effarées.

«Ah! je me meurs! dit-elle en se tordant les mains. Encore ce chien! ce maudit chien! Qu'on appelle le docteur! On veut me tuer! Hélas! l'affreuse bête!»

En parlant ainsi, elle s'affaissa sur son oreiller, comme si elle avait rendu l'âme.

On se hâta d'envoyer chercher le docteur, c'est-à-dire le médecin de l'hôtel. Cet homme, dont le principal mérite consistait à porter des bottes à semelles fines, et à tâter délicatement le pouls de sa noble cliente, dormait quatorze heures sur vingt-quatre, soupirait le reste du temps, et administrait sans cesse à la baruinia des gouttes de laurier-rose. Il arriva précipitamment, commença par faire brûler des plumes pour tirer la veuve de son évanouissement, puis, dès qu'il la vit ouvrir les yeux, il lui présenta sur un plateau d'argent le remède qu'il employait si souvent.

La baruinia ayant pris cette potion, recommença d'une voix lamentable à se plaindre du chien, de Gabriel, de sa malheureuse destinée.

«Pauvre vieille que je suis, disait-elle, tout le monde m'abandonne, et personne n'a pitié de moi. On désire ma mort. On n'aspire qu'à me voir mourir.»

Moumou continuait à aboyer, et Guérassime essayait en vain de l'éloigner de la fatale palissade.

«Le voilà, le voilà encore!» s'écria la veuve en roulant des yeux effarés.

Le médecin murmura quelques mots à l'oreille d'une femme de chambre. Celle-ci courut dans l'antichambre, appela Étienne, qui courut éveiller le majordome, lequel éveilla toute la maison.

Le muet, en se retournant, vit des lumières briller et des ombres circuler derrière les fenêtres. Il eut le pressentiment du malheur qui le menaçait, prit Moumou sous son bras, s'enfuit dans sa cellule et s'y enferma.

Quelques minutes après, cinq hommes arrivaient à sa porte et la trouvaient si bien close qu'ils ne pouvaient l'ouvrir. Gabriel, en proie à une agitation extrême, leur ordonna de rester là en sentinelle jusqu'au matin, puis, il se rendit près de la première femme de chambre de la baruinia, Lioubov Lioubimovna, avec laquelle il dérobait le thé, le sucre, les fruits et les épices de la maison; il la pria d'aller dire à sa maîtresse que le misérable chien était en effet revenu, mais que le lendemain il disparaîtrait et qu'on ne le reverrait plus. Lioubov devait en même temps conjurer sa bonne maîtresse de se calmer et de se reposer. Mais comme l'infortunée baruinia ne pouvait parvenir à se calmer, le médecin lui administra une double potion de laurier-rose, après quoi elle s'endormit d'un sommeil profond, tandis que Guérassime, le visage pâle, serrait sur son lit le museau de Moumou.

Le lendemain, la baruinia ne s'éveilla que très-tard. Gabriel attendait son réveil pour prendre des mesures énergiques contre l'obstination de Guérassime, et lui-même s'attendait à subir un orage. Mais l'orage n'éclata pas. La veuve, assise sur son séant, fit appeler sa vieille femme de chambre.

«Ma chère Lioubov,» lui dit-elle d'un ton plaintif et langoureux qu'elle employait souvent, car elle se plaisait à se faire passer pour une pauvre martyre délaissée, et dans ces moments-là ses gens n'étaient pas peu embarrassés. «Ma chère Lioubov, vous voyez dans quel état je suis. Je vous en prie, allez trouver Gabriel Andréitch, parlez-lui. Est-ce qu'un chien lui est plus cher que la tranquillité, que la vie même de sa maîtresse? Ah! c'est ce que je n'aurais jamais cru, ajouta-t-elle avec une profonde expression de tristesse. Allez, ma chère, soyez bonne. Rendez-moi ce service.»

Lioubov se rendit à l'instant près du majordome. Quelles furent leurs réflexions? On ne sait. Mais un instant après, tous les domestiques de l'hôtel étaient réunis et se dirigeaient vers la retraite de Guérassime. À leur tête s'avançait Gabriel, tenant la main à sa casquette, quoiqu'il n'y eût aucun souffle de vent. Près de lui étaient les laquais et le cuisinier; des enfants gambadaient en arrière, et par sa fenêtre le vieux sommelier contemplait ce spectacle.

Sur l'étroit escalier qui conduisait à la cellule de Guérassime, un homme se tenait en faction, deux autres étaient à la porte, armés de bâtons. Tout l'escalier fut envahi par les nouveaux venus. Gabriel s'approcha de la porte, la frappa du poing et cria: «Ouvre.»

Un aboiement à demi étouffé se fit entendre.

«Ouvre, ouvre, répéta le majordome.

—Mais, dit Étienne, il ne peut vous entendre, puisqu'il est sourd.»

Tous les valets se mirent à rire.

«Comment faire? demanda Gabriel.

—Il y a un trou à la porte, reprit Étienne, mettez-y votre bâton.»

Gabriel se pencha pour trouver le trou.

«Il l'a fermé, dit-il, avec une vieille touloupe.

—Eh bien! poussez la touloupe en dedans.»

On entendit un second aboiement.

«Voilà le chien qui se dénonce lui-même,» dit un des domestiques, et de nouveau tous recommencèrent à rire. Gabriel se gratta l'oreille.

«J'aime autant que tu débouches toi-même cette ouverture, dit-il en se retournant vers Étienne.

—Soit!» répondit celui-ci.

Aussitôt il monta au haut de l'escalier, enfonça son bâton dans le trou que Guérassime avait fermé et l'agita en répétant: «Sors donc! sors donc!» Il continuait son mouvement, quand soudain la porte s'ouvrit, et toute la valetaille effrayée se retira en désordre. Gabriel fuyait le premier, et le vieux sommelier ferma sa fenêtre.

«Va! va! criait Gabriel du milieu de la cour, prends garde à toi!»

Le redoutable portier était debout, sur le seuil de sa chambre, et regardait, immobile, ces hommes chétifs et mesquinement vêtus. Avec sa haute taille, ses mains robustes appuyées sur ses flancs, et sa chemise rouge de paysan, il apparaissait en face d'eux comme un géant en face d'une troupe de nains.

Gabriel fit un pas en avant.

«Prends garde! dit-il, pas d'insolence!»

Alors il se mit à expliquer à Guérassime aussi bien que possible, par signes, qu'il devait, pour complaire aux volontés expresses de la baruinia, sacrifier son chien, et que s'il s'y refusait, il lui arriverait malheur.

Guérassime le regarda, puis du doigt montra Moumou, puis promena sa main autour de son cou comme s'il y mettait une corde et faisait un nœud coulant, et de nouveau regarda le majordome.

«Oui, oui, c'est cela même,» dit Gabriel en hochant la tête.

Guérassime baissa le front, puis aussitôt le relevant brusquement, regarda encore Moumou, qui pendant ce temps était restée près de lui agitant innocemment la queue et dressant avec curiosité l'oreille, répéta le signe qu'il avait déjà fait autour de son cou, et se frappa la poitrine comme pour dire qu'il se chargeait lui-même de cette cruelle exécution.

Gabriel lui fit comprendre par un autre signe qu'il n'osait se fier à sa promesse.

Guérassime le regarda fixement avec un sourire de mépris, se frappa de nouveau la poitrine, rentra dans sa chambre et referma sa porte.

Tous les gens réunis autour de lui restèrent immobiles.

«Qu'est-ce que cela signifie? s'écria Gabriel. Le voilà qui est encore enfermé.

—Laissez-le tranquille, répliqua Étienne. S'il vous a fait une promesse, il la tiendra. Voilà comme il est. Quand il a pris un engagement, on peut s'y, fier. En cela il n'est pas comme nous autres *dvorovi*, il faut dire la vérité.

—Oui, répétèrent les autres domestiques, Étienne a raison.

—Oui, répéta le sommelier, qui venait de rouvrir sa fenêtre.

—Soit, dit Gabriel. Mais nous n'en devons pas moins être sur nos gardes.... Viens ici, Erochka, ajouta-t-il en s'adressant à un pâle garçon, vêtu d'une jaquette jaune, qui prenait le titre de jardinier.... prends un bâton, assieds-toi là, et dès qu'il arrivera quelque chose, viens me prévenir au plus vite.»

Erochka se posa sur la dernière marche de l'escalier. La troupe, assemblée un instant auparavant, se dispersa, à l'exception de quelques enfants et de quelques curieux. Gabriel rentra à la maison et, par l'entremise de Lioubov, fit dire à la baruinia que ses volontés étaient accomplies.

La délicate veuve replia un des coins de son mouchoir, y versa de l'eau de Cologne, se frotta les tempes, but une tasse de thé et, comme elle était encore sous l'influence des gouttes soporifiques, elle se rendormit.

Une heure environ s'écoula. La porte devant laquelle il y avait eu tant de mouvement s'ouvrit, et Guérassime apparut. Il était revêtu de son habit des dimanches et tenait en laisse Moumou. Erochka se rangea à son approche et le laissa passer. Les enfants et les valets qui se trouvaient encore dans la cour l'observaient en silence. Il marcha gravement sans se détourner, et ne mit son bonnet sur sa tête que lorsqu'il fut dans la rue. Erochka le vit entrer avec son chien dans un cabaret et se posta près de là pour épier sa sortie.

Le muet était connu dans ce cabaret. On y comprenait ses signes. Il demanda des choux, du bœuf, et s'assit les coudes sur la table. Moumou était près de lui, le regardant tranquillement avec ses bons yeux tendres. Son poil était poli et luisant, on voyait qu'elle avait été tout récemment lavée et essuyée.

Quand on eut apporté à Guérassime les mets qu'il avait commandés, il coupa le bœuf par petits morceaux, y émietta du pain, et mit le plat par terre. Moumou mangea avec sa délicatesse habituelle, touchant à peine l'assiette du bout de son museau.

Son maître la contemplait immobile, et tout à coup deux grosses larmes s'échappèrent de ses yeux; l'une tomba sur la tête de la chienne, l'autre dans le plat devant elle. Guérassime cacha sa figure dans ses mains. Moumou ayant achevé son repas, s'éloigna de l'assiette en se léchant les lèvres. Le muet se leva, paya, et sortit. Le garçon du cabaret l'observait d'un air étonné. Erochka le voyant venir, se retira à l'écart, et l'ayant laissé passer, le suivit de nouveau à quelque distance.

Il marchait, le pauvre Guérassime, sans se hâter, en tenant toujours la corde en laisse au cou de la chienne. Arrivé au coin d'une rue, il s'arrêta, hésita un instant, puis se dirigea à grands pas vers le pont nommé Krymsky-Brod. Là il entra dans la cour d'un édifice où l'on faisait une nouvelle construction, prit sous son bras deux briques, et s'avança sur la rive de la Moskva jusqu'à un certain endroit où il avait remarqué précédemment deux barques munies de leurs avirons et amarrées à des poteaux. Il détacha une de ces barques et y entra avec Moumou. Un vieux boiteux sortit aussitôt d'une hutte élevée près d'un potager et se mit à crier. Mais Guérassime ramait si vigoureusement que quoiqu'il eût à lutter contre le courant qu'il remontait, il se trouva en un instant à une assez longue distance du vieillard, qui, voyant l'inutilité de ses réclamations; se gratta le dos et rentra en boitant dans sa cabane.

Guérassime continuait à ramer. Bientôt les murs de Moskou disparurent derrière lui. Bientôt à ses regards se déroula un tout autre rivage: c'étaient des champs, des bois, des jardins et des îles. Alors il laissa tomber son aviron, pencha la tête sur Moumou assise près de lui, et resta immobile, les mains croisées derrière le dos, tandis que le courant reportait peu à peu l'embarcation vers Moscou. Soudain il se releva brusquement avec une sorte d'expression de cruauté douloureuse sur le visage, noua fortement avec une corde les deux briques qu'il avait apportées, les lia ensuite au cou de sa chienne, la prit entre ses bras, la contempla encore une fois. Elle le regardait avec confiance, en agitant doucement la queue. Il détourna la tête, ferma les yeux, ouvrit les mains....

Il n'entendit rien.... ni le subit aboiement de la pauvre Moumou, ni le clapotement de l'eau. Son oreille était fermée à toutes les rumeurs. Pour lui le jour le plus brillant était plus silencieux que ne l'est pour nous la nuit la plus calme....

Quand il releva la tête, quand il ouvrit ses paupières, les flots de la Moskva suivaient leur cours habituel, leur cours rapide, et se brisaient en soupirant sur les flancs de son embarcation. À quelque distance derrière lui, du côté du rivage, un grand cercle se dessinait à la surface de l'eau.

Erochka, qui avait perdu de vue Guérassime, était rentré à la maison pour y raconter ce dont il avait été témoin.

«Eh bien, dit Étienne, il a noyé son chien. C'est sûr. Quand il a promis quelque chose, on peut y compter.»

Pendant le reste de la journée, on ne vit pas Guérassime. Il ne parut ni au dîner, ni au souper.

«Quel être bizarre que ce Guérassime, dit une grosse blanchisseuse. Est-il possible de se donner tant de peine pour un chien?

—Guérassime est revenu, s'écria tout à coup Étienne, en prenant une assiette de gruau.

—En vérité! Quand donc?

—Il y a environ deux heures. Je l'ai rencontré sous la porte cochère. Il sortait. J'ai voulu lui adresser quelques questions. Mais il n'était pas de bonne humeur, et il m'a donné un coup de poing très-remarquable dans l'omoplate comme pour me dire: Laisse-moi la paix. Ah! il n'y va pas de main morte, ajouta Étienne en se frottant le dos! J'en ai encore les reins meurtris. Il faut l'avouer, sa main est une main vraiment bénie.»

À ces mots, les domestiques se mirent à rire, puis se séparèrent pour aller se coucher.

À cette même heure, sur le chemin de T..., marchait d'un pas rapide un homme d'une taille élevée portant un sac sur l'épaule et un long bâton à la main. C'était Guérassime. Il allait résolument vers sa terre natale, vers son village. Après avoir sacrifié sa chère Moumou, il était rentré dans sa chambre, il avait mis quelques hardes dans une sacoche, pris cette sacoche sur son dos et il était parti.

Le domaine d'où sa maîtresse l'avait fait venir à Moscou n'était qu'à vingt-cinq verstes de la chaussée. Il avait remarqué le chemin qu'il avait suivi; il était sûr de le retrouver, et il cheminait vigoureusement avec une détermination dans laquelle il y avait à la fois du désespoir et du contentement. Il avait quitté à jamais la maison de sa maîtresse, et la poitrine dilatée, le regard ardemment fixé devant lui, il marchait précipitamment, comme si sa vieille mère l'attendait à son foyer, comme si elle le rappelait près d'elle, après les jours qu'il venait de passer dans une autre demeure, parmi des étrangers.

La nuit vint; une nuit d'été calme et tiède. D'un côté de l'horizon, à l'endroit où le soleil venait de se coucher, un coin du ciel était encore blanchi et empourpré par un dernier reflet de la lumière du jour; de l'autre, il était déjà voilé par une ombre grisâtre.

Des centaines de cailles chantaient à l'envi, les râles de genêt poussaient leurs cris vibrants. Guérassime ne pouvait les entendre. Il ne pouvait entendre le murmure des bois près desquels l'emportaient ses pieds robustes, mais il sentait l'arôme qu'il connaissait, l'odeur des blés qui mûrissaient dans les champs. Il aspirait l'air vivace du sol natal qui semblait venir à sa rencontre, qui lui caressait le visage, qui se jouait dans ses cheveux et dans sa longue barbe.

Devant lui s'étendait en droite ligne le chemin qui devait le ramener à son isba. Les étoiles du ciel éclairaient sa marche. Il allait comme un lion vigoureux et fier, et lorsque le lendemain l'aurore reparut à l'horizon, il était à plus de trente-cinq verstes de Moscou.

Deux jours après, il rentrait dans sa cabane, à la grande surprise d'une femme de soldat qui y avait été installée. Il s'inclina devant les saintes images suspendues à son foyer, puis se rendit chez le staroste, qui d'abord ne savait comment le recevoir. Mais on était au temps de la fenaison. On se souvenait des facultés de travail du robuste muet; on lui donna une faux, et il se mit à l'ouvrage comme par le passé, et il faucha de telle sorte que tous ses compagnons l'admiraient.

Cependant à Moscou, on n'avait pas tardé à s'apercevoir de son absence. Dès le lendemain de son départ, on était entré dans sa chambre, puis on avait prévenu Gabriel de sa disparition. Celui-ci regarda de côté et d'autre, haussa les épaules, puis pensa que le muet avait pris la fuite, ou qu'il avait été rejoindre son misérable chien dans la rivière. La déclaration de cet événement fut faite à la police, et il fallut aussi l'annoncer à la veuve. À cette nouvelle, elle entra en colère, se lamenta, puis ordonna de chercher le muet partout et de le ramener, déclarant que jamais elle n'avait voulu faire périr Moumou. Elle adressa une si sévère réprimande à Gabriel, que tout le jour l'infortuné majordome secoua la tête en murmurant: «Allons! allons!» le sommelier finit par le tranquilliser par la même interjection différemment accentuée.

Enfin, on apprit par un rapport du staroste que Guérassime était rentré dans son village. La baruinia s'apaisa. Sa première idée pourtant fut de le faire revenir au plus tôt à Moscou, puis elle réfléchit et déclara qu'elle n'avait pas besoin de reprendre dans sa maison un tel ingrat. Peu de temps après elle mourut, et non-seulement ses héritiers ne pensèrent point à rappeler au service de l'hôtel Guérassime, mais ils congédièrent même tous les autres domestiques.

Guérassime vit encore dans son isba solitaire qui est son seul refuge. Il a conservé sa force et son ardeur pour le travail, son caractère grave et réservé. Seulement ses voisins remarquent que depuis son séjour à Moscou, il ne regarde aucune femme et ne peut souffrir aucun chien près de lui. «Mais, à quoi, disent-ils, lui servirait une femme, et que ferait-il d'un chien? On connaît la vigueur de son bras, et les voleurs n'oseraient entrer dans l'enceinte de son isba.»

Lamartine.

CXXXIIᵉ ENTRETIEN

LITTÉRATURE RUSSE
IVAN TOURGUENEFF
(Suite.—Voir la livraison précédente.)

I

Jacques Passinkof, Faust, le *Ferrailleur,* les *Trois Portraits,* l'*Auberge de grand chemin, quelques essais dramatiques* et enfin *Deux journées dans les grands bois,* magnifique scène descriptive des plaines ténébreuses de la Grande Russie, forment le premier et le second volume de cette collection étrange, pittoresque et attachante.

La description animée des *Grands bois* ne peut être citée que presque en entier. On y voit, avec la vie du chasseur russe, l'impression vraie des grandes forêts (ce que les Turcs appellent la *mer des feuilles,* entre *Brousse* et *Konia*), sur l'homme qui les parcourt. C'est Chateaubriand naturel et vivant, au lieu de la rhétorique des déserts et des sauvages dans Attala. Lisons donc encore.

DEUX JOURNÉES
DANS
LES GRANDS BOIS

PREMIÈRE JOURNÉE

La vue d'une vaste forêt de sapins, la vue des grands bois, rappelle celle de l'Océan. Elle éveille les mêmes impressions; c'est la même plénitude intacte et primitive, qui se déroule à l'œil du spectateur dans sa royale majesté. Du sein des forêts séculaires, comme du sein de l'onde immortelle, s'élève la même voix: «Je n'ai pas affaire à toi, dit la nature à l'homme; je règne, et toi, tâche de ne pas mourir.» Mais la forêt est plus triste et plus monotone que la mer, surtout la forêt de sapins. Toujours la même en toute saison, elle, est d'habitude silencieuse. La mer caresse et menace; elle prend toutes les nuances, elle parle toutes les voix, elle reflète le ciel, ce ciel d'où nous vient aussi un souffle d'éternité qui ne nous semble pas étrangère, tandis qu'à l'aspect de la sombre et morne forêt, avec son lugubre silence ou ses sourds et longs gémissements, l'homme sent plus irrésistiblement pénétrer dans son cœur la conscience de son néant. Il est difficile à cet être éphémère, né d'hier et condamné à mourir demain, de soutenir le regard froid et indifférent de l'éternelle Isis. Ce ne sont pas seulement les espérances audacieuses et les confiantes rêveries de sa jeunesse qui s'humilient et s'éteignent au souffle glacial des puissances élémentaires; toute son âme se resserre et se rapetisse: il sent bien que le dernier de ses frères pourrait disparaître de la face de la terre, sans qu'une seule feuille s'agitât sur sa branche; il sent son isolement, sa faiblesse, le hasard de son existence, et il se hâte, avec une terreur secrète, de revenir aux soucis mesquins et aux petits travaux de sa vie. Il se trouve plus à l'aise dans ce monde qu'il s'est créé; là il est chez lui, là il peut croire encore à sa force et à son importance.

Ce furent les idées qui me vinrent à l'esprit, il y a quelques années, lorsque, debout sur le perron d'une petite auberge bâtie aux bords marécageux de la Resseta, j'aperçus pour la première fois de ma vie les Grands-Bois. Comme en gradins d'amphithéâtre, et à perte de vue, s'étendait devant moi l'interminable forêt de sapins, où, sur un fond bleuâtre, se détachaient en vert frais et pâle des bouquets de bouleaux. Nulle part une blanche église, nulle part une plaine aux champs dorés; partout les cimes dentelées des arbres, partout l'éternelle brume qui les enveloppe dans cette contrée. Ce que je voyais ne respirait pas la paresse, cette immobilité de la vie; non, quoique grandiose, c'était la mort. Une chaude journée d'été tenait la terre endormie, et de grands nuages blancs passaient très-haut avec lenteur. L'eau rougeâtre de la Resseta glissait sans bruit à travers d'épais roseaux; des mamelons de sombre mousse se voyaient confusément au fond, et les bords de la rivière semblaient se fondre, tantôt en marécages, tantôt en amas de sable crayeux.

Un chemin fréquenté passait devant l'auberge. Auprès du perron se tenait une *telega* remplie de caisses et de boîtes de différentes grandeurs. Son maître, petit homme sec, au nez d'épervier et aux yeux de souris, le dos voûté et la jambe boiteuse, attelait un petit cheval aussi boiteux que lui. C'était un marchand de pains d'épices qui se rendait à la foire de Karatcheff. Tout à coup, sur le même chemin, parurent quelques hommes bientôt suivis d'un plus grand nombre, et finalement d'une foule entière. Tous portaient de longs bâtons à la main et des havre-sacs sur le dos. À leur démarche fatiguée et chancelante, à leur teint hâlé, on pouvait reconnaître qu'ils venaient de loin. C'étaient des puisatiers de Youknoff qui retournaient au pays. Un vieillard aux cheveux blancs comme la neige semblait être leur chef. Il s'arrêtait de temps à autre, et d'une voix tranquille stimulait les traînards. Tous marchaient en silence, dans une sorte de grave recueillement. L'un d'eux, homme trapu et de mine renfrognée, le *touloup* entr'ouvert et un bonnet de peau de mouton enfoncé jusqu'aux yeux, s'approcha du marchand forain, et lui dit brusquement: «À combien le pain d'épices, imbécile?—C'est selon ce que tu prendras, homme aimable, répondit d'une voix grêle le marchand surpris et fâché; il y a du pain d'épices à deux kopecks, à trois kopecks; et toi, en as-tu un seulement dans ta poche?—Ce manger de bourgeois est fade pour un ventre de paysan,» répliqua en s'éloignant le paysan au *touloup*. «Enfants, enfants, suivez la route; il faut arriver avant l'étoile du soir,» fit entendre la voix du vieux chef; et toute la horde s'écoula rapidement, sans qu'aucun d'eux pensât à soulever son bonnet en passant devant moi. Le vieillard seul me fit un grave salut, tout en souriant sous ses blanches moustaches. «Gens peu civilisés, dit le marchand en me jetant un regard de côté, ce n'est pas pour eux, certes, qu'est mon pain d'épices.» Et achevant d'atteler sa rosse, il descendit vers la rivière où se voyait une espèce de bac en troncs d'arbres liés ensemble. Un paysan, coiffé du bonnet en feutre blanc particulier à cette contrée, sortit d'une hutte, et le passa sur l'autre rive. La petite *telega* se mit à ramper dans un chemin raboteux, faisant gémir à chaque tour une de ses roues.

Quand mes chevaux eurent mangé, je passai sur l'autre rive. Après avoir marché l'espace de deux verstes dans une plaine marécageuse, j'entrai dans la trouée percée au milieu de la forêt. Mon *tarantass* commença à danser sur les rondins qui servaient à paver cette route. Je mis pied à terre, et suivis la voiture. Les chevaux marchaient d'un pas égal, soufflant avec force et agitant la tête pour chasser les mouches. Bientôt les Grands-Bois nous reçurent dans leur sein. Non loin de la lisière poussaient des bouleaux, des trembles, des tilleuls et quelques chênes; puis parut comme un mur de sapins épais, auxquels succédèrent les troncs rougeâtres et moins serrés des pins communs en Écosse; puis, de nouveau, un bois mélangé, garni par en bas de noisetiers, de sorbiers, de cerisiers sauvages, d'herbes à tiges hautes et dures. Les rayons du soleil éclairaient vivement les cimes des arbres, s'éparpillaient dans les branches, et n'arrivaient jusqu'à terre qu'en minces et pâles filets. On n'entendait presque point d'oiseaux: ils n'aiment pas les forêts profondes; seulement, de temps à autre, le cri plaintif et trois fois répété de la huppe, ou bien l'aigre miaulement du geai; quelquefois un rollier, toujours solitaire et silencieux, traversait la trouée en y faisant luire son plumage d'or et d'azur. De loin en loin, les arbres étaient plus espacés, une éclaircie se montrait, et le *tarantass* entrait dans une petite plaine sablonneuse, nouvellement défrichée. Du seigle chétif y croissait par longues bandes et agitait sans bruit ses maigres tiges. Une petite chapelle noircie, avec sa croix inclinée, se voyait au-dessus d'un puits, et un invisible ruisseau babillait d'un bruit faible et sourd comme s'il fût entré dans le goulot d'une bouteille vide. Un bouleau, abattu par le vent, interceptait tout à coup la route. En d'autres endroits, elle était cachée sous une couche d'eau stagnante; des deux côtés, un marécage étendait sa nappe verdâtre, couverte de joncs et d'aunes rabougris. Des canards sauvages s'élevaient par couples, et l'œil suivait avec surprise leur vol inusité à travers les troncs des grands sapins.

«Ah! ah! ah! ah!» criait tout à coup un pâtre qui poussait devant lui son troupeau de bétail à demi sauvage. Une vache au poil roux, aux cornes courtes et affilées, traversait bruyamment les broussailles, et, comme pétrifiée, s'arrêtait au bord de la trouée, en fixant ses grands yeux sombres sur le chien qui courait devant moi. Le vent apportait fréquemment une odeur de bois brûlé, et une petite fumée circulait en mince spirale dans l'air bleuâtre de la forêt. C'était sans doute un paysan qui se procurait à peu de frais du charbon pour quelque fabrique de verre ou de soude des environs.

Plus nous avancions, plus autour de nous tout devenait sourd et silencieux. Une forêt de sapins est toujours silencieuse; seulement, là-haut, bien au-dessus de la tête, s'entend un long murmure, et comme une plainte vague et contenue qui court dans la cime des arbres. On va, on va, et cette incessante voix de la forêt ne cesse point de gémir; et le cœur commence à gémir lui-même, et l'on désire arriver plus vite à l'espace et à la lumière. On désire respirer à pleine poitrine un air pur et léger, et non cet air étouffant à force de parfums et d'humidité.

Pendant quinze verstes, nous allâmes au pas, rarement au petit trot. Je voulais atteindre avant la nuit le petit village de Sviatoïé, situé au cœur de la forêt. Plusieurs fois, j'avais rencontré des paysans portant sur leurs telegas de longues poutres ou des écorces de tilleul. «Y a-t-il loin d'ici à Sviatoïé? demandai-je à l'un d'eux.

—Non, pas loin: trois verstes environ.»

Deux heures se passent; nous marchions toujours. Enfin j'entends le grincement des roues d'un telega. Un paysan paraît, marchant à côté de son petit cheval: «Frère, combien y a-t-il d'ici à Sviatoïé?

—Qu'est-ce?

—D'ici à Sviatoïé?

—Huit verstes.»

Le soleil se couchait quand je sortis enfin du bois, et j'aperçus devant moi un petit village. Une vingtaine d'*isbas* se pressaient autour d'une vieille église en bois à coupole unique et à toiture verte, dont les petites fenêtres s'enflammaient au soleil couchant. C'était Sviatoïé. Ce village avait jadis appartenu à un monastère, et son église possédait une petite image miraculeuse, à l'influence de laquelle les habitants attribuaient leur bonne fortune d'être restés libres, au beau milieu des possessions d'un puissant seigneur. De là, le village avait conservé son nom. Au moment d'y entrer, le troupeau commun dépassa mon *tarantass* en courant au milieu d'un tourbillon de poussière, avec des beuglements, des bêlements, des grognements tels que si une troupe de loups se fût mise à leurs trousses. Les filles du village, de longues gaules à la main, couraient avec de grands cris à la rencontre de leurs vaches; les jeunes garçons, aux cheveux de chanvre, poursuivaient les cochons indociles qui s'échappaient de tous côtés; et ce fut au milieu de cet infernal brouhaha que je fis mon entrée dans le village de Sviatoïé.

Je mis pied à terre chez le *starosta*, Poléka fin et rusé, de cette race de gens dont on dit en Russie qu'ils voient à plusieurs archines sous terre. Le lendemain, de bonne heure, je partis dans un telega à deux chevaux du pays, ornés de gros ventres, avec le fils du starosta et un autre paysan du nom de

Yégor, dans l'intention de chasser le grand tétras ou coq de bruyère. À l'horizon, tout alentour, la forêt étendait ses cercles bleuâtres; il n'y avait pas plus de deux cents déciatines de terres défrichées autour du village. Mais il fallait faire sept verstes pour arriver aux bons endroits. Le fils du starosta, qui se nommait Kondrate, était un jeune gars aux cheveux châtains, aux joues vermeilles, à l'expression franche et ouverte; il était serviable et bavard. Il menait les chevaux. Yégor était assis près de moi. Il faut que je dise deux mots de celui-ci. Il était réputé pour le meilleur chasseur de tout le district. Il avait battu le pays dans toutes les directions, à cinquante verstes de distance. Rarement il tirait un coup de fusil, car il avait fort peu de poudre et de plomb. Mais il se contentait d'avoir fait répondre une gélinotte à l'appeau, ou bien d'avoir trouvé l'endroit où les mâles des doubles bécassines se rassemblent et se battent. Yégor avait la réputation d'homme véridique et d'homme silencieux. En effet, il n'aimait pas à parler et n'exagérait point le nombre de gibier qu'il avait découvert, chose rare chez un chasseur de profession. Il était de taille moyenne, maigre, le visage long et pâle, avec des grands yeux aux regards honnêtes et calmes. Tous ses traits, et surtout ses lèvres toujours immobiles, respiraient une tranquillité inaltérable; les rares paroles qu'il laissait tomber s'accompagnaient d'un sourire retenu qui faisait plaisir à voir. Il ne buvait jamais d'eau-de-vie et travaillait assidûment. Mais il n'avait pas de chance; sa femme était toujours malade, ses enfants mouraient, et, comme tout paysan russe tombé dans la misère, il ne trouvait plus moyen de revenir sur l'eau. Il faut avouer d'ailleurs que la passion de la chasse ne sied guère à un paysan. Était-ce une disposition naturelle de son âme? Était-ce le résultat de sa vie incessamment passée dans les forêts face à face avec la triste et sévère nature de ces déserts? Le fait est que, dans tous les mouvements de Yégor, il y avait une sorte de gravité modeste qui n'avait rien de rêveur, la gravité d'un grand cerf des bois. Il avait tué sept ours dans le cours de sa vie, en les attendant à l'affût près des avoines. Il ne s'était décidé que la quatrième nuit à tirer le dernier des sept, parce qu'il ne le trouvait jamais assez bien placé pour le tuer sûrement, et qu'il n'avait qu'une seule balle à mettre dans son fusil. Yégor l'avait tué la veille de mon arrivée. Lorsque Kondrate me mena chez lui, je le trouvai dans la petite cour de la maison, accroupi devant l'énorme animal. Il le dépeçait avec un méchant couteau, mettant soigneusement dans un pot sa graisse, qui devait plus tard oindre les cheveux de quelque élégant.

«Comment as-tu tué ce monstre?» lui dis-je.

Yégor leva la tête, me jeta un regard, et considéra attentivement mon chien.

«Si vous êtes venu pour chasser, me dit-il, il y a des coqs de bruyère à Mochnoï, quatre couvées, et sept de gélinottes.»

Puis il se remit à l'ouvrage.

C'est avec ce Yégor que nous partîmes le lendemain pour la chasse.

Nous traversâmes rapidement la plaine qui entoure Sviatoïé; mais, une fois dans la forêt, il fallut nous remettre au pas. «Tiens, Yégor, voilà un ramier, s'écria Kondrate en le poussant du coude; tire-lui dessus.» Yégor jeta un regard de côté, et ne bougea point. Il y avait plus de cent pas de nous à l'oiseau. Kondrate fit encore quelques remarques à haute voix; mais l'éternel silence de la forêt finit par tomber sur lui-même, et le fit taire aussi. Sans échanger d'autres paroles, et écoutant seulement le souffle des chevaux, nous arrivâmes à Mochnoï. C'était le nom qu'on donnait à une partie du bois composée de pins immenses. Yégor et moi, nous descendîmes du telega, que Kondrate poussa dans un épais massif, pour mettre les chevaux à l'abri d'énormes cousins à aigrette. Yégor examina les platines de son fusil, puis fit un grand signe de croix. C'est par là qu'il commençait toute chose. L'endroit de la forêt où nous entrâmes était d'une extrême vieillesse. Je ne sais si les Tatares l'avaient traversé pendant leurs invasions; mais certes les Polonais et les rebelles russes, du temps des faux Démétrius, avaient pu chercher asile dans ses impénétrables profondeurs. À longue distance l'une de l'autre, s'élevaient en colonnes d'un jaune pâle des arbres immenses; d'autres, plus jeunes, dressaient plus serrées leurs tiges sveltes. Une mousse verdâtre, toute parsemée d'épingles de pin, couvrait la terre. La *golonbiker* aux baies bleuâtres croissait en grande abondance, et sa forte odeur, pareille à celle du musc, oppressait la respiration. Le soleil ne pouvait pénétrer à travers l'entrelacement des branches; et pourtant il ne faisait pas sombre dans la forêt. L'air immobile, sans lumière et sans ombre, brûlait le visage. De lourdes gouttes de résine transparente sortaient comme des gouttes de sueur de la rugueuse écorce des arbres, et descendaient lentement.

Tout se taisait; on n'entendait pas même le bruit de nos pas; nous marchions sur la mousse comme sur un tapis. Yégor surtout se mouvait comme une ombre; il ne faisait pas crier une feuille sèche en posant le pied dessus. Il marchait sans se hâter, et sifflait de temps à autre dans son appeau. Une gélinotte répondit bientôt, et je la vis se jeter dans un épais sapin. Mais Yégor eut beau me l'indiquer; j'eus beau faire tous mes efforts pour la voir; je ne pus jamais la découvrir, et ce fut Yégor qui dut l'abattre. Nous trouvâmes aussi deux couvées de grands tétras. Mais ces puissants oiseaux s'enlevaient de loin avec un fracas lourd et retentissant. Nous ne pûmes en tuer que trois jeunes. Yégor s'arrêta tout à coup près d'un *maïdane*, et m'appela par un geste. «Un ours est venu chercher de l'eau, me dit-il en me montrant une large et fraîche écorchure sur la surface de la mousse qui tapissait un trou.—C'est sa patte? lui dis-je.—Oui, mais il n'y a plus d'eau. Sur ce pin-là, il y a aussi sa trace. Il est allé y chercher du miel. Voilà des entailles comme faites au couteau.»

Nous continuâmes à nous enfoncer dans la forêt. Yégor marchait avec une assurance calme, et se contentait de jeter des regards en haut, dans les rares éclaircies qui laissaient voir le ciel. J'aperçus une élévation circulaire, entourée d'un fossé presque comblé par le temps. «Est-ce encore un *maïdane*? demandai-je.—Non; ç'a été un fort de brigands. Il y a longtemps; nos grands-pères en avaient déjà oublié l'époque. Il y a un trésor enfoui là-dessous; mais, pour l'avoir, il faut avoir versé du sang humain.» Yégor fit un nouveau signe de croix. La chaleur m'accablait; je me plaignis de la soif. «Attendez un peu, me dit-il, je connais une bonne source.» Et, avant que j'eusse le temps de répondre, il avait disparu...

Je m'assis sur un tronc d'arbre, les coudes sur les genoux; puis, après un long intervalle, je relevai la tête et jetai un long regard autour de moi. Oh! comme tout était morne et triste! pas seulement triste, mais muet et menaçant. Si du moins le moindre son, le plus petit frôlement, eût retenti dans le profond abîme de la forêt! Mon cœur se resserra; dans cet instant, à cette place, je sentis presque le souffle de la mort. Je touchai en quelque sorte son incessante présence. Je baissai la tête sous une secrète terreur, comme si j'avais jeté un regard dans un endroit où il est défendu à l'homme de regarder. Je fermai les yeux avec la main, et tout à coup, comme obéissant à un ordre intérieur, je me rappelai toute ma vie passée.

Voilà que je revis mon enfance bruyante et tranquille, querelleuse et bonne, avec ses joies hâtives et ses rapides chagrins; puis ma jeunesse confuse, étrange, bizarre, pleine d'amour-propre, avec toutes ses fautes et ses aspirations, son travail désordonné et son inaction agitée. Vous me vîntes aussi à la mémoire, vous, mes amis de vingt ans, compagnons de mes premiers essais dans la vie. Puis, comme un éclair dans la nuit, apparurent quelques souvenirs lumineux. Puis des ombres s'avancèrent et grossirent de tous côtés; les années se déroulaient devant moi plus sombres et plus lourdes, et la tristesse me tomba sur le cœur comme une pierre. Assis, immobile, je regardais comme si le rouleau de ma vie se fût déroulé devant moi. «Oh! qu'ai-je fait? murmuraient amèrement mes lèvres. Oh! ma vie, comment as-tu glissé de mes mains sans laisser de traces? Est-ce toi qui m'as trompé? Est-ce moi qui n'ai pas su profiter de tes dons? Ce rien, cette pincée de cendre et de poussière, voilà tout ce qui reste de toi. Ce quelque chose de froid, d'inerte et d'inutile, est-ce moi, le moi d'autrefois? Comment! Mon âme désirait un bonheur si plein! Elle repoussait avec tant de mépris tout ce qui lui semblait incomplet! Elle se disait: «Voilà le bonheur; il va fondre sur moi comme un grand fleuve; et pas une goutte n'a seulement touché mes lèvres! Ou bien peut-être que le bonheur, le vrai bonheur de ma vie, a passé tout près de moi, m'a souri de son sourire radieux, et que je n'ai pas su le reconnaître. Ou bien il s'est assis à mon chevet, et je l'ai oublié comme un rêve. Comme un rêve,» répétai-je tristement. Des formes confuses, des images insaisissables glissaient dans mon âme en y excitant des sentiments où se mêlaient la compassion sur moi-même, les regrets, la désespérance et la résignation. Oh! mes cordes d'or, je n'ai pas entendu vos cantiques! Vous n'avez donné des sons qu'en vous brisant. Et vous, ombres chères, ombres si connues, vous qui m'entourez ici dans cette morne solitude, pourquoi êtes-vous vous-mêmes si tristement et si profondément silencieuses? Sortez-vous de l'abîme? Comment comprendrais-je vos regards muets? Me dites-vous encore adieu, ou me saluez-vous comme un ami au retour? Pourquoi coulez-vous de mes yeux, gouttes avares et tardives? Oh! mon cœur, à quoi bon des regrets? Tâche d'oublier, si tu veux être calme; habitue-toi aux résignations des séparations éternelles, à ces mots amers; «Adieu pour toujours.» Ne retourne pas en arrière; ne te ressouviens pas; ne t'élance pas là-bas où il fait clair et serein, où rit la jeunesse, où l'espérance se couronne des fleurs du printemps, où la joie agite ses ailes de colombe, où l'amour, comme la rosée à l'aurore, brille tout humide des larmes de la volupté. Non, ne t'élance pas là-bas où est la félicité, la foi, la force, la puissance. Là n'est pas notre place.

«Voici votre eau; levez-vous et buvez avec Dieu,» prononça derrière moi la voix mâle d'Yégor. Je tressaillis involontairement; cette parole vivante ébranla joyeusement tout mon être. C'était comme si je fusse tombé dans un sombre abîme où tout se taisait autour de moi, où l'on n'entendait plus que le long et continuel gémissement d'une douleur sans fin, et que tout à coup, d'une seule secousse, une puissante main d'ami m'eût ramené à la lumière du bon Dieu. Ce fut avec un vrai bonheur que je revis devant moi la calme et loyale figure de mon guide. Il était là, dans sa pose assurée, et me tendait, avec son charmant sourire, une petite bouteille pleine d'eau limpide et transparente. «Allons, dis-je en me levant et en lui serrant la main avec une sorte d'enthousiasme, conduis-moi, je te suis.» Il sourit de nouveau, et se remit en marche.

Nous continuâmes à parcourir la forêt jusqu'au soir. Le froid et l'ombre succédèrent si rapidement à la chaleur et à la lumière, qu'il fallut battre en retraite: «Retirez-vous, inquiets vivants,» semblait dire de derrière chaque arbre une voix farouche.

Au sortir du bois, nous ne retrouvâmes plus Kondrate. En vain nous criions pour l'appeler, il ne répondait pas. Tout à coup nous l'entendîmes au fond d'un ravin, près de nous, qui parlait doucement à ses chevaux. Un vent subit avait soufflé rapidement et s'était calmé aussi vite, sans laisser d'autre trace de son passage que des feuilles mises à l'envers, ce qui donnait aux arbres immobiles un aspect bigarré. Ce souffle imperceptible avait suffi pour empêcher Kondrate d'entendre nos cris. Nous montâmes dans le telega, et partîmes pour le village. Courbé sur moi-même et aspirant l'air humide du soir, je sentis toutes mes rêveries de la journée se fondre en un seul sentiment, celui de la lassitude et du sommeil, en un seul désir, celui de retourner bien vite sous un toit humain, de boire une tasse de thé à la crème, de m'enfoncer dans du foin odorant, et de m'endormir avec délices.

DEUXIÈME JOURNÉE

Le lendemain, de bonne heure, nous nous remîmes tous trois en marche pour la *Gary*. Dix années auparavant, plusieurs milliers de déciatines avaient brûlé dans les Grands-Bois. Les arbres n'avaient pas repoussé. On ne voyait sur ce vaste emplacement que de tout petits sapins. Le sol était couvert de mousse et de cendre, à travers lesquelles croissaient une multitude d'arbustes à fruits sauvages, fraises, framboises, airelles et canneberges, dont les coqs de bruyère sont très-friands. Aussi les trouvait-on, en cet endroit, en quantité prodigieuse. Nous avancions en silence, quand tout à coup Kondrate se redressa: «Eh! dit-il, n'est-ce pas Ephrem que je vois là? En effet, c'est bien lui. Bonjour, Alexandritch,» ajouta-t-il en élevant la voix et en ôtant son bonnet.

Un paysan de petite taille, vêtu d'un court *armiak* noir, et les reins ceints d'une corde, parut de derrière un arbre, et s'approcha de notre telega.

«On t'a relâché? demanda Kondrate.

—Je le crois bien, répondit l'homme en montrant ses dents: il ne fait pas bon de me tenir sous clef.

—Tiens! et moi qui croyais, je te l'avoue, Alexandritch, que cette fois-ci l'oie n'avait plus qu'à se mettre sur le gril!

—Si tu l'as cru, tu es un nigaud.

—Et le *Stanovoï?*...

—Bah! le *Stanovoï*.... ça veut être un loup, et ça a une queue de chien. Tu vas à la chasse, barine? ajouta-t-il en jetant sur moi un regard de ses petits yeux clignotants.

—À la chasse, dis-je.

—À la *Gary*, ajouta Kondrate.

—Dans la cendre tu pourrais trouver du feu, dit le paysan continuant à ricaner; j'y ai vu beaucoup de coqs de bruyère. Mais vous n'arriverez pas jusque-là; il y a vingt verstes à vol d'oiseau à travers le bois. Yégor lui-même, qui est dans la forêt comme dans sa basse-cour, ne parviendrait pas à y arriver. Bonjour, âme de Dieu, ce qui veut dire peu,» dit-il à Yégor en lui frappant sur le bras.

Yégor le regarda gravement, et lui fit un léger signe de tête.

De longtemps je n'avais vu une figure aussi étrange que celle de cet Ephrem. Il avait le nez long, aigu, de larges lèvres, une barbe courte et rare, et ses yeux bleus couraient perpétuellement çà et là. Il se tenait crânement, les mains sur la hanche, et son bonnet enfoncé jusqu'aux sourcils.

«Tu reviens passer quelques jours chez toi? reprit Kondrate.

—Quelques jours; il fait beau maintenant, frère. Mon sentier est devenu un grand chemin. Je puis rester couché sur mon poêle jusqu'à l'hiver; aucun chien à collet rouge n'aboiera sur moi. Le maréchal m'a dit dans la ville: «Décampe, Alexandritch, sors de notre district; nous te donnerons un passeport de première qualité.» Mais vous autres, gens de Sviatoïé, j'ai eu pitié de vous; vous ne trouveriez plus un aussi fin voleur.

—Allons, tu es toujours farceur, notre oncle, dit Kondrate en riant, et il frappa de ses rênes les chevaux qui se mirent en marche.

—Prrr! fit Ephrem, et les chevaux s'arrêtèrent.

—Veux-tu finir? dit Kondrate; tu vois bien que nous allons avec un seigneur, il se fâchera.

—Mais, gros canard, de quoi se fâcherait-il? c'est un bon seigneur. Tu vas voir qu'il me donnera pour boire un coup. Eh! barine, donne au pauvre vagabond de quoi s'acheter une bouteille d'eau-de-vie. Comme je l'écraserais en ton honneur!» ajouta-t-il en soulevant le coude jusqu'à l'épaule, et en grinçant des dents.»

Je lui donnai un *grivnik*, et je dis à Kondrate de fouetter.

«Très-content de Votre Seigneurie, cria Ephrem à la façon des soldats. Et toi, Kondrate, sache dorénavant chez qui tu dois prendre leçon. As-tu peur, tu es perdu; as-tu du courage, tu dévores tout. Écoute, quand tu reviendras au pays, viens me voir; la bombance durera trois jours chez moi. Nous casserons bien des goulots de bouteilles. Ma femme est une joyeuse commère, ma maison ouverte à tout venant. Saute, ami Ephrem, saute, alerte pie, avant qu'on ne t'ait arraché la queue.»

Et, poussant un sifflement aigu, il disparut dans les broussailles.

«Qu'est-ce que c'est que cet Ephrem? dis-je à Kondrate, qui ne cessait de secouer la tête comme s'il se fût parlé à lui-même.

—Cet Ephrem? reprit-il; ah! ah! c'est un homme comme il n'y en a pas à cent verstes à la ronde; un voleur fini. Rien que voir le bien d'autrui lui fait cligner de l'œil. Fuyez-le en vous cachant dans la terre, il vous déterrera. Et quant à l'argent, essayez de vous asseoir dessus, il vous l'ôtera de dessous vous.

—Il me paraît bien hardi.

—Hardi! il ne craint pas le diable, c'est tout dire. On ne peut rien lui faire. Combien de fois l'a-t-on mené à la ville, et mis en prison? Dépenses inutiles. On se met à le lier, et lui vous dit: «Que n'attachez-vous cette jambe-là? Attachez-la plus fort pendant que je dormirai, et je serai à la maison avant mon escorte.» Et en effet, à peine parti, on le revoit au pays.

—D'où est-il? de chez vous?

—Oui, de Sviatoïé. C'est un homme.... Voyez seulement son nez, sa physionomie (Kondrate avait été une fois à la ville, et, depuis ce temps, employait des termes ambitieux). Nous autres Polékas, nous connaissons bien la forêt depuis notre enfance; mais aucun de nous ne peut se comparer à lui. Une nuit, il est venu tout droit ici d'Altonkino; il y a quarante verstes, et personne n'avait jamais fait ce chemin. C'est aussi le premier homme du monde pour voler le miel; les abeilles ne le piquent point. Il a ruiné tous les éleveurs de ruches.

—Il ne doit pas épargner non plus les *borts*?

—Oh non! il ne faut pas le calomnier. Jamais encore on ne lui a trouvé ce péché. Le *bort* est chose sacrée chez nous. Une ruche est faite de main d'homme, et gardée par des hommes. Si tu réussis à la voler, tant mieux pour toi; mais les abeilles sont à la garde de Dieu; il n'y a que l'ours qui touche à leur miel.

—Aussi l'ours est-il un animal privé de raison, remarqua Yégor.

—Ephrem a-t-il de la famille? demandai-je.

—Certainement, il a un fils; et quel voleur ce sera avec le temps! c'est le père tout craché. Ephrem commence à l'enseigner. Un de ces derniers jours, il a rapporté un pot rempli de vieux sous, et il l'a enterré dans une petite éclaircie, puis il a envoyé son fils au bois, en lui disant que, tant qu'il n'aurait pas trouvé le pot, il ne lui donnerait rien à manger, et ne le laisserait pas même rentrer dans la maison. Le fils est resté au bois tout un jour avec sa nuit, et il a fini par déterrer le pot. Oui, c'est un homme bien singulier que cet Ephrem; tant qu'il est dans sa maison, c'est le meilleur vivant du monde, il donne à tout le monde à boire et à manger. On ne fait que danser chez lui; on y fait les cent coups. Et quand il y a une assemblée d'anciens, personne ne donne un meilleur conseil que lui. Il s'approche du cercle par derrière, écoute un moment, vous dit le mot juste comme s'il donnait un coup de hache au bon endroit, et s'en va en riant. Mais du moment qu'il part pour la forêt, c'est alors qu'il est dangereux. Du reste, il faut le dire, il ne touche à nous autres de Sviatoïé que quand il ne peut pas faire autrement. D'ordinaire, s'il rencontre l'un de nous, il nous crie de loin: «Au large, frère! l'esprit de la forêt a soufflé sur moi.»

—Comment! dis-je, vous êtes une commune entière, et vous ne pouvez venir à bout d'un seul homme?

—Mais apparemment.

—Le tenez-vous donc pour un sorcier?

—Dieu seul sait ce qu'il est. Il y a quelque temps, il est entré dans le rucher du sous-diacre; mais le sous-diacre faisait le guet lui-même; il l'empoigna dans les ténèbres, et le rossa. Quand il lui eut donné sa volée, Ephrem lui dit: «Sais-tu qui tu as battu?» Dès que le sous-diacre eut reconnu sa voix, il se sentit glacé de terreur; et se jeta à ses pieds: «Prends, lui dit-il, tout ce que tu veux.— Non, reprit l'autre, je te prendrai ce que je voudrai, à mon heure et à mon goût; mais sache que tu n'en seras pas quitte.» Depuis ce temps, le sous-diacre semble un échaudé; il erre comme une ombre. «Le cœur me fond dans la poitrine, me disait-il l'autre soir; ce brigand-là m'a jeté quelques mots bien cruels.»

—Votre sous-diacre doit être bien bête.

—Ah! vous croyez? Eh bien! écoutez-moi. Un jour, arrive de l'autorité l'ordre de s'emparer d'Ephrem à tout prix. Le *Stanovoï* était tout neuf à son poste, il voulait se signaler. Voilà qu'une dizaine de paysans vont à la forêt à la recherche d'Ephrem, et, à peine étaient-ils arrivés, qu'il vient à leur rencontre. «Prenez-le! liez-le!» crie l'un d'eux. Pour Ephrem, il entre tranquillement dans le bois, se taille un bâton de trois doigts d'épaisseur, et, ce bâton à la main, il bondit tout à coup sur la route, la face hideuse: «À genoux!» cria-t-il, comme un tzar à la parade; et tous se mirent à genoux. «Qui de vous, continua Ephrem, a dit qu'on me lie? Est-ce toi, Séroga?» Séroga, qui l'entend, se lève d'un seul bond et s'enfuit comme un lièvre. Ephrem se mit à sa poursuite, et pendant toute une verste lui caressa le dos avec son bâton. «C'est dommage, dit-il après, que je ne l'aie pas empêché de manger gras,» car l'affaire se passait à la fin du carême de saint Philippe. Quant au *Stanovoï*, il fut bientôt renvoyé, et tout fut dit.

—Il vous a tous terrifiés, et il vous mène comme de petits enfants.

—Croyez-vous donc qu'il ne soit pas terrible? Et quel homme ingénieux! c'est à le baiser. Un jour, je le rencontrai dans la forêt; il tombait une grosse pluie. Dès que je l'aperçus, je voulus décamper; mais il me fit un petit signe de la main, et me dit: «Approche, Kondrate, ne crains rien, je suis miséricordieux aujourd'hui; viens apprendre de moi comme on vit dans la forêt, comme on sait rester sec pendant la pluie. Je m'approchai: il était assis sous un sapin; il avait fait un petit feu de bois vert; une épaisse fumée blanche était entrée dans les branches de sapin, et empêchait la pluie d'y tomber. Je l'admirai, et lui me dit: «Dieu dit à la pluie: *Tombe et mouille*; et Ephrem dit: *Tu ne mouilleras pas.*» Mais son tour le plus fameux (et ici Kondrate éclata de rire), je vais vous le conter. On avait battu de l'avoine au fléau, mais on n'avait pas eu le temps de ramasser le dernier tas avant la nuit. On y mit pour la garde deux jeunes gars qui n'étaient pas trop éveillés. Les voilà donc qui causent ensemble, se tenant aux aguets; et Ephrem, qui avait tout observé, ne s'avise-t-il pas d'emplir de paille les jambes de son pantalon, bien attachées par le bout, et de se les mettre sur la tête! Le voilà qui arrive en rampant derrière une haie, et qui montre petit à petit le bout de ses cornes. L'un des gars dit à l'autre: «Vois-tu?» l'autre dit: «Je vois,» et bientôt on n'entendit plus que le bruit des haies qu'ils franchissaient en courant l'un après l'autre. Ephrem s'approcha de l'avoine, la mit dans un sac et l'emporta chez lui; et le lendemain, c'est lui qui vint tout raconter à l'assemblée, et les pauvres garçons furent bafoués. Pourtant, tous les autres en eussent fait autant qu'eux.»

Et Kondrate partit d'un éclat de rire.

Le grave Yégor ne put s'empêcher de sourire aussi.

«Oui, on n'entendait que les haies craquer,» reprit Kondrate... Et s'interrompant tout à coup: «Bon Dieu! dit-il, c'est un incendie.

—Un incendie! où cela? m'écriai-je.

—Oui, regardez devant nous. Ephrem l'a bien prophétisé. C'est peut-être lui qui a mis le feu, et pas pour la première fois. C'est sa besogne, âme damnée qu'il est.»

Je regardais dans la direction qu'indiquait Kondrate. En effet, à deux ou trois verstes devant nous, une grosse colonne de fumée grisâtre s'élevait en ondoyant avec lenteur et en s'élargissant par le sommet. D'autres colonnes de fumée, plus petites et plus blanches, se voyaient à droite et à gauche.

Un paysan, la face rouge, inondée de sueur, et les cheveux hérissés, arriva sur nous au grand galop, et arrêta avec peine son cheval qui n'était pas bridé.

«Frères, s'écria-t-il, avez-vous vu les gardes de forêt?

—Nous n'avons vu personne; est-ce votre bois qui brûle?

—Oui, notre bois. Ah! nous sommes perdus; la dernière fois, on nous a menacés..., il faut rassembler le monde, car si la flamme se jette du côté de Trosni...» Il talonna vivement sa monture, et partit à toutes jambes.

Kondrate fouetta aussi ses chevaux. Nous allions droit sur la fumée, qui s'étendait de plus en plus. Par endroits, elle devenait tout à coup noire, et s'élançait en longues gerbes. Plus nous avancions, plus les contours de la fumée devenaient indistincts. Tout l'air fut troublé, une forte odeur de brûlé nous prit à la gorge, et voilà que, s'agitant d'une étrange façon à la lumière du jour, parurent d'un rouge pâle, derrière de petits flocons de fumée très-blanche, les premières langues de la flamme.

«Ah! grâce à Dieu s'écria Kondrate, l'incendie est surterrain.

—Comment dis-tu?

—Surterrain; c'est-à-dire que l'incendie court seulement sur la terre. Avec l'incendie souterrain, il est difficile de lutter. Que voulez-vous faire quand la terre elle-même brûle à plus d'une archine de profondeur? Il n'y a qu'un seul moyen de salut: c'est de creuser des fossés: est-ce facile? Quant à l'incendie surterrain, il ne fait que manger l'herbe et les feuilles sèches; la forêt ne s'en porte que mieux. Ah! cependant, seigneur, voyez quelles gerbes s'élancent.»

Nous approchâmes jusqu'auprès de la ligne de l'incendie. Je mis pied à terre, et marchai à sa rencontre. Ce n'était ni difficile ni dangereux; le feu courait à travers un bois de pins, peu serré et contre le vent. Il s'avançait en lignes ondoyantes, ou, pour parler plus exactement, en petites murailles dentelées, formées de langues de feu rejetées en arrière par le vent qui emportait la fumée. Kondrate avait dit juste. Cet incendie ne faisait que raser l'herbe, et marchait rapidement, ne laissant derrière lui qu'une trace noire et fumante où se voyaient à peine quelques étincelles. Il est vrai que, lorsqu'il rencontrait par hasard quelque trou rempli de feuilles sèches et de bois mort, le feu s'élançait tout à coup en longues mèches qui se tordaient avec fureur, faisant entendre une sorte de mugissement sinistre; mais il retombait bientôt au niveau ordinaire, et reprenait sa course en pétillant. Je remarquai même plus d'une fois qu'un buisson de chênes, tout desséchés, restait intact, bien qu'envahi par l'incendie; les seules feuilles d'en bas noircissaient un peu. J'avoue que je ne pouvais comprendre comment ces buissons ne s'enflammaient pas. Kondrate avait beau me répéter que l'incendie était surterrain, et dès lors pas méchant.

«C'est pourtant le même feu, lui disais-je.—Mais puisque je vous dis, répétait-il, que c'est un incendie surterrain.»

Cependant, l'incendie ne laissait pas de produire ses effets. Les lièvres couraient tout effarés et revenaient sans raison se rejeter sur le feu; des oiseaux qui étaient entrés dans la fumée se mettaient à tournoyer; les chevaux frissonnaient et regardaient avec inquiétude de côté et d'autre. La forêt, alentour, semblait elle-même gronder, et l'homme ne pouvait se défendre d'un sentiment d'effroi en sentant les bouffées de chaleur le frapper tout à coup au visage.

«Si nous ne pouvons rien faire, qu'avons-nous à regarder? dit Yégor; partons.

—Par où passer? dit Kondrate.

—Toujours en avant, reprit Yégor; c'est le moyen de passer partout.»

Nous suivîmes son conseil, et nous parvînmes à la *Gary*, bien que les chevaux eussent eu souvent à poser le nez contre terre. Là, nous passâmes une journée entière, et nous y fîmes une bien belle chasse. Vers le soir, avant que le crépuscule eût rougi le ciel, les ombres des arbres s'étendaient déjà longues et droites, et l'on sentait cette légère fraîcheur qui précède la rosée. Je m'assis par terre sur la route, près de la telega auquel Kondrate attelait les chevaux, et me rappelai mes sombres rêveries de la veille. Tout était aussi tranquille autour de moi; mais il n'y avait plus cette pesante sensation de la forêt. Sur la mousse desséchée, sur les bruyères en fleurs, sur la fine poussière de la route, sur les sveltes tiges et les feuilles luisantes des jeunes bouleaux, tombait la douce et caressante lumière du soleil abaissé à l'horizon. Tout reposait, plongé dans une fraîcheur tranquille; rien ne dormait encore, mais tout se préparait déjà au salutaire apaisement de la nuit. Tout semblait dire à l'homme: «Repose-toi aussi, notre frère; respire allègrement, et ne te fais pas d'inutiles soucis avant d'entrer dans le sein du sommeil.» En ce moment, je soulevai la tête, et j'aperçus à la pointe d'une branche une de ces grandes mouches à la tête d'émeraude, au corps effilé, et portant quatre ailes de gaze, que les élégants Français ont appelées demoiselles. Longtemps je ne la quittai point du regard; toute saturée de soleil, elle se bornait, sans bouger, à secouer quelquefois la tête et à faire frémir ses ailes soulevées. À force de la regarder, il me sembla que je comprenais le sens de la vie de la nature; une animation tranquille et lente, une absence de hâte, rien de trop, l'équilibre de toutes les sensations. Voilà la loi fondamentale. Tout ce qui sort de ce niveau, soit au-dessus soit au-dessous, est rejeté par la nature. Un animal malade s'enfonce dans un fourré pour y mourir seul; il sent qu'il n'a plus le droit de vivre avec ses égaux. Beaucoup d'insectes périssent au moment même où ils ressentent les joies de l'amour, ces joies qui rompent l'équilibre; et quant à l'homme qui, par sa faute ou par celle d'autrui, est jeté hors des voies communes, il doit au moins savoir ne pas se plaindre et se résigner.

«Allons, Yégor! s'écria Kondrate, qui, pendant ces belles réflexions, s'était installé sur le banc de la telega, viens t'asseoir ici. À quoi rêves-tu? est-ce à ta vache?

—À sa vache? répétai-je, en levant les yeux sur le grave et placide visage d'Yégor; il semblait rêver, en effet, et regardait au loin dans la campagne qui commençait à s'assombrir.

—Hélas! oui, continua Kondrate; il a perdu cette nuit sa dernière vache. Ah! c'est bien vrai, il n'a pas de chance.»

Yégor s'assit sans mot dire sur le siége, et nous partîmes; il savait, lui, ne pas se plaindre.

II

Cependant l'immense talent et l'immense succès des essais littéraires de Tourgueneff lui inspiraient la pensée de développer ce talent en romans *plus humains*, plus vastes et plus complets d'une seule pièce. Il composa alors ce qu'il crut un roman, mais ce qui n'était au fond qu'une étude des classes plus élevées de la Russie. Les touches de son pinceau y brillèrent aussi fines, aussi sensibles, aussi délicates, mais la conception entière manqua au livre, ce fut encore ce que les Anglais appellent un *essayiste*, il ne fut pas dans ces ouvrages un vrai romancier. Quoiqu'écrivain supérieur à Balzac dans la perfection des détails et dans le portrait des personnages, hommes ou femmes, il n'atteignit pas du premier coup la grandeur de son cadre, il ne sut pas ramener comme nos romanciers la diversité des caractères à l'unité dramatique. Les grands romans furent manqués, mais les épisodes furent parfaits, plus parfaits que dans la plupart des aurores modernes de la France ou de l'Angleterre, et l'étrangeté des sujets et des mœurs donna à Tourgueneff un intérêt et un charme de plus.

Celui de ses ouvrages publiés jusqu'ici où éclatent le plus ses qualités et ses défaillances, a paru tout récemment, sous le titre d'une *Nichée de gentilshommes*; c'est évidemment une peinture des mœurs de la classe élégante supérieure à la bourgeoisie et au commun dans l'empire. Ce livre est plus historique que romanesque. Il a des parties admirables et des parties stériles comme des mémoires où l'art manque de temps en temps, mais où la vérité éclate toujours. Nous allons l'extraire pour vous.

UNE NICHÉE
DE GENTILSHOMMES

I

C'était au déclin d'une belle journée de printemps; çà et là flottaient dans les hautes régions du ciel de petits nuages roses, qui semblaient se perdre dans la profondeur de l'azur plutôt que planer au-dessus de la terre.

Devant la fenêtre ouverte d'une jolie maison située dans une des rues extérieures du chef-lieu du département d'O... (l'histoire se passe en 1842), étaient assises deux femmes, dont l'une pouvait avoir cinquante ans et l'autre soixante et dix. La première se nommait Maria Dmitriévna Kalitine. Son mari, ex-procureur du gouvernement, connu, dans son temps, pour un homme retors en affaires, caractère décidé et entreprenant, d'un naturel bilieux et entêté, était mort depuis dix ans. Il avait reçu une assez bonne éducation et fait ses études à l'Université; mais, né dans une condition très-précaire, il avait compris de bonne heure la nécessité de se frayer une carrière et de se faire une petite fortune. Maria Dmitriévna l'avait épousé par amour; il était assez bien de figure, avait de l'esprit et pouvait, quand il le voulait, se montrer fort aimable. Maria Dmitriévna,—Pestoff de son nom de fille,—avait perdu ses parents en bas âge. Elle avait passé plusieurs années dans une institution de Moscou, et, à son retour, elle s'était fixée dans son village héréditaire de Pokrofsk, à cinquante verstes d'O..., avec sa tante et son frère aîné. Celui-ci n'avait pas tardé à être appelé à Pétersbourg pour prendre du service, et, jusqu'au jour où la mort vint le frapper, il avait tenu sa tante et sa sœur dans un état de dépendance humiliante. Maria Dmitriévna hérita de Pokrofsk, mais n'y demeura pas longtemps. Dans la seconde année de son mariage avec Kalitine, qui avait réussi en quelques jours à conquérir son cœur, Pokrofsk fut échangé contre un autre bien d'un revenu considérable, mais dépourvu d'agrément et privé d'habitation. En même temps Kalitine acheta une maison à O..., où il se fixa définitivement avec sa femme. Près de la maison s'étendait un grand jardin, contigu par un côté aux champs situés hors de la ville. «De cette façon,—avait dit Kalitine, peu porté à goûter le charme tranquille de la vie champêtre,—il est inutile de se traîner à la campagne.» Plus d'une fois, Maria Dmitriévna avait regretté, au fond du cœur, son joli Pokrofsk, avec son joyeux torrent, ses vastes pelouses, ses frais ombrages; mais elle ne contredisait jamais son mari et professait un profond respect pour son esprit et la connaissance qu'il avait du monde. Enfin, quand il vint à mourir, après quinze ans de mariage, laissant un fils et deux filles, Maria Dmitriévna s'était tellement habituée à sa maison et à la vie de la ville qu'elle ne songea même plus à quitter O...

Maria Dmitriévna avait passé, dans sa jeunesse, pour une jolie blonde; à cinquante ans, ses traits n'étaient pas sans charme, quoiqu'ils eussent un peu grossi. Elle était moins bonne que sensible, et avait conservé, à un âge mûr, les défauts d'une pensionnaire; elle avait le caractère d'un enfant gâté, était irascible et pleurait même quand on troublait ses habitudes; par contre, elle était aimable et gracieuse lorsqu'on remplissait ses désirs et qu'on ne la contredisait point. Sa maison était une des plus agréables de la ville. Elle avait une jolie fortune, dans laquelle l'héritage paternel tenait moins de place que les économies du mari. Ses deux filles vivaient avec elle; son fils faisait son éducation dans un des meilleurs établissements de la couronne, à Saint-Pétersbourg.

La vieille dame, assise à la fenêtre, à côté de Maria Dmitriévna, était cette même tante, sœur de son père, avec laquelle elle avait jadis passé quelques années solitaires à Pokrofsk. On l'appelait Marpha Timoféevna Pestoff. Elle passait pour une femme singulière, avait un esprit indépendant, disait à chacun la vérité en face, et, avec les ressources les plus exiguës, organisait sa vie de manière à faire croire qu'elle avait des milliers de roubles à dépenser. Elle avait détesté cordialement le défunt Kalitine, et aussitôt que sa nièce l'eut épousé, elle s'était retirée dans son petit village, où elle avait vécu pendant dix ans chez un paysan, dans une izba enfumée. Elle inspirait de la crainte à sa nièce. Petite, avec le nez pointu, des cheveux noirs et des yeux vifs dont l'éclat s'était conservé dans ses vieux jours, Marpha Timoféevna marchait vite, se tenait droite, parlait distinctement et rapidement, d'une voix aiguë et vibrante. Elle portait constamment un bonnet blanc, et un casaquin blanc.

«Qu'as-tu, mon enfant? demanda-t-elle tout d'un coup à Maria Dmitriévna. Pourquoi soupires-tu ainsi?

—Ce n'est rien, répondit la nièce.—Quels beaux nuages!

—Tu les plains? hein!»

Maria Dmitriévna ne répondit rien.

«Pourquoi Guédéonofski ne vient-il pas? murmura Marpha Timoféevna, faisant mouvoir rapidement ses longues aiguilles.—Elle tricotait une grande écharpe de laine.—Il aurait soupiré avec toi, ou bien il aurait dit quelque bêtise.

—Comme vous êtes toujours sévère pour lui! Serguéi Petrowitch est un homme respectable.

—Respectable! répéta avec un ton de reproche Marpha Timoféevna.

—Combien il a été dévoué à mon défunt mari! dit Maria Dmitriévna. Je ne puis y penser sans attendrissement.

—Il eût fait beau voir qu'il se conduisît autrement? Ton mari l'a tiré de la boue par les oreilles,» grommela la vieille dame.

Et les aiguilles accélérèrent leur mouvement.

«Il a l'air si humble! recommença Marpha Timoféevna. Sa tête est toute blanche; et pourtant dès qu'il ouvre la bouche; c'est pour dire un mensonge ou un commérage. Et avec cela, il est conseiller d'État! D'ailleurs, que peut-on attendre du fils d'un prêtre?

—Qui donc est sans péché, ma tante? Il a cette faiblesse, j'en conviens. Serguéi Petrowitch n'a pas reçu d'éducation; il ne parle pas le français, mais il est, ne vous en déplaise, un homme charmant.

—Oui, il te lèche les mains! Qu'il ne parle pas le français... le malheur n'est pas grand... Moi-même, je ne suis pas forte dans ce dialecte. Il vaudrait mieux qu'il ne parlât aucune langue, mais qu'il dît la vérité.—Bon, le voilà qui vient; sitôt qu'on parle de lui, il apparaît, ajouta Marpha Timoféevna, jetant un coup d'œil dans la rue. Le voilà qui arrive à grandes enjambées, ton homme charmant! Qu'il est long! Une vraie cigogne!»

Maria Dmitriévna arrangea ses boucles. Marpha Timoféevna la regarda avec ironie.

«Qu'as-tu donc, ma chère? ne serait-ce pas un cheveu blanc? Il faut gronder ta Pélagie. Ne voit-elle donc pas clair?

—Vous, ma tante, vous êtes toujours ainsi,» murmura Maria Dmitriévna avec dépit.

Et elle commença à battre de ses doigts le bras du fauteuil.»

«Serguéi Petrowitch Guédéonofski!» annonça d'une voix aiguë un petit cosaque aux joues rouges, apparaissant derrière la porte.

III

Entrent en scène un beau jeune homme, employé du gouvernement, et un petit vieillard, maître de musique de *Lise*, fille aînée de la maison. Le jeune employé ressemble à tous les jeunes gens de sa profession en province, suffisant, ambitieux, rusé, il se nomme *Panchine*.

Le vieux professeur allemand, admirablement étudié et destiné à jouer un rôle ingrat et touchant dans le roman, est ainsi décrit:

Christophe-Théodore-Gottlieb Lemm était né en 1786 d'une famille de pauvres musiciens qui habitait la ville de Chemnitz, dans le royaume de Saxe. Son père jouait du hautbois, sa mère de la harpe. Pour lui, avant l'âge de cinq ans, il s'exerçait sur trois instruments différents. À huit ans, il resta orphelin; à dix, il commençait à gagner lui-même son pain de chaque jour. Longtemps il mena une vie de bohème, jouant partout, dans les auberges, aux foires, aux noces de paysans, voire même dans les bals; enfin, il réussit à entrer dans un orchestre, et, de grade en grade, parvint à l'emploi de chef d'orchestre. Son mérite, comme exécutant, se réduisait à bien peu de chose; mais il connaissait à fond son art. À vingt-huit ans, il émigra en Russie, où il avait été appelé par un grand seigneur, qui, tout en détestant cordialement la musique, s'était donné par vanité le luxe d'un orchestre. Lemm resta près de sept ans chez lui en qualité de maître de chapelle, et le quitta les mains vides. Ce grand seigneur s'était ruiné; il lui avait d'abord promis une lettre de change à son ordre, puis il s'était ravisé; et, tout compte fait, il ne lui avait pas payé un copeck.—Des amis lui conseillaient de partir; mais il ne voulait pas retourner dans sa patrie comme un mendiant, après avoir vécu en Russie, dans cette grande Russie, le pays de Cocagne des artistes. Pendant vingt ans, notre pauvre Allemand chercha fortune. Il séjourna chez différents patrons, vécut à Moscou comme dans les chefs-lieux de gouvernement, souffrit et supporta mille maux, connut la misère, et eut recours à tous les expédients imaginables. Cependant, au milieu de toutes ses souffrances, l'idée du retour au pays natal ne le quittait jamais et seule affermissait son courage. Le sort ne voulut pas lui accorder cette dernière et unique consolation. À cinquante ans, malade, décrépit avant l'âge, il arriva par hasard dans la ville d'O..... et s'y établit définitivement, ayant perdu tout espoir de quitter jamais le sol détesté de la Russie, et vivant misérablement du produit de quelques leçons.

L'extérieur de Lemm ne prévenait guère en sa faveur. Il était petit, voûté, avec des omoplates saillantes, un ventre rentré, de grands pieds tout plats, des ongles bleuâtres au bout de ses doigts durs et roides, et des mains rouges, les veines toujours gonflées. Son visage était ridé, ses joues creuses; et ses lèvres plissées, qu'il remuait perpétuellement comme s'il mâchait quelque chose, aussi bien que le silence obstiné qu'il gardait d'ordinaire, lui donnaient une expression presque sinistre. Ses cheveux pendaient en touffes grisonnantes sur son front peu élevé; ses yeux petits et immobiles avaient l'éclat terne de charbons sur lesquels on vient de verser de l'eau; il marchait lourdement, déplaçant à chaque pas toutes les parties de son corps disgracieux et difforme. Ses mouvements rappelaient parfois ceux d'un hibou qui se dandine dans sa cage, quand il sent qu'on le regarde, sans pouvoir, toutefois, rien voir avec ses prunelles grandes, jaunes, effarées et clignotantes. Un long et impitoyable chagrin avait apposé son cachet ineffaçable sur le pauvre musicien, et dénaturé sa physionomie déjà peu attrayante; mais, la première impression une fois dissipée, on découvrait quelque chose d'honnête, de bon, d'extraordinaire dans cette ruine ambulante.

Admirateur passionné de Bach et de Hændel, artiste dans l'âme, doué de cette vivacité d'imagination et de cette hardiesse de pensée qui n'appartiennent qu'à la race germanique, Lemm aurait pu,—qui sait?— atteindre au niveau des grands compositeurs de sa patrie, si le hasard eût autrement disposé de son existence.—Hélas! il était né sous une mauvaise étoile! Il avait beaucoup écrit, mais jamais il n'avait eu la joie de voir aucune de ses œuvres publiée: il ne savait pas s'y prendre; il n'avait pas le talent de faire à propos une courbette ou une démarche nécessaire. Une fois, il y avait bien des années, un de ses amis et admirateurs, Allemand pauvre comme lui, avait publié à ses frais deux de ses sonates,—mais, après être restées en bloc dans les magasins, elles avaient disparu sourdement et sans laisser de traces, comme si quelqu'un les avait jetées nuitamment à la rivière.—Lemm finit par en prendre son parti; du reste, il se faisait vieux; à la longue, il s'endurcit au moral, comme ses doigts s'étaient endurcis avec l'âge; seul avec sa vieille cuisinière, qu'il avait tirée d'un hospice (car il ne s'était jamais marié), il végétait à O..., dans une petite maison voisine de celle de madame Kalitine. Il se promenait beaucoup, lisait la Bible, un recueil protestant de psaumes, et les œuvres de Shakspeare dans la traduction de Schlegel. Il ne composait plus rien depuis longtemps; mais Lise, sa meilleure écolière, avait su sans doute le tirer de son assoupissement, car il avait écrit pour elle la cantate dont Panchine avait dit un mot. Il en avait emprunté les paroles à un psaume et y avait ajouté quelques vers de sa composition. Elle était faite pour deux chœurs,—un chœur de gens heureux et un chœur d'infortunés;—vers la fin, les deux chœurs se réconciliaient et chantaient ensemble: «Dieu miséricordieux, aie pitié de nous, pauvres pécheurs, et éloigne de nous les mauvaises pensées et les espérances mondaines.» Sur la première feuille étaient écrites avec soin ces lignes: «Les justes seuls seront sauvés.—Cantate spirituelle, composée et dédiée à mademoiselle Lise Kalitine, ma chère élève, par son professeur C. T. G. Lemm.» Des rayons entouraient les mots: «Les justes seuls seront sauvés,» et «Lise Kalitine.» Tout au bas, on lisait: «Pour vous seule, *fur sie allein*.» Voilà pourquoi Lemm avait rougi et regardé Lise en dessous, en entendant Panchine parler de sa cantate; le pauvre Lemm avait cruellement souffert.

IV

Lise demande pardon à *Hern* de l'indiscrétion qu'elle a commise en parlant à *Panchine* de sa cantate; le vieillard, douloureusement affecté mais pardonnant, s'éloigne avec un peu d'humeur en rasant les murailles.

Une ancienne connaissance encore, Sem, entre en scène. Il est ami et parent de la maison; c'est *Lavretzky*. Il revient de Pétersbourg pour habiter solitairement ses terres paternelles dans les environs de Lavretzky.

Lavretzky, en effet, ressemblait peu à une victime du sort. Sa figure vermeille, type parfaitement russe, son front blanc et élevé, son nez un peu fort et ses lèvres larges et régulières respiraient une santé campagnarde, et témoignaient d'une grande et abondante force vitale. Il était solidement bâti, et ses cheveux blonds frisaient naturellement comme ceux d'un jeune garçon. Ses yeux bleus, à fleur de tête et un peu fixes, exprimaient seuls quelque chose qui n'était ni le souci, ni la fatigue, et sa voix avait un son trop égal.

Pierre, le sire de Lavretzky, ne ressemblait guère à son père; c'était un seigneur comme on n'en voit que dans les steppes, passablement excentrique, tapageur et agité, grossier, mais assez bon, très-hospitalier et grand amateur de chasse à courre. Il avait plus de trente ans, lorsque à la mort de son père il se trouva maître d'un héritage de deux mille paysans en parfait état; il ne lui fallut pas longtemps pour dissiper ou vendre une partie de son bien, et gâter complétement ses nombreux domestiques. Ses chambres vastes, chaudes et malpropres, étaient continuellement remplies de petites gens, qui fondaient de tous côtés sur lui comme la grêle ou la vermine. Cette engeance se gorgeait de ce qui lui tombait sous la main, buvait jusqu'à l'ivresse, et emportait de la maison tout ce qui se laissait prendre, sans cesser de chanter les louanges de cet hôte hospitalier. Pierre, quand il était de mauvaise humeur, les traitait de pique-assiettes et de pieds-plats; mais il ne tardait pas à s'ennuyer de leur absence. Sa femme était un être doux et obscur; il l'avait prise dans une famille du voisinage, par ordre de son père qui l'avait choisie pour lui; on la nommait Anna Pavlowna. Elle ne se mêlait de rien, recevait cordialement ses hôtes, et aimait assez à sortir, quoique l'obligation de mettre de la poudre fît son désespoir. Elle avait coutume de raconter, dans sa vieillesse, que, pour procéder à cette opération, on lui plaçait un bourrelet de feutre sur la tête, on lui relevait tous les cheveux, puis on les frottait de suif et on les saupoudrait de farine, en y introduisant une masse d'épingles en fer; si bien qu'ensuite elle avait toutes les peines du monde à se débarbouiller; cependant pour ne pas enfreindre les règles de la bienséance et ne blesser personne, elle se résignait, à chaque visite qu'elle avait à faire, à endurer cet odieux martyre. Elle aimait à se faire traîner par des trotteurs, et était prête à jouer aux cartes du matin jusqu'au soir; mais elle n'oubliait jamais, quand son mari s'approchait de la table de jeu, de dissimuler avec sa main ses misérables petites pertes, elle qui avait laissé à son mari la pleine et entière disposition de tout son apport, de toute sa dot. Elle eut de lui deux enfants: un fils, Ivan, qui fut le père de Théodore, et une fille, nommée Glafyra.

Ivan ne fut pas élevé à la maison paternelle, mais auprès d'une tante riche et vieille fille, la princesse Koubensky, qui promit de faire de lui son légataire universel (autrement son père ne l'eût pas laissé partir), l'habilla comme une poupée, lui donna des professeurs de toutes sortes, et lui choisit pour précepteur un Français, ex-abbé, disciple de J.-J. Rousseau, un certain M. Courtin de Vaucelles. C'était un homme fin, habile, insinuant; elle le qualifiait de *fine fleur* de l'émigration, et finit, presque septuagénaire, par épouser cette fine fleur. Elle lui légua tout son bien, et rendit l'âme peu de temps après, les joues couvertes de rouge, toute parfumée d'ambre *à la Richelieu*, entourée de négrillons, de levrettes et de perroquets criards, étendue sur une couchette du temps de Louis XV, tenant à la main une tabatière en émail de Petitot. Elle mourut abandonnée de son mari; l'insinuant M. Courtin avait trouvé opportun de se retirer à Paris avec son argent.

Ivan avait dix-neuf ans lorsque ce revers inattendu le frappa. Il ne voulut plus rester dans la maison de sa tante, où, d'héritier présomptif, il devenait tout à coup parasite,—ni même à Saint-Pétersbourg, où l'accès de la société dans laquelle il avait été élevé lui fut tout à coup interdit. Il se sentait une répugnance invincible pour le service, qu'il aurait dû commencer par les grades les plus humbles, les plus obscurs et les plus difficiles; tout cela se passait dans les premières années du règne de l'empereur Alexandre. Il fut donc réduit, bon gré, mal gré, à s'en retourner au village de son père. Comme tout lui sembla sale, pauvre, mesquin! L'obscurité, le silence, l'isolement de la vie des steppes l'offusquaient à chaque pas; l'ennui le dévorait; avec cela personne dans la maison, hors sa mère, n'avait pour lui que des sentiments hostiles. Son père supportait impatiemment ses habitudes de citadin; ses habits, ses jabots, ses livres, sa flûte, sa propreté, lui paraissaient avec assez de justesse, une délicatesse exagérée; il ne faisait que se plaindre de son fils, et le grondait sans cesse. «Rien ne lui convient ici, disait-il souvent; à table, il fait le dégoûté, ne mange de rien, ne peut supporter l'odeur des domestiques, ni la chaleur de la chambre; la vue des gens ivres le dérange; on n'ose pas seulement batailler devant lui; il ne veut pas servir, il n'a pas pour un liard de santé, cette femmelette! Et tout cela, parce qu'il a la cervelle farcie de Voltaire.» Le vieillard détestait particulièrement Voltaire et *ce mécréant* de Diderot, bien qu'il n'eût pas lu une ligne de leurs œuvres: lire n'était pas de sa compétence.

Petre Andrévitch ne se trompait pas; Voltaire et Diderot remplissaient, en effet la tête de son fils, et non pas eux seulement, mais encore Rousseau, Raynal, Helvétius et consorts; mais ils ne remplissaient que sa tête. Son instituteur, l'ancien abbé, l'encyclopédiste, s'était borné à verser en bloc sur son élève toute la science du dix-huitième siècle.—Ivan vivait ainsi, tout pénétré de cet esprit, qui restait en lui sans se mêler à son sang, sans pénétrer dans son âme, sans produire de fortes convictions... Après tout, quelles convictions pouvons-nous exiger d'un jeune homme qui vivait il y a cinquante ans, quand, aujourd'hui encore, nous ne sommes pas arrivés à en avoir?

La présence d'Ivan Pétrovitch gênait les visiteurs de la maison paternelle; il les dédaignait, eux le craignaient. Il n'avait même pas réussi à se lier avec sa sœur, qui avait douze ans de plus que lui. Cette Glafyra était un être étrange; elle était laide, bossue, maigre, avait de grands yeux sévères et une bouche aux lèvres minces et serrées. Son visage, sa voix, ses mouvements rapides et anguleux rappelaient son aïeule, la Bohémienne. Obstinée, dominatrice, elle n'avait jamais voulu entendre parler de mariage. Le retour d'Ivan Pétrovitch ne fut nullement de son goût; tant qu'il fut chez la princesse Koubensky, elle pouvait s'attendre à hériter de la moitié des biens paternels: son avarice était un trait de plus qu'elle tenait de sa grand'mère. De plus, elle lui portait envie: il était si bien élevé, il parlait si bien le français avec l'accent parisien, et elle pouvait à peine prononcer «bonjour,» et «comment vous portez-vous?» Il est vrai que ses parents n'en savaient pas même autant; mais à quoi cela l'avançait-il? Ivan ne savait comment dissiper sa tristesse et son ennui; il passa une année à la campagne, mais elle lui parut longue de dix ans. Il ne trouvait un peu de plaisir que chez sa mère, passait des heures entières dans ses appartements, bas et petits, écoutant son bavardage naïf et sans apprêts, et se gorgeant de confitures.

Au nombre des servantes d'Anna Pavlowna, se trouvait une très-jolie jeune fille, aux yeux doux et purs, aux traits fins; on la nommait Malanïa; elle était sage et modeste. Elle plut tout d'abord à Ivan Pétrovitch, bientôt il l'aima; sa démarche timide, ses réponses modestes, sa voix douce, son tendre sourire l'avaient captivé; tous les jours, elle lui semblait plus aimable. De son côté, elle s'attacha à Ivan Pétrovitch de toute la force de son âme, comme les jeunes filles russes seules savent aimer, et se donna à lui. Dans une maison de seigneur de village, aucun mystère ne peut rester longtemps caché; chacun connut bientôt la liaison du jeune maître avec Malanïa, et la nouvelle vint aux oreilles mêmes de Petre Andrévitch. Dans un meilleur moment, il n'eût peut-être fait aucune attention à une affaire aussi peu importante; mais il avait depuis longtemps une dent contre son fils, et il saisit avec bonheur l'occasion de confondre l'élégant philosophe pétersbourgeois. Une tempête de cris et de menaces s'éleva dans la maison; Malanïa fut mise au séquestre, et Ivan Pétrovitch mandé devant son père. Anna Pavlowna accourut au bruit. Elle essaya de calmer son mari, mais il n'écoutait plus rien. Il fondit sur son fils comme un oiseau de proie, lui reprochant son immoralité, son incrédulité, son hypocrisie; l'occasion était trop belle pour ne pas déverser sur Ivan toute la colère qui s'était amassée depuis si longtemps dans son cœur contre la princesse Koubensky; il l'accabla d'expressions injurieuses. Ivan Pétrovitch commença par se maîtriser et se taire, mais lorsque son père le menaça d'une punition infamante, il n'y tint plus. «Ah! pensa-t-il, le mécréant de Diderot est de nouveau en scène; c'est le moment de s'en servir; attendez, je vais tous vous étonner.» Et aussitôt, d'une voix tranquille et mesurée, quoique avec un tremblement intérieur, il annonça à son père qu'il avait tort de l'accuser d'immoralité; qu'il ne voulait pas nier sa faute, mais qu'il était prêt à la réparer, et d'autant mieux qu'il se sentait au-dessus de tous les préjugés; en un mot, qu'il était prêt à épouser Malanïa. En prononçant ces mots, Ivan atteignit sans doute le but qu'il se proposait; son père fut tellement abasourdi, qu'il écarquilla les yeux et resta un instant immobile; mais il revint à lui presqu'aussitôt, et tel qu'il était, dans son touloup doublé de fourrure, ses pieds nus dans de simples souliers, il s'élança les poings levés contre son fils. Ce jour-là, Ivan, comme s'il l'eût fait exprès, s'était coiffé à la Titus, avait mis un nouvel habit bleu à l'anglaise, des bottes à glands, et un pantalon collant en peau de daim d'une parfaite élégance. Anna Pavlowna poussa un grand cri et se couvrit le visage de ses mains; pour son fils, il ne fit ni une ni deux; il prit ses jambes à son cou, traversa la maison et la cour, se jeta dans le verger, puis dans le jardin, du jardin sur la grand'route, et courut, toujours sans se retourner, jusqu'à ce qu'il n'entendît plus derrière lui les pas lourds de son père, et ses cris redoublés et entrecoupés.

«Arrête, vaurien! hurlait-il, arrête, ou je te maudis!»

Ivan Pétrovitch se réfugia chez un odnodvoretz du voisinage; son père rentra chez lui épuisé et couvert de sueur, et annonça, respirant à peine, qu'il retirait à son fils sa bénédiction et son héritage. Il fit aussitôt brûler tous ses malheureux livres; la servante Malanïa fut exilée dans un village éloigné. De bonnes gens déterrèrent Ivan Pétrovitch et l'avertirent de tout ce qui se passait. Honteux, furieux, il jura de se venger de son père; la même nuit, il se mit en embuscade pour arrêter au passage le chariot qui emportait Malanïa;

il l'arracha de vive force à son escorte, courut avec elle à la ville voisine et l'épousa.

Le lendemain, Ivan écrivit à son père une lettre froidement ironique et polie, et se rendit dans le village où demeurait son cousin au troisième degré, Dmitri Pestoff, avec sa sœur Marpha, que nous connaissons déjà. Il leur raconta tout ce qui s'était passé, leur dit qu'il partait pour Pétersbourg, afin d'y prendre du service, et qu'il les suppliait de donner asile à sa femme, ne fût-ce que pour peu de temps. Il sanglota amèrement en prononçant le mot de *femme*, et, oubliant sa civilisation raffinée et sa philosophie, il tomba humblement à genoux devant ses parents, comme un vrai paysan russe, en frappant la terre de son front. Les Pestoff, qui étaient des gens compatissants et bons, accédèrent aisément à sa prière; il passa trois semaines chez eux, attendant en secret une réponse de son père; mais il n'en vint pas, et il ne pouvait pas en venir. À la nouvelle du mariage de son fils, Petre Andrévitch tomba malade, et défendit de prononcer devant lui le nom d'Ivan Pétrovitch; seule, la pauvre mère emprunta en cachette cinq cents roubles en papier au prêtre du village et les envoya à son fils avec une petite image pour sa bru. Elle eut peur d'écrire, mais son messager, un paysan petit et sec, qui avait le talent de faire ses soixante verstes à pied par jour, fut chargé de dire à Ivan Pétrovitch de ne pas trop s'affliger, qu'elle espérait, avec l'aide de Dieu, convertir la colère de son mari en clémence; qu'elle aurait préféré une autre belle-fille, mais que telle n'avait sûrement pas été la volonté divine, et qu'elle envoyait à Malanïa Serguéiewna sa bénédiction maternelle. Le petit paysan reçut un rouble pour sa peine, demanda la permission de saluer sa nouvelle maîtresse, dont il était le compère, lui baisa la main et se remit en marche pour la maison.

Ivan Pétrovitch partit pour Pétersbourg le cœur joyeux. Un avenir inconnu l'attendait: la misère pouvait bien l'atteindre, mais il quittait la vie de la campagne, qu'il abhorrait. Surtout il était bien aise de n'avoir pas renié ses instituteurs, mais d'avoir au contraire mis réellement en pratique et justifié les principes de Rousseau, de Diderot et de *la Déclaration des droits de l'homme*. Le sentiment d'un devoir accompli, d'un triomphe remporté, d'un juste orgueil satisfait, remplissait son âme; en outre, la séparation de sa femme ne le troublait pas trop; il aurait plutôt craint de vivre avec elle. La première affaire était faite, il fallait songer aux autres. Il eut du succès à Pétersbourg, contrairement à sa propre attente; la princesse Koubensky, que M. Courtin avait déjà abandonnée, mais qui n'avait pas encore eu le temps de mourir, voulant réparer ses torts envers son neveu, le recommanda à tous ses amis, et lui donna cinq mille roubles, son dernier argent, sans doute, plus une montre de Lepée, avec son chiffre dans une guirlande d'amours. Trois mois ne s'étaient pas écoulés qu'il avait obtenu une place à l'ambassade russe à Londres, et qu'il s'embarquait sur le premier bâtiment anglais en partance. (Il n'était pas encore question de bateaux à vapeur.) Quelques mois plus tard, il reçut une lettre de Pestoff. Ce brave homme le félicitait à l'occasion de la naissance d'un fils, qui avait vu le jour dans le village de Pokrofskoé, le 20 août 1807, et qu'on avait nommé Théodore, en l'honneur du saint martyr du même nom. La faiblesse de Malanïa Serguéiewna était telle, qu'elle ne pouvait ajouter que quelques lignes; ces quelques lignes même surprirent beaucoup son mari; il ignorait que Marpha Timoféevna eût enseigné l'écriture à sa femme. Cependant Ivan ne s'abandonna pas longtemps aux doux sentiments de la paternité; il faisait en ce moment la cour à l'une des plus célèbres Phrynés ou Laïs du jour. (Les noms classiques étaient encore de mode.) La paix de Tilsitt venait d'être signée; tout le monde se hâtait de jouir, tout le monde était comme entraîné par un tourbillon effréné. Les yeux noirs d'une beauté agaçante lui avaient tourné la tête. Il avait peu d'argent, mais il jouait heureusement, faisait des connaissances, prenait part à tous les plaisirs imaginables; en un mot, il commençait à voguer toutes voiles dehors.

V

De tristes aventures le ramènent seul en Russie, aussi découragé que son père.

En se rendant dans ses terres, il va visiter les *Kalitine*, ses voisins et ses parents. Il contemple Lise avec une muette admiration. Il apprend de la mère de Lise que Pankine en est amoureux. Il va pendant la messe rendre visite à une vieille tante qui habite la même maison.

Voici le portrait de cette tante appelée *Marpha Timoféevna*.

Marpha Timoféevna était établie dans sa chambre, entourée de son état-major, qui se composait de cinq êtres presque tous également chers à son cœur: un rouge-gorge savant, affligé d'un goître, qu'elle avait pris en affection depuis qu'il ne pouvait plus ni siffler, ni tirer son seau d'eau; Roska, un petit chien craintif et doux; Matros, un chat de la plus méchante espèce; puis une petite fille brune et très-remuante, d'environ neuf ans, aux grands yeux et au nez pointu, qu'on appelait la petite Schourotschka; et enfin Nastasia Karpovna Ogarkoff, personne âgée d'environ cinquante-cinq ans, affublée d'un bonnet blanc et d'une petite katzaveïka brune sur une robe de couleur sombre. La petite Schourotschka était de basse bourgeoisie et orpheline. Marpha Timoféevna l'avait recueillie chez elle par pitié, ainsi que Roska; elle les avait trouvés dans la rue; tous deux étaient maigres et affamés, tous deux trempés par la pluie d'automne; personne ne réclama le petit chien; quant à la petite fille, son oncle, cordonnier ivrogne, qui n'avait pas de quoi manger lui-même, et qui battait sa nièce au lieu de la nourrir, la céda de grand cœur à la vieille dame. Enfin, Marpha Timoféevna, avait fait la connaissance de Nastasia Karpovna dans un couvent, où elle était allée en pèlerinage. Elle plut à Marpha Timoféevna, parce qu'elle priait Dieu *de bon appétit*, selon la pittoresque expression de la bonne dame. Celle-ci l'avait abordée en pleine église et l'avait invitée à venir prendre une tasse de thé. Depuis ce jour, elles étaient devenues inséparables. Nastasia Karpovna était de petite noblesse, veuve et sans enfants; elle avait le caractère le plus gai et le plus accommodant; une tête ronde et grise, des mains blanches et douces, une figure avenante, malgré ses traits un peu gros et un nez épaté et de forme assez comique. Elle professait un culte pour Marpha Timoféevna, qui, de son côté, l'aimait infiniment, ce qui ne l'empêchait pas de la taquiner de temps en temps sur la sensibilité de son cœur; car elle avait un faible pour les jeunes gens, et la plaisanterie la plus innocente la faisait rougir comme une petite fille. Tout son avoir consistait en douze cents roubles assignats; elle vivait aux frais de Marpha Timoféevna, mais sur un certain pied d'égalité; Marpha Timoféevna n'aurait toléré aucune servilité auprès de sa personne.

«Ah! Fédia, fit-elle, dès qu'elle aperçut Théodore, tu n'as pas vu ma famille hier soir; admire-la maintenant. Nous voilà tous réunis pour le thé; c'est le second, celui des jours de fête. Tu peux caresser tout le monde: seulement, la petite Schourotschka ne se laissera pas faire, et le chat t'égratignera. Tu pars aujourd'hui?

—Aujourd'hui même.—Lavretzky s'assit sur une petite chaise basse.—J'ai déjà fait mes adieux à Maria Dmitriévna, j'ai même vu Lisaveta Michailovna.

—Tu peux la nommer Lise tout court, mon père, elle n'est pas Michailovna pour toi. Reste donc tranquille, tu vas casser la chaise de la petite Schourotschka.

—Je l'ai vue aller à la messe, est-ce qu'elle est dévote?

—Oui, Lidia, bien plus que nous ne le sommes à nous deux.

—N'êtes-vous donc pas pieuse aussi? dit Nastasia Karpovna en sifflotant. Si vous n'êtes pas encore allée à la première messe, vous irez à la dernière.

—Ma foi, non, tu iras toute seule; je deviens trop paresseuse, ma mère; je me gâte en prenant trop de thé.»

Elle tutoyait Nastasia Karpovna quoiqu'elle la traitât d'égale à égale, mais ce n'était pas pour rien qu'elle était une Pestoff. Trois Pestoff sont écrits sur le livre commémoratif de Jean le Terrible. Marpha Timoféevna le savait.

«Dites-moi, je vous prie, reprit Lavretzky, Maria Dmitriévna vient de me parler de ce monsieur... Comment se nomme-t-il? Panchine? je crois. Quel homme-est-ce?

—Dieu, quelle bavarde!» grommela Marpha Timoféevna.

«Je suis sûre qu'elle t'a dit, sous le sceau du secret, qu'il rôde en prétendu autour de sa fille. Ce n'est pas assez pour elle, à ce qu'il paraît, d'en chuchoter avec son fils de prêtre; non, cela ne lui suffit pas. Rien n'est encore fait cependant, et grâce à Dieu! mais il faut qu'elle bavarde.

«Et pourquoi grâce à Dieu? demanda Lavretzky.

—Parce que le jeune homme ne me plaît pas; il n'y aurait pas lieu de se réjouir.

—Il ne vous plaît pas!

—Il ne peut pas séduire tout le monde. N'est-ce pas assez que Nastasia Karpovna en soit amoureuse?

—Pouvez-vous dire cela? s'écria la pauvre veuve tout effarée. Ne craignez-vous pas Dieu!»

Et une rougeur soudaine se répandit sur son visage et sur son cou.

«Et il le sait bien, le fripon, continua Marpha Timoféevna; il sait bien comment la captiver: il lui a fait cadeau d'une tabatière. Fédia, demande-lui une prise; tu verras quelle belle tabatière! Sur le couvercle est peint un hussard à cheval. Tu ferais bien mieux, ma chère, de ne pas chercher à te justifier.»

Nastasia Karpovna ne se défendit plus que par un geste de dénégation.

«Plaît-il aussi à Lise? demanda Lavretzky.

—Il paraît lui plaire. Du reste, Dieu le sait! L'âme d'autrui, vois-tu, c'est une forêt obscure, surtout l'âme d'une jeune fille. Tiens, ne veux-tu pas approfondir le cœur de la petite Schourotschka! Pourquoi donc se cache-t-elle et ne s'en va-t-elle pas depuis que tu es entré?»

La petite fille laissa échapper un éclat de rire contenu depuis longtemps, et prit la fuite. Lavretzky se leva.

«Oui, dit-il lentement, qui peut deviner ce qui se passe dans le cœur d'une jeune fille?»

Et il fit mine de se retirer.

«Eh bien, quand te reverrons-nous? demanda Marpha Timoféevna.

—C'est selon, ma tante; je ne vais pas bien loin.

—Oui, tu vas à Wassiliewskoé. Tu ne veux pas te fixer à Lavriki,—cela te regarde; seulement va saluer la tombe de ta mère, et aussi celle de ta grand'mère. Tu as acquis tant de savoir à l'étranger; et qui sait, pourtant? peut-être sentiront-elles, au fond de leur tombeau, que tu es venu les voir. Et n'oublie pas, mon cher, de faire dire une messe pour le repos de l'âme de Glafyra Pétrowna. Voici un rouble argent. Prends-le; c'est moi qui veux faire dire cette messe. De son vivant je ne l'aimais pas, mais il faut lui rendre justice;

c'était une fille de caractère et d'esprit,—et puis elle ne t'a pas oublié. Et maintenant, que Dieu te conduise; je finirais par t'ennuyer.»

Et Marpha Timoféevna embrassa son neveu.

«Quant à Lise, elle n'épousera pas Panchine, ne t'en inquiète pas. Ce n'est pas un mari de cette espèce-là qu'il lui faut.

—Mais je ne m'en inquiète nullement,» répondit Lavretzky en s'éloignant.

Quatre heures après, il était en route, et son tarantass roulait rapidement sur le chemin de traverse. Il régnait une grande sécheresse depuis quinze jours; un léger brouillard répandait dans l'atmosphère une teinte laiteuse et enveloppait les forêts lointaines; on sentait s'exhaler comme une odeur de brûlé; de petits nuages foncés dessinaient leurs contours indécis sur le ciel d'un bleu clair; un vent assez fort soufflait par bouffées sèches qui ne rafraîchissaient point l'air. La tête appuyée contre les coussins de la voiture, les bras croisés sur sa poitrine, Lavretzky laissait errer ses regards sur les champs labourés qui se déroulaient devant lui en éventail, sur les cytises qui semblaient fuir, sur les corbeaux et les pies qui suivaient d'un œil bêtement soupçonneux l'équipage qui passait, et sur les longues raies semées d'armoise, d'absinthe et de sorbier des champs. Il regardait l'horizon et cette solitude des steppes, si nue, si fraîche, si fertile; cette verdure, ces longs coteaux, ces ravins, que couvrent des buissons de chênes nains, ces villages gris, ces maigres bouleaux; enfin tout ce spectacle de la nature russe, qu'il n'avait pas vu depuis si longtemps, éveillait dans son cœur des sentiments à la fois doux et tristes, et tenait sa poitrine sous l'oppression d'un poids qui n'était pas sans charme.—Ses pensées se succédaient lentement, mais leurs contours étaient aussi vagues que ceux des nuages qui erraient au-dessus de sa tête. Il évoquait le souvenir de son enfance, de sa mère, du moment où on l'avait apporté auprès d'elle à son lit de mort, et où, serrant sa tête contre son cœur, elle s'était mise d'une voix faible, à se lamenter sur lui, puis s'était arrêtée en apercevant Glafyra Pétrowna. Il se souvint de son père, qu'il avait vu d'abord robuste, toujours mécontent, et dont la voix cuivrée résonnait à son oreille; plus tard, vieillard aveugle, larmoyant, la barbe grise et malpropre. Il se souvint qu'un jour, à table, dans les fumées du vin, le vieillard s'était mis à rire tout à coup et à parler de ses conquêtes, en prenant un air modeste et en clignant ses yeux privés de lumière; il se souvint de Barbe, et ses traits se crispèrent comme chez un homme saisi d'une subite douleur. Il secoua la tête; puis sa pensée s'arrêta sur Lise.

«Voilà, se dit-il, un être nouveau qui entre dans la vie. Honnête jeune fille, quel sera son sort? Elle est jolie; son visage est pâle, mais plein de fraîcheur; ses yeux sont doux, sa bouche sérieuse et son regard innocent! Quel dommage qu'elle soit un peu exaltée! Belle taille, démarche gracieuse, et une voix si douce! Je me plais à la voir, quand elle s'arrête tout à coup, vous écoute attentivement sans sourire, puis s'absorbe dans sa pensée et rejette ses cheveux en arrière! Je le crois aussi, Panchine n'est pas digne d'elle. Et pourtant, que lui manque-t-il? À quoi vais-je rêver là? Elle ira par le chemin que suivent les autres... Mieux vaut dormir.» Et Lavretzky ferma les yeux. Mais il ne put dormir, et resta plongé dans cet état de torpeur mentale qui nous est si familière en voyage. Les images du passé continuèrent à monter lentement dans son âme, se mêlant et se confondant avec d'autres tableaux. Lavretzky se mit,—Dieu sait pourquoi!—à penser à sir Robert Peel, à l'histoire de France... à la victoire qu'il aurait remportée s'il eût été général; il croyait entendre le canon et les cris de guerre. Sa tête glissait de côté, il ouvrait les yeux... Les mêmes champs, le même paysage des steppes, le fer usé des chevaux brillaient tour à tour à travers les tourbillons de poussière; la chemise jaune à parements rouges du iamstchik, s'enflait au vent. «Je m'en reviens joli garçon chez moi!» se disait Théodore. Cette réflexion lui tourna l'esprit et il cria: «En avant!» puis s'enveloppant de son manteau, il s'enfonça davantage encore dans les coussins. Le tarantass fit un brusque cahot: Lavretzky se souleva et ouvrit de grands yeux. Devant lui, sur la colline, s'étendait un petit village; à droite, on voyait une vieille maison seigneuriale dont les volets étaient fermés et dont le perron s'inclinait de côté. De la porte jusqu'au bâtiment, la vaste cour était remplie d'orties aussi vertes et aussi épaisses que du chanvre. Là se dressait aussi un petit magasin à blé, en chêne, encore bien conservé. C'était Wassiliewskoé.

Le iamstchik décrivit une courbe vers la porte cochère et arrêta les chevaux; le domestique de Lavretzky se leva sur le siége, et s'apprêtant à sauter en bas, il appela du monde. On entendit un aboiement sourd et rauque, mais on ne vit pas le chien. Le domestique appela de nouveau. L'aboiement se répéta, et, au bout de quelques minutes accourut, sans qu'on vît d'où il sortait, un homme en cafetan de nankin, la tête blanche comme la neige. Il couvrit ses yeux pour les abriter des rayons du soleil et regarda un moment le tarantass; puis laissant retomber ses deux mains sur ses cuisses, il piétina quelques instants sur place, et se précipita enfin pour ouvrir la porte cochère. Le tarantass entra dans la cour, faisant bruire l'ortie sous ses roues, et s'arrêta devant le perron. L'homme à la tête blanche, vieillard encore alerte, se tenait déjà, les jambes écartées et de travers, sur la dernière marche; il décrocha le tablier de la voiture d'un mouvement saccadé, et, tout en aidant son maître à descendre, il lui baisa la main.

«Bonjour, bonjour, mon ami, dit Lavretzky. Tu t'appelles Antoine, n'est-ce pas? Tu vis donc encore?»

Le vieillard s'inclina en silence et courut chercher les clefs. Pendant ce temps le iamstchik restait immobile, penché de côté et regardant la porte fermée, tandis que le laquais de Lavretzky gardait la pose pittoresque qu'il avait prise en sautant à terre, une main appuyée sur le siége. Le vieillard apporta les clefs; il se tordait comme un serpent et se donnait beaucoup de peines inutiles en levant bien haut les coudes pour ouvrir la porte; puis il se plaça de côté et fit de nouveau un profond salut.

«Me voici donc chez moi, me voici de retour,» pensa Lavretzky, en entrant dans un petit vestibule, tandis que les volets s'ouvraient avec fracas les uns après les autres, et que le jour pénétrait dans les chambres désertes.

La petite maison que Lavretzky allait habiter, et où, deux ans auparavant, était morte Glafyra Pétrowna, avait été construite, au dernier siècle, en bois de sapin; elle paraissait ancienne, mais elle pouvait se conserver encore une cinquantaine d'années et plus. Lavretzky parcourut toutes les chambres, et, au grand chagrin des vieilles mouches indolentes, immobiles, blanchâtres sous leur poussière, qui restaient attachées aux plafonds, il fit partout ouvrir les fenêtres, closes depuis la mort de Glafyra Pétrowna.

Tout dans la maison était resté dans le même état; les petits divans du salon, sur leurs pieds grêles, tendus de damas gris, lustrés, usés et défoncés, rappelaient le temps de l'impératrice Catherine. Dans le salon, on voyait le fauteuil favori de la maîtresse de la maison, avec son dossier droit et haut contre lequel elle avait l'habitude de s'appuyer dans sa vieillesse. Au mur principal était accroché un ancien portrait de l'aïeul de Fédor, André Lavretzky: son visage sombre et bilieux se détachait à peine du fond noirci et écaillé; ses petits yeux méchants lançaient des regards moroses sous leurs paupières pendantes et gonflées; ses cheveux noirs et sans poudre se dressaient en brosse au-dessus d'un front sillonné de rides. À l'un des angles du portrait pendait une couronne d'immortelles, couverte de poussière.

«C'est Glafyra Pétrowna, dit Antoine, qui a daigné la tresser de ses propres mains.»

Dans la chambre à coucher s'élevait un lit étroit, sous un rideau d'étoffe rayée, ancienne, mais solide; une pile de coussins à demi fanés et une mince couverture ouatée étaient étendues sur le lit, au-dessus duquel pendait une image reproduisant la Présentation de la Vierge, que la vieille demoiselle, expirant seule et oubliée, avait pressée à ses derniers moments sur ses lèvres déjà glacées. Auprès de la fenêtre se trouvait une toilette en marqueterie ornée de cuivres et surmontée d'un miroir doré et noirci.—Une porte donnait dans l'oratoire, dont les murs étaient nus, et où l'on apercevait, dans un coin, une armoire remplie d'images. Un petit tapis usé et couvert de taches de cire couvrait la place où Glafyra Pétrowna s'agenouillait.

Antoine alla avec le laquais de Lavretzky ouvrir l'écurie et la remise; à sa place parut une vieille femme presque aussi âgée que lui; sa tête branlante était couverte d'un mouchoir qui descendait jusqu'aux sourcils; l'habitude de l'obéissance passive se peignait dans ses yeux, et il s'y joignait une sorte de compassion respectueuse. Elle s'approcha de Lavretzky pour lui baiser la main, et s'arrêta à la porte, comme pour attendre ses ordres. Il avait complétement oublié son nom; il ne se souvenait même pas de l'avoir jamais vue. Elle s'appelait Apraxéïa; quarante ans auparavant, Glafyra Pétrowna l'avait renvoyée de la maison et lui avait ordonné de garder la basse-cour; du reste, elle parlait peu, paraissait tombée en enfance, et n'avait conservé qu'un air d'aveugle obéissance.

Outre ces deux vieillards et trois gros enfants en longues chemises,— petits-fils d'Antoine,—vivait encore dans la maison un paysan manchot et impotent, qui gloussait comme un coq de bruyère. Le vieux chien infirme qui avait salué le retour de Lavretzky n'était guère plus utile au logis; il y avait dix ans qu'il était attaché avec une lourde chaîne, achetée par ordre de Glafyra Pétrowna, et c'est à peine s'il avait la force de se mouvoir et de traîner ce fardeau.

Après avoir examiné la maison, Lavretzky descendit au jardin et en fut satisfait, quoiqu'il fût tout rempli de mauvaises herbes, de buissons de groseilliers et de framboisiers. Il s'y trouvait de beaux ombrages, de vieux tilleuls, remarquables par leur développement gigantesque et par l'étrange disposition de leurs branches: on les avait plantés trop près les uns des autres; ils avaient été taillés naguère,—il y avait cent ans, peut-être.—Le jardin finissait à un petit étang clair, bordé de joncs rougeâtres.—Les traces de la vie humaine s'effacent vite: la propriété de Glafyra Pétrowna n'avait pas eu le temps de devenir déserte, et déjà elle paraissait plongée dans ce sommeil qui enveloppe tout ce qui est à l'abri de l'agitation humaine. Fédor Ivanowitch parcourut aussi le village; les paysannes le regardaient du seuil de leurs izbas, la joue appuyée sur la main; les paysans saluaient de loin, les enfants s'enfuyaient, les chiens aboyaient avec indifférence. Bientôt il eut faim, mais il n'attendait ses serviteurs et son cuisinier que vers le soir; les provisions n'étaient pas encore arrivées de Lavriki,—il fallut s'adresser à Antoine. Celui-ci fit aussitôt tous les arrangements: il prit une vieille poule, la mit à mort et la pluma. Apraxéïa lui fit subir l'opération d'un véritable lessivage et la mit à la casserole. Lorsqu'elle fut cuite, Antoine couvrit et disposa la table, plaça devant le couvert une salière en métal noirci, à trois pieds, et une carafe taillée à goulot étroit et à bouchon rond; il annonça ensuite d'une voix chantante à Lavretzky que le dîner était servi, et se plaça lui-même derrière la chaise du seigneur, la main droite enveloppée d'une serviette. Le vieux bonhomme exhalait une odeur de cyprès. Lavretzky goûta la soupe et en retira la poule, dont les tendons se dissimulaient mal sous la peau dure et coriace; la chair avait la saveur d'un morceau de bois. Après avoir ainsi dîné, Lavretzky manifesta le désir de prendre du thé, etc...

«Je vais vous en servir à l'instant,» interrompit le vieillard.

Et il tint parole.

On trouva une pincée de thé enveloppée d'un morceau de papier rouge; on découvrit un *samowar*, petit, à la vérité, mais qui fonctionnait d'une manière fort bruyante; on trouva même quelques pauvres morceaux de sucre à moitié fondus. Lavretzky prit son thé dans une grande tasse qui lui rappelait un souvenir d'enfance et sur laquelle étaient peintes des cartes à jouer; on ne la servait qu'aux étrangers, et maintenant c'était lui, étranger à son tour, qui buvait dans cette tasse. Vers le soir, arrivèrent les serviteurs; Lavretzky ne voulut pas se coucher dans le lit de sa tante, et s'en fit dresser un dans la salle à manger. Il éteignit la bougie et regarda longtemps et tristement autour de lui, en proie à ce sentiment désagréable qu'éprouvent tous ceux qui passent une première nuit dans un endroit depuis longtemps inhabité. Il lui semblait que l'obscurité qui l'entourait de toutes parts ne pouvait s'habituer à un nouveau venu, que les murs mêmes de la maison s'étonnaient de sa présence. Il poussa un soupir, tira sa couverture sur lui et finit par s'endormir. Antoine resta le dernier sur pied. Il fit deux fois le signe de la croix et se mit à causer avec Apraxéïa et à lui communiquer à voix basse ses doléances; ni l'un ni l'autre n'avaient pu s'attendre à voir le maître s'établir à Wassiliewskoé, lorsqu'il avait à deux pas un si beau domaine avec une maison si confortable; ils ne se doutaient pas que c'était justement cette maison qui était odieuse à Lavretzky, parce qu'elle lui rappelait d'anciens souvenirs. Après avoir chuchoté longtemps, Antoine prit sa baguette pour frapper la plaque de fer, depuis longtemps muette, qui était accrochée au magasin à blé. Ensuite il s'accroupit dans la cour, sans même couvrir sa pauvre tête blanche. La nuit de mai était calme et sereine, le vieillard dormit d'un sommeil doux et paisible.

Le lendemain, Lavretzky se leva d'assez bonne heure, causa avec le *starosta*, visita la grange, fit délivrer de sa chaîne le chien de la basse-cour, qui poussa bien quelques cris, mais ne songea même pas à profiter de sa liberté. Rentré à la maison, Théodore s'abandonna à une espèce d'engourdissement paisible, qui ne le quitta pas de toute la journée.

«Me voilà tombé au fond de la rivière!» se dit-il à plusieurs reprises.

Il était assis, immobile auprès de la fenêtre, et paraissait prêter l'oreille au calme qui régnait autour de lui et aux bruits étouffés qui venaient du village solitaire.—Une voix grêle et aiguë fredonnait une chanson derrière les grandes orties; le cousin qui bourdonne semble lui faire écho. La voix se tait, le cousin continue de bourdonner. Au milieu du murmure importun et monotone des mouches, on entend le bruit du bourdon qui heurte de la tête contre le plafond; le coq chante dans la rue, en prolongeant sa note finale; puis, c'est une porte cochère qui crie sur ses gonds ou un cheval qui hennit. Une femme passe et prononce quelques mots d'une voix glapissante.

«Eh! mon petit *Loulou*!» dit Antoine à une petite fille de deux ans qu'il porte sur les bras.

«Apporte le *kwass*,» dit encore la même voix de femme.

Et tout cela est suivi d'un morne silence.—Plus un souffle, plus le moindre bruit. Le vent n'agite pas même les feuilles; les hirondelles silencieuses glissent les unes après les autres, effleurant la terre de leurs ailes, et le cour s'attriste de les voir ainsi voler en silence.

«Me voilà donc au fond de la rivière, se dit encore Lavretzky. Et toujours, en tout temps, la vie est ici triste et lente; celui qui entre dans son cercle doit se résigner; ici, point de trouble, point d'agitation; il n'est permis de toucher au but qu'à celui qui fait tout doucement son chemin, comme le laboureur qui trace son sillon avec le soc de sa charrue. Et quelle vigueur, quelle santé dans cette paix et dans cette inaction! Là, sous la fenêtre, le chardon trapu sort de l'herbe épaisse; au-dessus la livèche étend sa tige grasse, et, plus haut encore, les *larmes de la Vierge* suspendent leurs grappes rosées. Puis, au loin, dans les champs, on voit blanchir en ondulant le seigle et l'avoine, qui commencent à monter en épis; et les feuilles s'étendent sur les arbres comme chaque brin d'herbe sur sa tige. C'est à l'amour d'une femme que j'ai immolé mes meilleures années; eh bien! que l'ennui me rende la raison, qu'il me rende la paix de l'âme, et m'apprenne désormais à agir sans précipitation!»

Et le voilà qui s'efforce de se plier à cette vie monotone et d'étouffer tous ses désirs; il n'a plus rien à attendre, et pourtant, il ne peut se défendre d'attendre encore. De toutes parts, le calme l'envahit. Le soleil s'incline doucement sur le ciel bleu et limpide; les nuages flottent lentement dans l'éther azuré; ils paraissent avoir un but et savoir où ils vont. En ce moment, sur d'autres points de la terre, la vie roule en bouillonnant ses flots écumants et tumultueux; ici, elle s'épanche silencieuse comme une eau dormante. Et Lavretzky ne put s'arracher avant le soir à la contemplation de cette vie qui s'écoulait ainsi; les tristes souvenirs du passé fondaient dans son âme comme la neige du printemps.—Et, chose étrange! jamais il n'avait ressenti aussi profondément encore l'amour du sol natal.

VI

Théodore Lavretzky s'établit confortablement dans ce domaine abandonné de sa tante Glafyra.

Au bout de trois semaines il se rendit à cheval chez les Kalitine; il y passa la soirée comme le vieux musicien s'y trouvait. Il plut beaucoup à Théodore: celui-ci, grâce à son père, ne jouait d'aucun instrument. Toutefois, il aimait la musique avec passion, la musique sérieuse, la musique classique. Panchine était absent. Le gouverneur l'avait envoyé hors de la ville. Lise joua seule, et avec beaucoup de précision. Lemme s'anima, s'électrisa, prit un rouleau de papier, et battit la mesure. Maria Dmitriévna se mit d'abord à rire en le regardant, puis alla se coucher. Elle prétendait que Beethoven agitait trop ses nerfs. À minuit, Lavretzky reconduisit Lemm jusqu'à son logement, et y resta jusqu'à trois heures du matin. Lemm se laissa aller à causer. Il s'était redressé, ses yeux s'étaient agrandi et étincelaient, ses cheveux même s'étaient levés sur son front. Il y avait si longtemps que personne ne lui avait témoigné de l'intérêt! et Lavretzky semblait, par ses questions, lui marquer une sollicitude sincère. Le vieillard en fut touché. Il finit par montrer sa musique à son hôte, lui joua et lui chanta même d'une voix éteinte quelques fragments de ses compositions; entre autres, toute une ballade de Schiller, *Fridolin*, qu'il avait mise en musique. Lavretzky la loua fort, se fit répéter quelques passages, et, en partant, engagea le musicien à venir passer quelques jours chez lui, à la campagne. Lemm, qui le reconduisit jusqu'à la rue, y consentit sur-le-champ et lui serra chaleureusement la main. Resté seul, à l'air humide et pénétrant qu'amènent les premières lueurs de l'aube, il s'en retourna, les yeux à demi clos, le dos voûté, et regagna à petits pas sa demeure, comme un coupable.

«*Ich bin wohl nicht klug* (je ne suis pas dans mon bon sens),» murmura-t-il en s'étendant dans un lit dur et court.

Quand, quelques jours après, Lavretzky vint le chercher en calèche, il essaya de se dire malade. Mais Fédor Ivanowitch entra dans sa chambre et finit par le persuader. Ce qui agit le plus sur Lemm, ce fut cette circonstance, que Lavretzky avait fait venir pour lui un piano de la ville. Tous deux se rendirent chez les Kalitine et y passèrent la soirée, mais d'une manière moins agréable que quelques jours auparavant. Panchine s'y trouvait. Il parla beaucoup de son excursion et se mit à parodier d'une manière très-comique les divers propriétaires qu'il avait vus. Lavretzky riait, mais Lemm ne quittait pas son coin, se taisait et remuait les membres en silence comme une araignée. Il regardait d'un air sombre et concentré, et ne s'anima que lorsque Lavretzky se leva pour prendre congé. Même en calèche, le vieillard continua à songer et persista dans sa boudeuse sauvagerie; mais l'air doux et chaud, la brise, les ombres légères, le parfum de l'herbe et des bourgeons du bouleau, la lueur d'une nuit étoilée, le piétinement et la respiration des chevaux, toutes les séductions du printemps, de la route et de la nuit descendirent dans l'âme du pauvre Allemand, et ce fut lui le premier qui rompit le silence.

Il se mit à parler de musique, puis de Lise, puis de nouveau de musique. En parlant de Lise, il semblait prononcer les paroles plus lentement. Lavretzky dirigea la conversation sur ses œuvres, et, moitié sérieux, moitié plaisantant, lui proposa de lui écrire un libretto.

«Hum... un libretto, répliqua Lemm. Non, cela n'est pas pour moi.—Je n'ai plus la vivacité d'imagination qu'il faut pour un opéra.—J'ai déjà perdu mes forces, mais si je pouvais encore faire quelque chose, je me contenterais d'une romance: certainement je voudrais de belles paroles.»

Il se tut et resta longtemps immobile, les yeux attachés au ciel.

«Par exemple, dit-il enfin, quelque chose dans ce genre: Ô vous, étoiles! ô vous, pures étoiles!...»

Lavretzky se tourna légèrement vers lui et se mit à le considérer.

«Ô vous, étoiles! pures étoiles!... répéta Lemm. Vous regardez de la même manière les innocents et les coupables... mais les purs de cœur seuls,» ou quelque chose dans ce genre, «vous comprennent,» c'est-à-dire non, «vous aiment.» Du reste, je ne suis pas poëte. Cela n'est pas mon fait; mais quelque chose dans ce genre, quelque chose d'élevé.

Lemm renversa son chapeau sur sa nuque, et, dans la demi-teinte de la nuit, sa figure semblait plus pâle et plus jeune.

«Et vous aussi, continua-t-il en baissant graduellement la voix, vous savez qui aime, qui sait aimer, parce que vous êtes pures; vous seules pouvez consoler.»—Non, ce n'est pas encore cela,—je ne suis pas poëte, murmura-t-il, mais quelque chose dans ce genre...

—Je regrette de ne pas être non plus poëte, observa Lavretzky.

—Vaine rêverie!» répliqua Lemm.

Et il se blottit dans le fond de la calèche. Il ferma les yeux, comme s'il eût voulu dormir. Quelques instants s'écoulèrent; Lavretzky tendait l'oreille pour écouter.

«Oh! étoiles! pures étoiles;—amour!»—murmurait le vieillard.

«Amour!» répéta en lui-même Lavretzky.

Puis il devint rêveur et sentit son âme oppressée...

«Vous avez fait une très-bonne musique sur les paroles de *Fridolin*, Chistophor Fédorowitch, dit-il tout à coup à haute voix. Mais quelle est votre pensée? Ce Fridolin, après que le comte l'eut amené à sa femme, devint-il immédiatement l'amant de cette dernière?

—C'est vous qui pensez ainsi, répliqua Lemm, parce que, vraisemblablement, l'expérience...»

Il s'arrêta tout à coup et se détourna d'un air embarrassé. Lavretzky se prit à rire avec contrainte, mais se détourna aussi et porta ses regards vers la route.

Les étoiles commençaient déjà à pâlir, et le ciel blanchissait quand la calèche s'arrêta devant le perron de la petite maison de Wassiliewskoé.

Lavretzky conduisit son hôte jusqu'à la chambre qui lui était destinée, revint dans son cabinet et s'assit devant la fenêtre. Au jardin, le rossignol adressait son dernier chant à l'aurore. Lavretzky se souvint que, dans le jardin des Kalitine, le rossignol chantait aussi; il se souvint du mouvement lent des yeux de Lise lorsqu'ils se dirigèrent vers la sombre fenêtre par laquelle les chants pénétraient dans la pièce. Sa pensée s'arrêta sur elle, et son cœur reprit un peu de calme: «Pure jeune fille!» prononça-t-il à demi-voix... «Pures étoiles!» ajouta-t-il avec un sourire. Puis il alla se coucher en paix.

Lemm, de son côté, resta longtemps assis sur son lit, un papier de musique sur les genoux. Il semblait qu'une mélodie inconnue et douce allait jaillir de son cerveau. Brûlant, agité, il ressentait déjà la douceur enivrante de l'enfantement... Mais, hélas! il attendit en vain.

«Ni poëte ni musicien!» murmura-t-il.

Et sa tête fatiguée s'affaissa pesamment sur l'oreiller.

Le lendemain matin, Lavretzky et son hôte prenaient le thé au jardin, sous un vieux tilleul.

«Maestro, dit entre autres choses Lavretzky, vous aurez bientôt à composer une cantate solennelle.

—À quelle occasion?

—À l'occasion du mariage de M. Panchine et de mademoiselle Lise. Avez-vous remarqué comme il était hier attentif auprès d'elle? Il paraît que l'affaire est en bon train.

—Cela ne sera pas! s'écria Lemm.

—Pourquoi?

—Parce que c'est impossible. Du reste, ajouta-t-il un instant après, dans ce monde, tout est possible, surtout ici, chez vous, en Russie.

—Laissons, si vous le voulez bien, la Russie de côté, mais que trouvez-vous de mauvais dans ce mariage?

—Tout est mauvais, tout. Mademoiselle Lise est une jeune fille sensée, sérieuse. Elle a des sentiments élevés. Et lui..., c'est un dilettante, c'est tout dire.

—Mais elle l'aime.»

Le maestro se leva soudain.

«Non, elle ne l'aime pas, dit-il. C'est-à-dire, elle est très-pure de cœur et elle ne sait pas elle-même ce que cela signifie, aimer. Madame von Kalitine lui dit que le jeune homme est bien. Elle a confiance en madame von Kalitine, parce que, malgré ses dix-neuf ans, elle n'est qu'un enfant... Le matin, elle prie; le soir, elle prie encore. Tout cela est fort bien, mais elle ne l'aime pas. Elle ne peut aimer que le beau, et lui n'est pas beau, je veux dire, son âme n'est pas belle.»

Lemm parlait rapidement, avec feu, tout en marchant à petits pas en long et en large devant la table à thé. Ses yeux semblaient courir sur le sol.

«Mon cher maestro, dit tout à coup Lavretzky, il me semble que vous êtes vous-même amoureux de ma cousine.»

Lemm s'arrêta court.

«Je vous prie, dit-il d'une voix mal assurée, ne me raillez pas ainsi; je ne suis pas un fou. J'ai devant moi les ténèbres de la tombe, et non point un avenir couleur de rose.»

Lavretzky eut pitié du vieillard et lui demanda pardon. Après le thé, Lemm lui joua sa cantate, puis, pendant le dîner, se remit à parler de Lise, à l'instigation de Lavretzky. Celui-ci prêtait l'oreille avec un évident intérêt.

«Qu'en pensez-vous, Christophor Fédorowitch? dit-il enfin. Tout est maintenant en bon ordre ici, et le jardin est en fleur. Si je l'invitais à venir passer une journée avec sa mère et ma vieille tante. Hein? cela vous serait-il agréable?»

Lemm inclina la tête de côté.

«Invitez, murmura-t-il.

—Mais il n'est pas nécessaire d'inviter Panchine.

—Non, cela n'est pas nécessaire,» répliqua le vieillard avec un sourire presque enfantin.

Deux jours après, Fédor Ivanowitch se rendit en ville, chez les Kalitine.

La famille se rend à l'invitation; tout est en joie; pendant le dîner, Lemm tira de la poche de son frac, dans laquelle il glissait à chaque instant la main, un petit rouleau de papier de musique, et, les lèvres pincées, le plaça en silence sur le piano. C'était la romance qu'il avait composée la veille sur d'anciennes paroles allemandes, où il était fait allusion aux étoiles. Lise se plaça aussitôt au piano et déchiffra la romance. Hélas! la musique en était compliquée et d'une forme pénible; on voyait que le compositeur avait fait tous ses efforts pour exprimer la passion et un sentiment profond, mais il n'en était rien sorti de bon. L'effort seul se faisait sentir. Lavretzky et Lise s'en aperçurent tous les deux, et Lemm le comprit. Sans proférer une parole, il remit sa romance en poche; à la demande que fit Lise de la jouer encore une fois, il hocha la tête et dit d'une manière significative:

«Maintenant, c'est fini.»

Puis, il se replia sur lui-même et s'éloigna.

Vers le soir, on alla en grande compagnie à la pêche. Dans l'étang, au delà du jardin, il y avait beaucoup de tanches et de goujons.—On plaça Maria Dmitriévna dans un fauteuil tout près du bord, à l'ombre; on étendit un tapis sous ses pieds, et on lui donna la meilleure ligne. Antoine, en qualité d'ancien et habile pêcheur, lui offrit ses services. C'était avec le plus grand zèle qu'il attachait les vermisseaux à l'hameçon, et jetait lui-même la ligne en se donnant des airs gracieux. Le même jour, Maria Dmitriévna avait parlé de lui à Fédor Ivanowitch, dans un français digne de nos institutions de demoiselles: *Il n'y a plus maintenant de ces gens comme ça, comme autrefois.*

Lemm, accompagné de deux jeunes filles, alla plus loin, jusqu'à la digue; Lavretzky s'établit à côté de Lise. Les poissons mordaient à l'hameçon; les tanches, suspendues au bout de la ligne, faisaient briller en frétillant leurs écailles d'or et d'argent. Les exclamations de joie des petites filles retentissaient sans cesse; Maria Dmitriévna poussa une ou deux fois un petit cri de satisfaction préméditée. C'étaient les lignes de Lavretzky et de Lise qui fonctionnaient le plus rarement. Cela venait probablement de ce qu'ils étaient, moins que les autres, occupés de la pêche, et laissaient les bouchons flotter jusqu'au rivage. Autour d'eux, les grands joncs rougeâtres se balançaient doucement; devant eux, la nappe d'eau brillait d'un doux éclat.— Ils causaient à voix basse.—Lise se tenait debout sur le radeau.—Lavretzky était assis sur le tronc incliné d'un cytise.—Lise portait une robe blanche avec une large ceinture de ruban blanc; d'une main, elle tenait son chapeau de paille suspendu; de l'autre, elle soutenait, avec un certain effort, sa ligne flexible.—Lavretzky considérait son profil pur et un peu sévère,—ses cheveux relevés derrière les oreilles, ses joues si délicates, légèrement hâlées comme chez un enfant, et, à part lui, il se disait:

«Qu'elle est belle ainsi, planant sur un étang!»

Lise ne se retournait pas vers lui; elle regardait l'eau.—On n'aurait su dire si elle fermait les yeux ou si elle souriait.—Un tilleul projetait sur eux son ombre.

«J'ai beaucoup réfléchi à notre dernière conversation, dit Lavretzky, et je suis arrivé à cette conclusion, que vous êtes très-bonne.

—Mais je n'avais pas l'intention..., balbutia Lise toute confuse.

—Vous êtes bonne, répéta Lavretzky, et moi, avec ma rude écorce, je sens que tout le monde doit vous aimer; Lemm, par exemple. Celui-là est tout bonnement amoureux de vous.»

Un léger tressaillement contracta les sourcils de la jeune fille, comme cela lui arrivait toujours quand elle entendait quelque chose de désagréable.

«Il m'a fait beaucoup de peine aujourd'hui, reprit Lavretzky, avec sa romance manquée. Que la jeunesse se montre inhabile à produire, passe encore; mais c'est toujours un spectacle pénible que celui de la vieillesse impuissante et débile, surtout quand elle ne sait pas mesurer le moment où ses forces l'abandonnent. Un vieillard supporte difficilement une pareille découverte... Attention! le poisson mord.»

VII

Au retour, Théodore voulut les accompagner à cheval.

La soirée s'avançait, et Maria Dmitriévna témoigna le désir de rentrer. On eut de la peine à arracher les petites filles de l'étang et à les habiller. Lavretzky promit d'accompagner ses visiteuses jusqu'à mi-chemin et fit seller son cheval. En mettant Maria Dmitriévna en voiture, il s'aperçut de l'absence de Lemm. Le vieillard était introuvable, il avait disparu sitôt la pêche finie. Antoine ferma la portière avec une vigueur remarquable pour son âge, et cria d'un ton d'autorité:

«Avancez, cocher!»

La voiture s'ébranla. Maria Dmitriévna occupait le fond avec Lise; les petites filles et la femme de chambre étaient sur le devant; la soirée était chaude et calme; les deux glaces étaient baissées, et Lavretzky trottait du côté de Lise, la main appuyée sur la portière: il laissait flotter la bride sur le cou de son cheval; de temps en temps il échangeait quelques paroles avec la jeune fille.—Le crépuscule s'éteignait, la nuit était venue, et l'air s'était attiédi.— Maria Dmitriévna sommeillait; les petites filles et la femme de chambre s'endormirent aussi. La voiture roulait rapidement et d'un pas égal.

Lise se pencha hors de la portière. La lune, qui venait de se lever, éclairait son visage. La brise embaumée du soir lui caressait les yeux et les joues. Elle éprouvait un indicible sentiment de bien-être. Sa main s'était posée sur la portière, à côté de celle de Lavretzky. Et lui aussi se sentait heureux; il s'abandonnait aux charmes de cette nuit tiède, les yeux fixés sur ce jeune et bon visage, écoutant cette voix fraîche et timbrée, qui lui disait des choses simples et brèves; il arriva ainsi, sans s'en apercevoir, à la moitié du chemin, et, ne voulant pas réveiller Maria Dmitriévna, il serra légèrement la main de Lise et lui dit:

«Nous sommes amis à présent, n'est-ce pas?»

Elle fit un signe de tête, il arrêta son cheval. La voiture continua sa route en se balançant sur ses ressorts. Lavretzky regagna au pas son habitation. La magie de cette nuit d'été s'était emparée de lui: tout lui semblait nouveau, en même temps que tout lui semblait connu et aimé de longue date. De près ou de loin, l'œil distrait ne se rendait pas bien compte des objets, mais l'âme en recevait une douce impression.

Tout reposait et, dans ce repos, la vie se montrait pleine de séve et de jeunesse. Le cheval de Lavretzky avançait fièrement en se balançant. Son ombre noire marchait fidèlement à son côté. Il y avait un certain charme mystérieux dans le bruit de ses sabots, quelque chose de gai dans le cri saccadé des cailles. Les étoiles semblaient noyées dans une vapeur lumineuse, et la lune brillait d'un vif éclat. Ses rayons répandaient une nappe de lumière azurée sur le ciel, et brodaient d'une marge d'or le contour des nuages qui passaient à l'horizon. La fraîcheur de l'air humectait les yeux, pénétrait par tous les sens comme une fortifiante caresse et glissait à larges gorgées dans les poumons. Lavretzky était sous le charme et se réjouissait de le ressentir.

«Nous vivrons encore, pensait-il; je ne suis pas brisé pour jamais...»

Et il n'acheva pas. Puis il se mit à songer à Lise; il se demanda si elle pouvait aimer Panchine; il se dit que s'il l'avait rencontrée dans d'autres circonstances, sa vie eût suivi probablement un autre cours; qu'il comprenait Lemm, «quoiqu'elle n'eût pas de paroles à elle,» comme elle disait; mais elle se trompait,—elle avait des paroles à elle,—et Lavretzky se rappela ce qu'elle se disait:

«N'en parlez pas légèrement...»

Il continua sa route la tête baissée; et puis, soudain, se redressant, il murmura lentement:

«J'ai brûlé tout ce que j'adorais jadis, et j'adore maintenant tout ce que j'ai brûlé.»

Il poussa son cheval et le fit galoper jusqu'à sa demeure. En mettant pied à terre, il se retourna une dernière fois, avec un sourire involontaire de reconnaissance. La nuit, douce et silencieuse, s'étendait sur les collines et les vallées; cette vapeur chaude et douce descendait-elle du ciel? venait-elle de la terre? Dieu sait de quelle profondeur embaumée elle arrivait jusqu'à lui. Lavretzky envoya un dernier adieu à Lise, et monta le perron en courant. La journée du lendemain fut bien monotone; il plut dès le matin. Lemm avait le regard sombre et serrait de plus en plus les lèvres, comme s'il avait fait le vœu de ne plus parler. En se mettant au lit, Lavretzky prit une liasse de journaux français, qu'il n'avait pas lus depuis plus de quinze jours. Il se mit, d'un mouvement machinal, à en déchirer les enveloppes, et à parcourir négligemment les colonnes, qui ne renfermaient, du reste, rien de nouveau. Il allait les rejeter loin de lui, lorsque le feuilleton d'une des gazettes lui frappa les yeux; il bondit comme si un serpent l'eût piqué. Dans ce feuilleton, ce M.

Édouard, que nous connaissons déjà, annonçait à ses lecteurs une nouvelle douloureuse:

«La charmante et séduisante Moscovite, écrivait-il, une des reines de la mode, l'ornement des salons parisiens, madame de Lavretzky, était morte presque subitement; et cette nouvelle, qui n'était malheureusement que trop vraie, venait de lui parvenir à l'instant.—On peut dire, continuait-il, que je fus un des amis de la défunte.»

Lavretzky reprit ses vêtements, descendit au jardin et se promena en long et en large jusqu'au matin.

Lavretzky n'était plus un jeune homme; il ne pouvait se méprendre longtemps sur le sentiment que lui inspirait Lise; ce jour-là, il acquit définitivement la conviction qu'il l'aimait. Il n'en ressentit guère de joie. «Est-il possible, pensa-t-il, qu'à trente-cinq ans je n'aie pas autre chose à faire que de confier mon âme à une femme? Mais Lise ne ressemble pas à l'autre; ce n'est pas elle qui m'aurait préparé une vie d'humiliations; elle ne m'aurait pas détourné de mes occupations; elle m'aurait inspiré elle-même une activité honnête et sérieuse, et nous aurions cheminé ensemble vers un noble but. Oui, tout cela est fort beau, dit-il pour clore ses réflexions, mais c'est qu'elle ne voudra pas suivre cette route avec moi. Ne m'a-t-elle pas dit que je lui faisais peur? À la vérité, elle n'aime pas Panchine. Triste consolation!»

Lavretzky partit pour Wassiliewskoé; mais il n'y tint pas plus de quatre jours,—l'ennui l'en chassa. L'attente le tourmentait aussi: il ne recevait aucune lettre, et la nouvelle donnée par M. Édouard demandait confirmation. Il se rendit à la ville et passa la soirée chez les Kalitine. Il lui était aisé de remarquer que Maria Dmitriévna lui en voulait; mais il parvint à l'adoucir en perdant avec elle une quinzaine de roubles au piquet. Il put entretenir Lise, et une demi-heure environ, bien que la veille la mère eût recommandé à sa fille de montrer moins de familiarité avec un homme «qui avait un si grand ridicule.» Il observa en elle quelque changement. Elle semblait plus rêveuse que de coutume; elle lui fit un reproche de s'être absenté; puis elle lui demanda s'il irait à la messe le lendemain. Le lendemain était un dimanche.

«Allez-y, lui dit-elle avant qu'il eût le temps de répondre; nous prierons ensemble pour le repos de *son* âme.»

Elle ajouta qu'elle ne savait que faire, qu'elle ne savait pas si elle avait le droit de faire attendre Panchine.

«Pourquoi? lui demanda Lavretzky.

—Parce que je commence à soupçonner de quelle nature sera ma résolution.»

Elle prétexta un mal de tête et monta à sa chambre, en lui tendant d'un air irrésolu le bout de ses petits doigts.

Le lendemain, Lavretzky se rendit à l'église; Lise s'y trouvait déjà. Elle priait avec ferveur; ses regards étaient pleins d'un doux éclat; sa jolie tête s'inclinait et se relevait par un mouvement souple et lent. Il sentait qu'elle priait pour lui, et son âme s'abîma dans une sorte d'extase. Mais, malgré cette douce émotion, il se sentait la conscience troublée. La foule recueillie et grave, la vue de visages amis, l'harmonie du chant, l'odeur de l'encens, les longs rayons obliques du soleil, l'obscurité des voûtes et des murailles, tout parlait à son cœur. Il y avait longtemps qu'il n'avait été à l'église, qu'il n'avait tourné ses regards vers Dieu: en ce moment même, aucune prière ne sortait de sa bouche; il ne priait pas même en pensée, mais il prosternait, pour ainsi dire, son cœur dans la poussière. Il se ressouvint que dans son enfance il n'achevait jamais la prière qu'après avoir senti sur son front, comme une faible sensation, le contact d'une aile invisible: c'était, pensait-il alors, son ange gardien qui venait le visiter et manifestait son consentement. Il leva son regard sur Lise...

—C'est toi qui m'as amené ici, se dit-il; effleure aussi mon âme de ton aile.

Lise continuait à prier doucement; son visage lui paraissait radieux, et il sentait son cœur se fondre; il réclamait de cette âme, sœur de la sienne, le repos et le pardon pour son âme.

Sur le parvis, ils se rencontrèrent; elle l'accueillit avec une gaieté grave et amicale.

Le soleil éclairait le gazon de la cour de l'église, et prêtait plus d'éclat aux vêtements variés et aux mouchoirs bigarrés des femmes; les cloches des églises voisines retentissaient dans les airs; les oiseaux gazouillaient sur les haies des jardins. Lavretzky se tenait la tête découverte et le sourire aux lèvres; un vent léger se jouait dans ses cheveux et les mêlait aux rubans du chapeau de Lise. Il l'aida à monter en voiture avec Lénotchka, donna toute sa monnaie aux pauvres, et se dirigea lentement vers sa demeure.

Quant à lui, il était obligé de la passer au travail, courbé sur de stupides paperasses. Il salua froidement Lise, il lui gardait rancune de lui faire attendre sa réponse, et s'éloigna; Lavretzky le suivit. Ils se séparèrent à la porte; Panchine, du bout de sa canne, réveilla son cocher, se carra dans son droschky, et la voiture partit. Lavretzky ne se sentait pas disposé à rentrer; il se dirigea vers les champs. La nuit était calme et claire, quoiqu'il n'y eût pas de lune. Il erra longtemps à travers l'herbe humide de rosée; un étroit sentier s'offrit à lui; il le suivit.—Ce dernier le conduisit jusqu'à une clôture en bois, devant une petite porte, que d'un mouvement machinal il essaya d'ouvrir; la porte céda en grinçant légèrement, comme si elle n'eût attendu que la pression de sa main.—Lavretzky se trouva dans un jardin, fit quelques pas sous une allée de tilleuls et s'arrêta tout étonné: il reconnut le jardin des Kalitine. Aussitôt, il se rejeta dans l'ombre portée d'un massif de noisetiers, et resta longtemps immobile, plein de surprise.

«C'est le sort qui m'a conduit,» pensa-t-il.

Tout était silencieux autour de lui; aucun son n'arrivait du côté de la maison. Il avança avec précaution. Au détour d'une allée, l'habitation lui apparut; deux fenêtres seulement étaient faiblement éclairées; la flamme d'une bougie tremblait derrière les rideaux de Lise, et, dans la chambre de Marpha Timoféevna, une lampe faisait briller de ses reflets rougeâtres l'or des saintes images. En bas, la porte du balcon était restée ouverte. Lavretzky s'assit sur un banc de bois, s'accouda et se mit à regarder cette porte et la fenêtre de Lise. Minuit sonnait à l'horloge de la ville; dans la maison, la petite pendule frappa aigrement douze coups; le veilleur les répéta en cadence sur sa planche. Lavretzky ne pensait à rien, n'attendait rien, il jouissait de l'idée de se sentir si près de Lise, de se reposer sur son banc, dans son jardin, où elle venait parfois s'asseoir... La lumière disparut dans la chambre de Lise.

«Repose en paix, douce jeune fille,» murmura Lavretzky, toujours immobile, le regard fixé sur la croisée devenue obscure.

Tout à coup, la lumière reparut à l'une des fenêtres de l'étage inférieur, passa devant une seconde croisée, puis devant la troisième... Quelqu'un s'avançait tenant la lumière en main.—Est-ce Lise? Impossible!... Lavretzky se souleva... Une forme connue lui apparut: Lise était au salon. Vêtue d'une robe blanche, les tresses de ses cheveux tombant sur les épaules, elle s'approcha lentement de la table, se pencha, et, déposant le bougeoir, chercha quelque chose; puis elle se tourna vers le jardin, blanche, légère, élancée: sur le seuil, elle s'arrêta. Un frisson parcourut les membres de Lavretzky. Le nom de Lise s'échappa de ses lèvres.

La jeune fille tressaillit et essaya de pénétrer l'obscurité.

«Lise!» répéta plus haut Lavretzky en sortant de l'ombre.

Lise, chancelante, avança la tête avec terreur; elle le reconnut. Il la nomma une troisième fois, et lui tendit les bras. Elle se détacha de la porte et entra au jardin.

«Vous! balbutia-t-elle. Vous ici!

—Moi..., moi..., écoutez-moi,» dit Lavretzky à voix basse.

Et, saisissant sa main, il la conduisit jusqu'au banc.

Elle le suivit sans résistance: sa figure pâle, ses yeux fixes, tous ses mouvements, exprimaient un indicible étonnement. Lavretzky la fit asseoir et se plaça devant elle.

«Je ne songeais pas à venir ici, le hasard m'a amené... Je... je... je vous aime,» dit-il d'une voix timide.

Lise leva lentement ses yeux sur lui; il semblait qu'elle comprît enfin ce qui se passait et où elle en était. Elle essaya de se lever, mais ce fut en vain, et elle se couvrit le visage de ses mains.

«Lise, murmura Lavretzky, Lise,» répéta-t-il.

Et il s'agenouilla devant elle.

Lise sentit un léger frisson passer sur ses épaules; elle serra les doigts avec plus de force encore contre son visage.

«Qu'avez-vous?» dit Lavretzky.

Il s'aperçut qu'elle pleurait. Tout son cœur se glaça; il comprit le sens de ces larmes.

«M'aimeriez-vous réellement? demanda-t-il tout bas, en effleurant ses genoux.

—Levez-vous, levez-vous, Théodore Ivanowitch, s'écria la jeune fille; que faisons-nous ensemble?»

Il se leva et s'assit sur le banc, auprès d'elle. Elle ne pleurait plus et le regardait attentivement, avec les yeux tout humides.

«J'ai peur; que faisons-nous? répéta-t-elle.

—Je vous aime, lui dit-il, je suis prêt à donner ma vie pour vous.»

Elle frissonna encore une fois, comme si elle eût été frappée au cœur, et leva les yeux au ciel.

«Tout est dans les mains de Dieu, dit-elle.

—Mais vous m'aimez, Lise? Nous serons heureux.»

Elle baissa les yeux; il l'attira doucement à lui et le front de la jeune fille s'appuya sur son épaule... Il lui releva la tête et chercha ses lèvres...

Une demi-heure après, Lavretzky était à la porte du jardin. Il la trouva fermée et fut obligé de sauter par-dessus la palissade. Il rentra en ville en traversant les rues endormies. Un sentiment de joie indicible et immense remplissait son âme; tous ses doutes étaient morts désormais.

«Disparais, ô passé, sombre vision! pensait-il. Elle m'aime, elle est à moi!»

Tout à coup il crut entendre dans les airs, au-dessus de sa tête, un flot de sons magiques et triomphants. Il s'arrêta: les sons retentirent encore plus magnifiques; ils se répandaient comme un torrent harmonieux, et il lui semblait qu'ils chantaient et racontaient tout son bonheur. Il se retourna: les sons venaient de deux fenêtres d'une petite maison.

«Lemm! s'écria Lavretzky en se précipitant vers la maison. Lemm! Lemm!» répéta-t-il à grands cris.

Les sons s'arrêtèrent, et la figure du vieux musicien, en robe de chambre, les cheveux en désordre, la poitrine découverte, apparut à la fenêtre.

—Ah! ah! dit-il fièrement; c'est vous?

—Christophor Fédorowitch, quelle est cette merveilleuse musique? De grâce, laissez-moi entrer.»

Le vieillard, sans prononcer une parole, lui jeta avec un geste de dignité exaltée la clef de sa porte. Lavretzky se précipita dans la maison et voulut, en entrant, se jeter dans les bras de Lemm; mais celui-ci, l'arrêtant d'un geste impérieux et lui montrant un siége:

«Asseoir vous, écouter vous!» s'écria-t-il en russe d'une voix brève.

Il se mit au piano, jeta un regard fier et grave autour de lui et commença.

Il y avait longtemps que Lavretzky n'avait rien entendu de semblable. Dès le premier accord, une mélodie douce et passionnée envahissait l'âme; elle jaillissait pleine de chaleur, de beauté, d'ivresse; elle s'épanouissait, éveillant tout ce qu'il y a de tendre, de mystérieux, de saint, dans l'humaine nature; elle respirait une tristesse immortelle et allait s'éteindre dans les cieux. Lavretzky se redressa; il se tint debout, pâle et frissonnant d'enthousiasme. Ces sons pénétraient dans son âme, encore émue des félicités de l'amour.

«Encore! encore!» s'écria-t-il d'une voix brisée, après le dernier accord.

Le vieillard lui jeta un regard d'aigle, se frappa la poitrine et lui dit lentement dans sa langue maternelle:

«C'est moi qui ai fait tout cela, car je suis un grand musicien!»

Et il joua une seconde fois sa magnifique composition. Il n'y avait pas de lumière dans la chambre; la clarté de la lune, qui venait de se lever, glissait obliquement par la fenêtre ouverte; l'air vibrait harmonieusement. La pauvre petite chambre obscure semblait pleine de rayons, et la tête du vieillard se dressait haute et inspirée dans la pénombre argentée. Lavretzky s'approcha et l'étreignit dans ses bras. Lemm ne répondit pas à ces embrassements; il chercha même à l'éloigner du coude. Longtemps il le regarda, immobile, d'un air sévère, presque menaçant:

«Ah! ah!» reprit-il par deux fois.

Enfin son front se rasséréna, il reprit son calme, répondit par un sourire aux compliments chaleureux de Lavretzky, puis il se mit à pleurer en sanglotant comme un enfant.

«C'est étrange, dit-il, que vous soyez précisément venu en ce moment; mais je sais, je sais tout.

—Vous savez tout? dit Lavretzky avec étonnement.

—Vous m'avez entendu, répondit Lemm: n'avez-vous donc pas compris que je sais tout?»

Lavretzky ne put fermer l'œil de la nuit; il resta assis sur son lit. Et Lise non plus ne dormait pas: elle priait.

VII

À ce moment décisif de sa vie la femme, que Lavretzky croyait morte, sur la foi du journal, revient de Paris à Pétersbourg, triomphante et insidieuse. Elle feint le repentir le plus pieux et arrive inopinément. Son premier souci est de se faire des partisans dans la famille Kalitine. Elle y capte la mère et les tantes, elle y reconquiert son mari Lavretzky. Il refuse de la voir, mais il s'engage à la reconduire lui-même à sa maison des champs et à doubler sa pension.

On juge du désespoir des deux amants. Lise prend une résolution sinistre, Lavretzky renonce à elle et va expirer de douleur dans la maison de *Wassilianoskoi*.

VIII

Panchine, après la résolution de Lise de s'enfermer dans un couvent d'Odessa, cultive madame Lavretzky, facile à consoler et va à Pétersbourg. Lise s'évade de son couvent. Lavretzky retiré dans sa solitude de *Wassilianoskoi* disparaît du monde. La mort frappe successivement les personnages de la maison Kalitine O***. Une génération nombreuse prit la place de cette génération disparue.

Environ dix ans après, Théodore passant par hasard à O***, revient visiter le site de ses amours pour Lise.

La maîtresse du logis était depuis longtemps descendue dans la tombe; Maria Dmitriévna était morte deux ans après que Lise avait pris le voile, et Marpha Timoféevna n'avait pas bien longtemps survécu à sa nièce; elles reposent l'une à côté de l'autre dans le cimetière de la ville. Nastasia Carpovna les a suivies; fidèle dans ses affections, elle n'avait cessé pendant plusieurs années d'aller régulièrement toutes les semaines prier sur la tombe de son amie... Son heure sonna, et ses restes furent aussi déposés dans la terre froide et humide: mais la maison de Maria Dmitriévna ne passa point dans des mains étrangères, elle ne sortit point de la famille, le nid ne fut point détruit. Lénotchka, transformée en une svelte et jolie fille, et son fiancé, jeune officier de hussards; le fils de Maria Dmitriévna, récemment marié à Pétersbourg, venu avec sa femme passer le printemps à O***; la sœur de celle-ci, pensionnaire de seize ans, aux joues vermeilles et aux yeux brillants; la petite Schourotschka, également grandie et embellie: telle était la jeunesse dont la gaieté bruyante faisait résonner les murs de la maison Kalitine. Tout y était changé, tout y avait été mis en harmonie avec ses nouveaux hôtes. De jeunes garçons imberbes, et toujours prêts à rire, avaient remplacé les vieux et graves serviteurs d'autrefois; là où Roska dans sa graisse s'était promenée à pas majestueux, deux chiens de chasse s'agitaient bruyamment et sautaient sur les meubles; l'écurie s'était peuplée de chevaux fringants, bêtes robustes d'attelage ou de trait, chevaux de carrosse ardents, aux crins tressés, chevaux de main du Don. Les heures du déjeuner, du dîner, du souper, s'étaient mêlées et confondues; un ordre de choses extraordinaire s'était établi, suivant l'expression des voisins.

Dans la soirée dont nous parlons, les habitants de la maison Kalitine (le plus âgé d'entre eux, le fiancé de Lénotchka, avait à peine vingt-quatre ans) jouaient à un jeu assez peu compliqué, mais qui paraissait beaucoup les amuser, s'il fallait en juger par les rires qui éclataient de toutes parts; ils couraient dans les chambres et s'attrapaient les uns les autres; les chiens couraient aussi et aboyaient, pendant que les serins, du haut de leurs cages suspendues aux fenêtres, s'égosillaient à qui mieux mieux, augmentant de leurs gazouillements aigus et incessants le vacarme général. Au beau milieu de ces ébats étourdissants, un tarantass couvert d'éclaboussures s'arrêta à la porte cochère; un homme de quarante-cinq ans, en habit de voyage, en descendit et s'arrêta, frappé de surprise. Il se tint immobile pendant quelques instants, embrassa la maison d'un regard attentif, entra dans la cour et monta doucement le perron. Il n'y avait personne dans l'antichambre pour le recevoir; mais la porte de la salle à manger s'ouvrit soudain à deux battants:— la petite Schourotschka s'en échappa, les joues toutes rouges, et aussitôt toute la bande joyeuse accourut à sa poursuite, poussant des cris perçants. Elle s'arrêta tout à coup et se tut à la vue d'un étranger; mais ses yeux limpides, fixés sur lui, gardèrent leur expression caressante; les frais visages ne cessèrent point de rire. Le fils de Maria Dmitriévna s'approcha de l'étranger et lui demanda poliment ce qu'il désirait.

—Je suis Lavretzky, murmura-t-il.

Un cri amical répondit à ces paroles. Ce n'est pas que toute cette jeunesse se réjouît beaucoup de l'arrivée d'un parent éloigné et presque oublié, mais elle saisissait avec empressement la moindre occasion de s'agiter et de manifester sa joie. On fit aussitôt cercle autour de Lavretzky;

Lénotchka, en qualité d'ancienne connaissance, se nomma la première; elle assura que, quelques moments encore, et elle l'aurait parfaitement reconnu; puis elle lui présenta le reste de la société, appelant chacun, son fiancé lui-même, par son prénom. Toute la bande traversa la salle à manger et se rendit au salon. Les papiers de tenture, dans les deux pièces, avaient été changés, mais les meubles étaient les mêmes qu'autrefois; Lavretzky reconnut le piano; le métier à broder auprès de la fenêtre était aussi le même, et n'avait pas bougé de place; peut-être la broderie, restée inachevée il y a huit ans, s'y trouvait-elle encore. On établit Lavretzky dans un grand fauteuil; tout le monde prit gravement place autour de lui. Les questions, les exclamations, les récits se succédèrent rapidement.

«Mais il y a longtemps que nous ne vous avons vu, observa naïvement Lénotchka:—ni Varvara Pavlowna non plus.

—Je le crois bien, reprit aussitôt son frère.—Je t'avais emmené à Pétersbourg, tandis que Fédor Ivanowitch est resté tout ce temps à la campagne.

—Oui, et maman est morte depuis.

—Et Marpha Timoféevna, murmura la petite Schourotschka.

—Et Nastasia Carpovna, reprit Lénotchka,—et M. Lemm.

—Comment! Lemm est mort aussi? demanda Lavretzky.

—Oui, répondit le jeune Kalitine;—il est parti d'ici pour Odessa. On dit qu'il y a été attiré par quelqu'un; c'est là qu'il est mort.

—Vous ne savez pas s'il a laissé de la musique de sa composition?

—Je ne sais; j'en doute.»

Tout le monde se tut et se regarda. Un nuage de tristesse passa sur ces jeunes visages.

—Matroska vit encore, dit tout à coup Lénotchka.

—Et Guédéonofski aussi,» ajouta son frère.

Le nom de Guédéonofski excita l'hilarité générale.

«Oui, il vit et ment comme jadis, continua le fils de Maria Dmitriévna: et imaginez-vous, cette petite folle (il désigna la jeune pensionnaire, la sœur de sa femme) lui a mis hier du poivre dans sa tabatière.

—Comme il a éternué!» s'écria Lénotchka.

Et le même rire irrésistible éclata à ce souvenir.

«Nous avons eu des nouvelles de Lise depuis peu, murmura le jeune Kalitine.—Et tout le monde se tut.—Elle va bien, sa santé se remet petit à petit.

—Elle est toujours dans le même couvent? demanda Lavretzky avec effort.

—Oui, toujours.

—Vous écrit-elle?

«Non, jamais; nous avons de ses nouvelles par d'autres.»

Il se fit soudain un profond silence. «Voilà l'ange du silence qui passe.» Telle est la pensée de tous.

«Ne voulez-vous pas aller au jardin? dit Kalitine en s'adressant à Lavretzky.—Il est fort joli en ce moment, quoique nous l'ayons un peu négligé.»

Lavretzky descendit au jardin, et, la première chose qui frappa sa vue, ce fut le banc sur lequel il avait passé avec Lise quelques instants de bonheur, qu'il n'avait plus retrouvés. Ce banc avait noirci et s'était recourbé; mais il le reconnut, et son âme éprouva ce sentiment que rien n'égale, ni dans sa douceur, ni dans sa tristesse, ce sentiment de vif regret qu'inspire la jeunesse passée, le bonheur dont on a joui autrefois. Il se promena dans les allées avec toute cette jeunesse; les tilleuls avaient un peu grandi et vieilli pendant ces huit années; leur ombre était devenue plus épaisse; les buissons s'étaient développés, les framboisiers s'étaient multipliés, les noisetiers étaient plus touffus, et partout s'exhalait une fraîche odeur de verdure, d'herbe, de lilas.

«Voilà où il ferait bon jouer aux quatre coins! s'écria tout à coup Lénotchka en courant vers une pelouse toute verte, entourée de tilleuls.—Nous sommes justement cinq.

—Et Fédor Ivanowitch, tu l'as oublié, répliqua son frère... ou est-ce toi-même que tu n'as point comptée?»

Lénotchka rougit légèrement.

«Mais Fédor Ivanowitch, à son âge, peut-il...? commença-t-elle.

—Jouez, je vous prie, s'empressa de répondre Lavretzky; ne faites pas attention à moi. Il me sera plus agréable à moi-même de savoir que je ne vous gêne point. Ne songez pas à m'amuser; nous autres vieillards, nous avons une occupation que vous ne connaissez point encore et qu'aucune distraction ne peut remplacer pour nous: les souvenirs.»

Les jeunes gens écoutaient Lavretzky avec une attention respectueuse et tant soit peu ironique, comme ils eussent écouté la leçon d'un professeur; puis ils le quittèrent en courant. Quatre d'entre eux se placèrent chacun auprès d'un arbre, le cinquième au milieu, et le jeu commença.

Quant à Lavretzky, il retourna vers la maison, entra dans la salle à manger, s'approcha du piano, et mit le doigt sur une des touches; un son faible, mais clair, s'en échappa et éveilla une vibration secrète dans son cœur. C'est par cette note que commençait la mélodieuse inspiration de Lemm qui avait naguère, dans cette bienheureuse nuit, plongé Lavretzky dans l'ivresse. Celui-ci passa ensuite au salon, et il y resta longtemps: dans cette pièce où il avait si souvent vu Lise, l'image de la jeune fille se présentait plus vivement encore à son souvenir; il lui semblait sentir autour de lui les traces de sa présence; sa douleur l'oppressait et l'accablait; cette douleur n'avait rien du calme qu'inspire la mort. Lise vivait encore, mais loin, mais perdue dans l'oubli; il pensait à elle comme à une personne vivante, et ne reconnaissait point celle qu'il avait aimée autrefois dans cette triste et pâle apparition, enveloppée de vêtements de religieuse et entourée de nuages d'encens. Lavretzky ne se serait pas reconnu lui-même, s'il avait pu se voir de la même façon dont il se représentait Lise. Dans ces huit années il avait traversé cette crise, que tous ne connaissent point, mais sans l'épreuve de laquelle on ne peut se flatter de rester honnête homme jusqu'au bout. Il avait vraiment cessé de penser à son bonheur, à son intérêt. Le calme était descendu dans son âme, et pourquoi le cacher? il avait vieilli, non pas seulement de visage et de corps, mais son âme elle-même avait vieilli; conserver jusqu'à la vieillesse un cœur jeune est, dit-on, chose difficile et presque ridicule. Heureux déjà celui qui n'a point perdu la croyance dans le bien, la persévérance dans la volonté, l'amour du travail! Lavretzky avait le droit d'être satisfait: il était devenu véritablement un bon agronome, avait appris à labourer la terre, et ce n'était point pour lui seul qu'il travaillait; il avait amélioré et assuré, autant que possible, le sort de ses paysans.

Lavretzky retourna au jardin, se mit sur ce banc de lui si connu,—et à cette place chérie, en face de cette maison vers laquelle il avait en vain tendu les mains pour la dernière fois, dans l'espoir de vider cette coupe défendue, où pétille et chatoie le vin doré de l'enchantement.—Ce voyageur solitaire, au son des voix joyeuses d'une nouvelle génération qui l'avait déjà remplacé, jeta un regard en arrière sur ses jours écoulés. Son cœur se remplit de tristesse, mais il n'en fut pas accablé; il avait des regrets, mais il n'avait point de remords. «Jouez, amusez-vous, grandissez, jeunes gens, pensait-il sans amertume. La vie est devant vous, et elle vous sera plus facile: vous n'aurez pas, comme nous, à chercher le chemin, à lutter, à tomber et à vous relever dans les ténèbres; nous ne songions qu'à nous sauver, et combien d'entre nous n'y ont pas réussi! Vous, vous devez agir, travailler,—et notre bénédiction, à nous autres vieillards, descendra sur vous. Quant à moi, après cette journée, après ces impressions, il ne me reste qu'à vous saluer pour la dernière fois, et à dire avec tristesse, mais le cœur exempt d'envie et d'amertume, en face de la mort et du jugement de Dieu: «Je te salue, vieillesse solitaire! vie inutile, achève de te consumer!»

Lavretzky se leva et s'éloigna doucement; personne ne s'en aperçut, personne ne le retint; les cris joyeux retentissaient plus fort encore derrière le mur épais et verdoyant formé par les grands tilleuls. Il monta dans son tarantass, et dit au cocher de retourner à la maison, sans presser les chevaux.

«Et la fin? demandera peut-être le lecteur curieux. Qu'arriva-t-il ensuite à Lavretzky? à Lise?»

Que dire de personnes qui vivent encore, mais qui sont déjà descendues de la scène du monde? Pourquoi revenir à elles? On dit que Lavretzky a visité le couvent où s'était retirée Lise, et qu'il l'a revue. Elle se rendait dans le chœur; elle a passé tout près de lui, d'un pas égal, rapide et modeste, avec la démarche particulière aux religieuses;—et elle ne l'a point regardé; mais la paupière de l'œil tourné vers lui a frissonné légèrement; mais son visage amaigri s'est incliné davantage encore; mais ses mains jointes et enlacées de chapelets se sont serrées plus fortement. Que pensèrent, qu'éprouvèrent-ils tous deux? Qui le saura? qui le dira? Il y a dans la vie de ces moments, de ces émotions... à peine s'il est permis d'en parler... s'y arrêter est impossible.

FIN

Milton Keynes UK
Ingram Content Group UK Ltd.
UKHW011140220424
441551UK00007B/702